HISTOIRE
DE
SAULX-LÈS-CHARTREUX

DOYENNÉ DE LONGJUMEAU, DIOCÈSE DE VERSAILLES

PAR

L'abbé CHAUDÉ
Curé de cette paroisse

MEMBRE DE LA SOCIÉTÉ DES SCIENCES MORALES, DES LETTRES
ET DES ARTS DE SEINE-ET-OISE

> *Oportet observare nos ea quæ audivimus, ne forte pereffluamus.*
> Hebr. chap. II, v. 1.
>
> Il nous faut garder ce que nous avons entendu, de peur que nous ne soyons comme des vases fêlés qui perdent la liqueur qu'on leur donne.

SOCIÉTÉ GÉNÉRALE DE LIBRAIRIE CATHOLIQUE
Ancienne maison Victor PALMÉ, éditeur des Bollandistes.

PARIS	Succursale
VICTOR PALMÉ	A BRUXELLES
Directeur général	J. ALBANEL, directeur
76, RUE DES SAINTS-PÈRES	12, RUE DES PAROISSIENS

HISTOIRE

DE

SAULX-LÈS-CHARTREUX

HISTOIRE
DE
SAULX-LÈS-CHARTREUX

DOYENNÉ DE LONGJUMEAU, DIOCÈSE DE VERSAILLES

PAR

L'abbé CHAUDÉ

Curé de cette paroisse

MEMBRE DE LA SOCIÉTÉ DES SCIENCES MORALES, DES LETTRES
ET DES ARTS DE SEINE-ET-OISE

Oportet observare nos ea quæ audivimus, ne forte pereffluamus.
Hebr. chap. II, v. 1.
Il nous faut garder ce que nous avons entendu, de peur que nous ne soyons comme des vases fêlés qui perdent la liqueur qu'on leur donne.

SOCIÉTÉ GÉNÉRALE DE LIBRAIRIE CATHOLIQUE
Ancienne maison Victor PALMÉ, éditeur des Bollandistes

PARIS	Succursale
VICTOR PALMÉ	A BRUXELLES
Directeur général	J. ALBANEL, *directeur*
76, RUE DES SAINTS-PÈRES	12, RUE DES PAROISSIENS

A MES CHERS PAROISSIENS

Ce livre qui fait aujourd'hui son entrée dans la vie publique sous le titre d'*Histoire de Saulx-lès-Chartreux*, c'est pour vous que je l'ai écrit. Je vous l'offre de tout cœur, je le dédie aussi à vos enfants et à vos petits-enfants. Recevez-le avec joie. Vous demandiez, depuis longtemps, un monument qui consacrât devant les siècles les annales de votre pays, vous l'avez. Vous désiriez que la mémoire de vos ancêtres fût immortalisée, c'est fait ; car cet ouvrage renferme leur histoire et la vôtre. Par ce côté touchant il fait partie de votre existence et de celle de vos familles ; il devient ainsi votre légitime patrimoine. Pour tous sans exception, à cause des souvenirs qu'il rappelle et qu'il garde précieusement pour les dire à la postérité la plus reculée, il sera de tous les meubles de chaque maison et de tous les héritages le plus intéressant et le plus attachant. Sera-t-il compris dans ce sens? j'aime à l'espérer de votre intelligence et de vos bons sentiments, mes chers paroissiens. Il serait bien difficile de rester froid et indifférent devant un raconteur semblable. Pour cela, il faudrait avoir renié son berceau et sa famille, et être descendu un degré au-dessous de la classe des abrutis. Nous ne serions nullement sensible à un dédain venu de si bas; mais nous ne le craignons nullement. Chacun des habitants de Saulx-lès-Chartreux ayant du cœur et du patriotisme s'empressera de lui faire bon accueil, en lui donnant une place au premier rang dans la collection de ses titres de famille.

Ce livre ne manque pas de titres pour vous être cher : d'abord, il est fait par votre pasteur et tout exprès pour vous; il vient se mêler à vous, causer avec vous comme le ferait un vieillard de *mille à douze cents ans,* comme le ferait un de vos premiers ancêtres qui se lèverait de son tombeau pour vous parler de toutes les générations de vos aïeux, pour vous raconter les usages du temps passé et toutes les choses intéressantes qui tiennent à votre paroisse.

La réunion des éléments qu'il renferme est devenue une œuvre laborieuse, rude et fort difficile. C'est ainsi que pour le composer j'ai déchiffré tout ce que j'ai trouvé autour de moi, dans l'église et au presbytère, de vieux registres, de papiers tout poudreux et de parchemins vermoulus ; j'ai fait de fréquentes visites aux archives de Versailles et de Paris ; j'ai fouillé dans les études de notaire de mon voisinage. J'ai compulsé une foule de titres authentiques, j'ai interrogé les vieillards, les notables et particulièrement les personnes qui ont eu une grande part dans l'histoire contemporaine du pays. Je n'ai rien épargné de ce qui m'a semblé nécessaire pour le couronner de l'auréole de véracité et d'exactitude que doit toujours mériter un ouvrage de cette importance ; je veux dire l'histoire de vingt générations d'hommes dans une même localité. Démarches, recherches, courses, voyages, études, acquisitions de livres, frais de toutes sortes et cinq mois d'un travail opiniâtre pour sa rédaction, voilà ce que m'a coûté l'histoire de Saulx-lès-Chartreux. Mais tout cela fait pour la gloire de Dieu et pour votre bien, mes chers paroissiens, m'a semblé doux, facile et léger.

Je n'ai pas voulu que l'histoire de votre village soit uniquement une froide statistique des événements heureux ou funestes, tristes ou joyeux du passé. Auriez-vous aimé à n'avoir sous les yeux qu'un registre muet des mœurs et des coutumes de vos ancêtres? Non, n'est-ce pas? Aussi, pensant comme vous, j'ai essayé de ranimer un peu la vie pleine de sagesse de vos parents défunts, pour en extraire les précieux enseignements qu'elle nous offre généreusement. J'ai pris plaisir à comparer sous le rapport social, moral et religieux, les temps anciens avec le nôtre. Le bien-être modeste, la solide santé, la longévité des générations qui nous ont engendrés m'ont fait toucher du doigt nos progrès si vrais dans l'industrie, l'agriculture, les maladies épidémiques, les infirmités précoces, les vices hideux et rongeurs de toutes sortes qui abrègent d'un tiers l'existence humaine. C'est ainsi qu'il faut étudier l'histoire pour la rendre tout à la fois utile et agréable. Je me suis sérieusement appliqué à éviter les digressions et les développements prolixes d'où naît l'ennui : tous les chapitres sont coupés en paragraphes de manière à ne donner aucune fatigue au lecteur. —

ais le nom de Saulx-lès-Chartreux m'a imposé un devoir que rien au monde ne m'aurait fait décliner. Il rappelle à tous ceux qui le prononcent un des plus grands Ordres religieux de l'Eglise universelle; j'ai dû m'appliquer à vous faire bien comprendre l'utilité des couvents et les immenses services qu'ils rendent à la société. Ce sont eux qui ont fait la belle France de Clovis, de Charlemagne, de saint Louis et de Louis XIV. Ici nous sommes les enfants spirituels des Chartreux; nous sommes leurs héritiers, nous sommes leurs successeurs, il est donc de toute nécessité que notre génération fasse une solide connaissance avec eux et avec tous les Ordres religieux en général.

La paroisse de Saulx-lès-Chartreux ayant, pendant plusieurs siècles, tenu le premier rang parmi les paroisses de notre contrée, les plus fidèles à la pratique de leurs devoirs religieux, j'ai dû vous mettre çà et là, sous les yeux, comme un testament de famille, un abrégé des croyances et des usages pieux de vos ancêtres; particulièrement quelques-uns des principaux dogmes que tout chrétien est obligé de croire et de savoir, sous peine de mentir à chaque instant aux promesses de son baptême et de forfaire à l'honneur et aux serments de sa première communion.

Avant de déposer ma plume, j'ai voulu étudier la flore et le sol végétal de votre territoire, pour vous en dire les secrets et les richesses. J'ai réuni une grande et belle collection des plantes qui émaillent de jolies fleurs, en été, vos prairies et vos champs; je les ai réunies à celles qui végètent sur les bords des ruisseaux, le long des chemins, au pied des vieilles murailles, sur les flancs des collines et sur le sommet des rochers.

Je vous initie suffisamment, dans cet ouvrage, à la science des géologues pour que vous sachiez maintenant pourquoi tel chantier de votre territoire est très fertile et pourquoi tel autre l'est moins. Cette indication précieuse vous mettra sur la voie pour diriger votre culture suivant la composition minérale du sol.

N'allez pas croire que j'ai oublié le célèbre rocher, loin de là: j'en ai fait l'histoire complète: topographie, panorama, flore, géologie, exploitation grandiose de son grès, curieux détails sur la facture d'un pavé, vie et mœurs des carriers, tels sont les paragraphes de ce pittoresque chapitre.

Je passe ici sous silence les soins que j'ai

donnés à l'architectonographie de l'église et à ses vicissitudes à travers les orgies révolutionnaires, ainsi qu'à celles du presbytère et du cimetière, parce que je suppose que vous êtes certains de les trouver avec des détails minutieux dans cet ouvrage. Vous y rencontrerez aussi des notes biographiques sur les notables propriétaires des maisons bourgeoises du pays.

Un chapitre inutile peut-être, mais qui vous intéressera vivement, c'est celui qui traite de l'industrie, de l'agriculture et du commerce de Saulx depuis quelques centaines d'années jusqu'à nos jours. A cette même place vous trouverez également une étude des mœurs, de la vie sociale et de l'instruction que nous possédons, etc., etc., etc. Plus loin, nous faisons une exposition exacte des richesses diverses de la commune : cadastre, contributions, bureau de bienfaisance et archives communales ; vient après la liste des Maires et des Adjoints, puis celle des Instituteurs et des Institutrices de Saulx-lès-Chartreux. On trouvera à leur place, près de l'église, celle de Messieurs les Curés et les Vicaires de la paroisse.

J'ai donné à la confrérie de la Sainte-Vierge, aux chantres du lutrin, à la fanfare, aux pompiers et à la Société de secours mutuels une part convenable et méritée dans cette histoire.

Les invasions, les révolutions, les calamités et les malheurs, en terminant cet ouvrage, nous apprennent que la terre est une vallée de larmes, un lieu de passage où Dieu nous éprouve, pour récompenser avec justice dans l'*autre monde* ceux qui auront eu le bon sens, la sagesse et la prudence de rester fidèles dans l'observance de ses Commandements; c'est, du reste, le vrai moyen de vaincre nos défauts et nos passions, qui sont les sources de nos nombreux malheurs, même en ce monde, où la vie de l'homme est courte et remplie de misères, dit avec une haute et sûre raison le saint homme Job.

Le motif qui m'a fait entreprendre la rédaction de cette histoire, c'est le désir que vous aviez de l'avoir, mes chers paroissiens. La raison qui m'a soutenu jusqu'au bout dans cette œuvre de difficultés et de recherches pénibles, c'est une recommandation importante de l'apôtre saint Paul aux Hébreux. La voici: *Il nous faut garder ce que nous avons entendu, de peur que nous ne soyons comme l'eau qui s'écoule et se perd;* ce qui signifie en d'autres termes: Il faut que ce qui aura frappé notre oreille touche aussi notre cœur.

Vous lirez donc de temps en temps l'histoire de votre pays, faite tout exprès pour vous, mes chers paroissiens. Conservez-la au sein de vos familles comme une amie sincère, comme un hôte de bon conseil; après vous avoir accompagné sur le chemin de la vie, elle vous ramènera pure et sans tache à votre père qui est dans les cieux.

Saulx-lès-Chartreux, le 8 juin 1881.

HISTOIRE

DE

SAULX-LÈS-CHARTREUX

CHAPITRE PREMIER

VUE GÉNÉRALE
DU BOURG DE SAULX-LÈS-CHARTREUX

§ I. — Aspect.

Saulx-lès-Chartreux, gracieusement assis sur les bords de l'Yvette, au pied du rocher qui porte son nom, est un village riche et agréable. Ce joli bourg de 1.100 habitants, ayant 1.800 mètres de longueur, se déroule sur le chemin d'intérêt commun n° 118, allant de Longjumeau à Bures. La double bifurcation que sa principale rue fait à la fontaine de l'Orme, en se soudant à l'Ouest avec le chemin vicinal n° 4, allant de Saulx à Villebon, et à l'Est avec l'ancienne route de Montlhéry, lui donne la forme d'une croix latine, couchée par terre.

Du côté droit, en venant de Longjumeau, ce bourg, commencé à la rivière avec le moulin, monte vers la place de l'Eglise, en laissant voir jusque-là des jardins, des prairies, des champs et un parc entre les habitations disjointes. Du côté gauche, les maisons sont plus rares encore jusqu'au chemin du rocher qui passe entre le jardin du presbytère et le cimetière. Arrêtons-nous sur la place de l'Eglise. Ici commence véritablement le village. Là les héritages sont groupés, serrés, compacts, et ne cesseront plus de l'être sur un parcours de 1.300 mètres, mesuré à la chaîne. Comme on le voit, l'église est à la base du village; elle va servir de piédestal à cette croix grandiose que les siècles élèveront en constructions de toutes sortes au-dessus d'elle. Il n'était pas possible de donner à un pays des fondations plus solides. Nos ancêtres avaient l'intelligence des choses sérieuses et religieuses; pourvu que le signe de leur foi et de leur confiance en Jésus-Christ leur Sauveur soit consacré par des éléments aussi durables que le pays lui-même, ils ne craignaient nullement de faire quelques pas de plus le dimanche pour aller à la sainte Messe.

Autrefois, il y avait un fort sur l'emplacement du presbytère actuel. Cet ouvrage de guerre est encore figuré sur un plan du pays, en date de 1730. Malgré l'ardeur et la ténacité de nos recherches, son histoire nous est restée cachée.

Mais sa situation de sentinelle avancée, entre l'église et la maison seigneuriale des bons Chartreux, nous porte à croire qu'il était là pour les protéger contre les bandes très puissantes de brigands qui se formèrent au xvi⁵ et au xvii⁵ siècle en France (1). Ce brigandage était le prélude et annonçait déjà les approches de cette tourmente sociale qui devait coûter si cher à la France, en finissant le xviii⁵ siècle. Nous ne voyons nullement quelles autres raisons d'existence on pourrait invoquer en faveur de cette forteresse communale. Ses dernières fondations ont été arrachées par des ouvriers de notre temps, il y a une soixantaine d'années.

La place de l'Église, qui aurait pu rester vaste et régulière, a été maladroitement encombrée au Midi par le presbytère, de date relativement récente, et au Nord par une construction particulière dont l'emplacement, propriété des Chartreux, a été donné par eux à titre de gratification au sieur Dujat, leur arpenteur.

A cent mètres de l'église le cordon des maisons, bâties sans interruption, est rompu par la rue Boutillier, continuée par un chemin agraire, allant à Champlan à travers les glaises et la

(1) L'agitation protestante et l'invention du pistolet contribuèrent beaucoup à la formation des bandes de brigands, que l'on vit sous le règne de Henri II.

vallée de l'Yvette. Soixante mètres plus haut, à gauche, c'est l'amorce du chemin vicinal n° 4, allant à Ballainvillers par Saulxier. Cet endroit est nommé sur les anciens plans : Carrefour de l'Orme et aussi carrefour de la Pierre à Dieu, parce qu'il y a là une pierre sur laquelle on fait chaque année, depuis un temps immémorial, un reposoir vraiment monumental, le jour de la Fête-Dieu. — A cette occasion, nous aimons à remercier et à féliciter M. Denis Perrot de son zèle infatigable, de son goût exquis et des succès mérités que lui donne, tous les ans, la procession du Très Saint Sacrement, dans la construction de son grand reposoir artistique. Du reste, il faut le dire, puisque nous effleurons, en passant, ce chapitre, à Saulx-lès-Chartreux les reposoirs sont toujours beaux et nombreux. Sur ce point, nos ancêtres pourraient nous reconnaître; nous n'avons pas dévié des voies tracées et suivies par eux.

Après la rencontre de ces deux chemins, la rue monte sans autres découpures que de petites ruelles que l'on voit fuir, à travers les jardins et les vergers, pour aller rejoindre l'un ou l'autre des quatre lavoirs couverts du pays. On arrive ainsi, sans encombre, par une douce et presque imperceptible ascension, à la place de la Mairie. Cet édifice est digne d'une grande commune. C'est un beau corps de bâtiment régulier, proportionné et bien percé. Nous y reviendrons; passons. La montée devient un peu plus rude, en cinq minutes nous atteignons le carrefour rouge de l'Orme (1). Il est ainsi nommé à cause du grand nombre d'ormes qui couvraient cette place et tous ses abords, il y a moins d'un siècle. A cette date, le côté nord de la rue, à cet endroit, avait quelques vides qui ont été bâtis depuis cinquante ans.

Nous sommes sur le point culminant du village; car si la rue que nous venons de parcourir monte jusqu'ici, celle de Villedieu, longue d'environ 500 mètres, descend jusqu'au bout du pays vers Villebon.

Ce carrefour est orné d'une fontaine monumentale à double vasque en pierre sculptée. Elle porte, dans toutes les parties du village, son eau douce, légère et excellente, par des tuyaux souterrains qui se déversent dans des bornes-fontaines à robinet, placées à cent mètres l'une de l'autre.

Depuis le moulin de Saulx jusqu'au lieu dit la *Bourgogne*, il y a 118 maisons habitées à droite de la rue, et à gauche quatre-vingts. La rue de Villedieu en possède 56 à droite et 36 à gauche. Celle de Ballainvillers 10 à droite, 2 à

---

(1) Sur les anciens plans ce rond-point s'appelle : Le *cas rouge*; depuis déjà longtemps, on l'a nommé *carrefour de l'Orme*.

gauche. On trouve semées, çà et là, dans tout le bourg, trente cours communes.

Malgré sa longueur, Saulx-lès-Chartreux est aggloméré. Ses maisons, en très grand nombre, ont été rebâties et restaurées dans le goût moderne. Elles sont éclairées par de belles fenêtres garnies de persiennes peintes de couleurs variées; mais le gris perle et le vert tendre sont les nuances dominantes.

Quoi qu'il en soit de ces apparences de conformité de style avec les villages de la banlieue de Paris, Saulx-lès-Chartreux a conservé un cachet qu'aucun d'eux ne saurait montrer; car il est de ceux qui ne s'improvisent pas; et de plus, pour avoir su braver victorieusement la morsure des siècles et la dent venimeuse des révolutions, il doit être comme fondu dans les mœurs du pays, je dirai presque dans le sang des familles. C'est son cachet conventuel, son air calme et recueilli.

Ici, généralement, les habitations sont construites sur la rue avec fenêtres au rez-de-chaussée et au premier étage, ouvrant sur la voie publique. Presque chaque corps de logis est traversé par un portail couvert, servant de remise pour la voiture du marché et surmonté d'une chambre à coucher. Eh bien, visitez le pays, dans toute son étendue, n'importe quel jour de la semaine, vous verrez toutes les portes cochères fermées, du matin au soir. Sans que le passant y pense, on travaille fortement et courageusement derrière cette clôture fermée. Ouvrez cette porte et vous voilà dans une belle cour bien tenue, que des bâtiments de toutes sortes encadrent. Du milieu de la rue, rien ne vous avait fait supposer que dans ces propriétés, si hermétiquement closes, se trouvaient tant de choses vraiment intéressantes. Et ces trente-deux cours communes, ne dirait-on pas autant de cellules autour d'un cloître? Autrefois, au bon vieux temps de la charité et de la fraternité chrétiennes, alors que la religion montrait à l'homme un frère dans son voisin, le bonheur avait sa résidence fixe au sein de ces cours communes. Le voisin était-il malade, on était dix, vingt pour le soigner et faire son ouvrage; un enfant avait-il faim, il trouvait à manger à toutes les tables. Mais, hélas! depuis que les saintes pratiques de la religion ont été mises de côté, l'égoïsme, aussi glacial que la mort, a régné en maître, en tyran et en despote, et il a mis à la place de cette félicité chrétienne un foyer de haine, de jalousie, et d'interminables discordes. Voilà le triste spectacle qu'offrent, bien souvent, aujourd'hui, les cours communes. Tout le monde perd beaucoup à cela, même au simple point de vue social; car n'est-il pas affreux le vide que l'irréligion a creusé autour de l'homme? Ne voyez-vous pas, de plus en plus, des abîmes s'ouvrir entre l'autorité du père et la soumission du fils? depuis la mère jusqu'à la fille? En notre siècle d'insubordination, à quinze ans on ne daigne plus recevoir ni conseils, ni avis de ses parents, on les regarde presque comme des trompeurs et des ennemis; et naturellement on les traite, sans rougir, de « *stupides.* » Hélas! quel progrès avons-nous donc fait dans la ruine de l'autorité et des droits des parents sur leurs enfants... Où allons-nous? Où nous arrêterons-nous? Il ne nous reste plus de nos ancêtres que l'aspect et la forme extérieure qu'ils ont donnés, avec tant de tact, de goût et de réflexion, à notre charmante paroisse.

§ II. — Situation topographique et étymologie.

La situation de ce village est des plus heureuses. Il est posé dans la vallée de l'Yvette qui l'arrose, à deux kilomètres de Longjumeau, avec lequel il communique par une chaussée pavée. Dix-huit kilomètres seulement le séparent également de Paris et de Versailles.

En considérant l'aspect de Saulx, nous avons déjà remarqué que ses maisons s'enroulent élégamment sur un pli de terrain. Ce monticule est une des dernières ondulations du rocher vers la rivière. Son altitude au-dessus du niveau de la mer est de quatre-vingt-dix mètres à la fontaine de l'Orme.

Des ruisseaux intarissables, jaillissant du sein de la roche vive, apportent au village le tribut de leurs eaux bienfaisantes, en fredonnant des mélodies que les zéphirs accompagnent et que les oiseaux écoutent. D'autres cours d'eau naissent à ses pieds, aux bords de ses jardins, et sans consterner la vérité je pourrais ajouter : entre les pavés de ses rues. Après avoir donné généreusement aux ménagères la quantité suffisante pour blanchir le linge, arroser les fleurs et les légumes, ils s'en vont galment au paradis. Ce paradis-là est un grand ru, qui descend majestueusement, quand il n'est pas à sec, des collines de Villejust. Vers sa source, son lit est profond, il me rappelle certaines ravines de la Savoie ; aussi, dans les orages et les fontes de neige, affecte-t-il des allures de torrent. Mais, comme tous les tapageurs, il fait plus de bruit que de bonne besogne. La moitié du temps, en été surtout, il présente l'image de la pauvreté et de la misère : il serait incapable de désaltérer une fleur. Ce n'est que là où il devient humble et modeste qu'il coule, sans épuisement, autour des potagers de Saulx, et les rafraîchit de son haleine fertilisante, avant de se jeter dans l'*Yvette*. Il y a donc une dépression de terrain de ce côté du village; c'est-à-dire, vers Villebon. Un autre vallon sépare également le bourg de son hameau principal : Saulxiers. Au fond de cette excavation se promène, à son aise, sans obstacle, un ruisseau fils de la *Maçonne* et des *Gaudrais*, deux sources en grande renommée dans cette commune. Après avoir orné, rafraîchi et embelli le parc du château de Monthuchet, ce cours d'eau va se jeter dans l'Yvette, sous la roue même du moulin de Saulx.

De ce qui précède, il est facile de reconnaître que Saulx-lès-Chartreux, quoique bâti au grand air, sur le dos d'une colline, est un pays des plus favorisés sous le rapport de l'eau. Aussi nos maisons bourgeoises ont-elles, pour la plupart, des distributions d'eau admirables, telles que fontaines jaillissantes, bassins, cascatelles et pièces d'eau à porter bateaux.

Maintenant élargissons le cadre du tableau, au centre duquel Saulx se dresse fièrement, à l'ombre de sa tour gothique. Aux quatre points cardinaux, je vois de verdoyantes collines s'élever en amphithéâtre et former, de la sorte, un cirque régulier, animé et pittoresque au séjour aimé des bons Pères-Chartreux de sainte, charitable et bénie mémoire.

Rentrons au village; pour l'aborder, n'importe de quel côté, on a le plaisir de traverser une brillante ceinture, formée par un vaste verger. Les arbres fruitiers abondent dans les jardins et dans les terres, sans nuire aux autres productions du sol. On y cultive surtout les poiriers, les pommiers, les cerisiers et beaucoup de pruniers. Autour du pays, la qualité et la composition du sol varient considérablement. Depuis le cimetière jusque vers la Bourgogne, la terre assez forte et limoneuse est propre à tous les genres de culture. C'est, pour l'agriculteur, un trésor inépuisable; aussi n'est-elle pas marchandée à 3.000 francs l'arpent (petite mesure de Paris). Du chemin de Villejust, en contournant Villedieu jusqu'au jardin des Tournelles, le sol n'est qu'un sable gras, de bonne qualité à cause de l'humus qu'il contient. On y fait des récoltes variées, hâtives et productives. A partir de cette dernière limite jusque vers l'ancienne croix Maillard, le sol est de pure argile. Il y vient des blés, des avoines et des luzernes d'une hauteur et d'une force extraordinaires; mais la petite culture n'y réussit pas, ou du moins les récoltes y sont très fautives.

Autrefois, le Carrefour de la croix Maillard était très fréquenté. C'était là que passait le chemin de Saulx à Longjumeau. — Aussi, nos ancêtres y avaient pieusement élevé un calvaire. Ils n'ignoraient pas, eux, que la vue d'une croix doit diriger l'esprit vers des réflexions salutaires. Vous savez, lecteur, que le supplice de la croix ne fut pas inventé pour notre divin Sauveur; bien avant Jésus-Christ, on faisait mourir sur la croix ceux qui l'avaient mérité, et c'était la mort la plus ignominieuse, à laquelle n'étaient condamnés que les plus grands criminels, les infâmes scélérats; c'est pourquoi la croix était un objet d'horreur. — Notre-Seigneur est cloué, crucifié sur cette croix infâme, il l'arrose de son sang, il y meurt. — Et voilà tout à coup un revirement inattendu : l'horreur qu'on avait eue jusqu'alors pour la croix est changée en vénération; on ne hait plus la croix, on l'aime, on l'adore; on ne craint plus de voir la croix, on la montre partout, on la baise; elle reluit au cou des chrétiens, elle brille dans les armées, sur le labarum du grand Constantin, elle rayonne sur les édifices publics, elle étincelle sur la poitrine des braves. — Pourquoi donc un objet horrible à voir est-il devenu si soudainement un objet de vénération universelle ? — Ah! vous le devinez bien, c'est par la vertu du sang d'un Dieu! Oui, lecteur, et si la croix n'eût jamais été rougie que du sang d'un homme, elle serait encore aujourd'hui en exécration, ou peut-être eût-elle disparu de dessus la terre. — Dans un temps, on a voulu la faire disparaître; on a renversé cet arbre précieux, on l'a brisé... Mais c'est le sang d'un Dieu qui en est la sève, il ne périra pas! il se relève sur la poussière des impies qui l'ont outragé, et, tout triomphant et plein de vigueur, cet arbre de notre salut semble dire au monde : Toutes les générations passeront devant moi, et je resterai debout jusque sur les derniers débris du genre humain. En plantant la croix Maillard, voilà les grandes pensées et les beaux sentiments que les anciens habitants de Saulx voulaient laisser à leurs descendants, comme un testament de foi, de religion et d'honneur.

L'étymologie de Saulx vient, selon M. l'abbé Lebœuf, des nombreux saules qui, au temps du roi Dagobert, couvraient la partie basse de son territoire, le long du ruisseau du Paradis jusqu'à l'Yvette. En latin on l'appelait *Salix, Salices*. On l'écrivait *Saux* originairement ; d'anciens titres le prouvent. Un usage plus conforme à son étymologie, dit M. l'abbé Lebœuf (1), a fait adopter l'emploi de la lettre L dans la construction de ce mot. C'est seulement au treizième siècle, lors de la possession de cette terre par l'ordre des Chartreux, que ce nom y fut ajouté. Donc il y a 800 ans que l'on dit : *Saulx-lès-Chartreux*.

---

(1) *Histoire du diocèse de Paris*, t. IX, p. 309.

§ III. — Origine de Saulx et fondation du prieuré de Notre-Dame.

Au commencement du septième siècle, Saulx était déjà habité ; il appartenait au roi. Dagobert I en fit don à l'abbaye de Saint-Denis. Mais après les irruptions continuelles des Normands, au neuvième siècle, beaucoup de couvents furent obligés de vendre leurs biens pour réparer les ruines du passé, faire face aux besoins du moment, et se prémunir contre un avenir sombre et problématique. L'abbaye de Saint-Denis n'échappa pas à la gêne du temps ; car elle fut obligée de se défaire de la terre de Saulx, malgré le souvenir royal, bien cher pour les religieux, qui s'y rattachait. Elle passe en des mains laïques ; les noms de ses possesseurs sont totalement oubliés. L'un deux, pieux et riche, y fonda un monastère dans le cours du onzième siècle, époque de grande ferveur. Son nom ne nous a pas été, non plus, conservé. Il était, selon toute apparence, l'allié de la puissante maison de Montmorency. Elle protégeait et favorisait les moines de Saint-Florent de Saumur, en Anjou, et leur procura plusieurs établissements dans les environs de Paris. Leur début, vers l'an 1070, dans la paroisse de Deuil, avait été largement et abondam-

ment béni de Dieu. Ce fut une raison de plus pour que la terre de Saulx passât au nombre de celles qui leur furent alors données. On lit dans la bulle confirmative de leur possession donnée en 1122 par le pape Calixte II : *Ecclesiam sanctæ Mariæ de Sazio.* Le mot *Sazium* est visiblement fabriqué, dit l'historien du diocèse de Paris, sur le français alors écrit Saux. Celle d'Urbain II s'exprime ainsi : *Notre-Dame de Saux;* mais on y emploie le nom latin *de Psalis* (1). Ces religieux convertirent dans la suite cet établissement en un prieuré où demeurèrent quelques-uns des leurs, pour l'acquit des fondations et l'administration du temporel. « Les religieux de Saint-Flo-
« rent, dit M. Lebœuf, ayant érigé un prieuré à
« Saulx, y jouirent de plusieurs droits et de
« plusieurs biens. » Telle fut la fondation du *prieuré de Notre-Dame.*

Dans la suite, les religieux de Saint-Florent furent attaqués par F. de Palaiseau; mais ce chevalier et Marie sa femme reconnurent, en 1215, le droit de censive des religieux sur trois maisons qui avaient souffert de cette mauvaise chicane; ce

---

(1) Cette différence dans l'orthographe du mot Saulx rappelle un sans gêne qui n'offre malheureusement que trop d'exemples dans l'histoire de tous les peuples. Tenez, sans sortir de notre sujet, voyez l'auteur du Pouillé du *XIII*e siècle, il ne se donne pas la peine de latiniser le mot, il dit tout simplement : *Ecclesia de Saud.*

fut Pierre, archevêque de Paris, qui les accorda, et il en donna acte.

Ce prieuré avait alors des revenus sur le territoire de Longjumeau. L'abbaye de Sainte Geneviève lui payait deux deniers de rente pour un demi-arpent de pré qu'elle y possédait.

Le prieuré de Notre-Dame de Saulx est nommé le premier de ceux du doyenné de Massy, dans le catalogue des prieurés du diocèse de Paris, dressé vers l'an 1270, par rang de doyennés monastiques. Le prieur paya, en 1291, à l'église de Paris (Notre-Dame) le piment dû au jour de l'Assomption, par tous les prieurs du canton qu'on appela, plus tard, doyenné de château fort. Il réitéra le même paiement en 1307. Sa taxe pour le droit de procuration épiscopale, en 1384, était de trois livres dix sous, comme celle des autres prieurs.

Frère Pierre Pinan visitant le prieuré en 1495, par commission de Louis de Bellay, abbé de Saint-Florent, trouva que la maison du prieur avait été brûlée. Frère René Louet, prieur de Bruyères, député deux ans après pour y faire la visite, trouva le prieuré mal en ordre. En 1507, Frère Raoul ayant remis ce prieuré à Jean de Mathesolon, son abbé, celui-ci le conféra à frère Pierre Pinan, autrement dit Brossier, prieur de Gometz, qui de son côté donna par permutation celui de Gometz à Raoul. Quelque temps après,

Pinan quitta le prieuré de Saulx pour prendre l'office d'hôtelier en l'abbaye de Saint-Florent. Comme il avait eu, dès le 6 avril 1498, du chapitre du Roi, une partie de l'un des os de l'épaule de Saint-Florent, il l'envoya du consentement de son abbé aux paroissiens de Saulx, qui reçurent la relique avec grande joie. Ils s'engagèrent à faire dire à perpétuité le premier jour de mai (jour apparemment de la réception de la relique) les vêpres solennelles du Saint et le lendemain la messe par le prieur, ou, en son absence, par le curé, avec diacre et sous-diacre, ce qui fut approuvé par les vicaires généraux de l'archevêque de Paris le 26 février 1515. La relique fut enchâssée dans un reliquaire de bois doré, sur lequel on imprima ces mots : *De spatula Sancti Florentii.*

Quant au nom de l'archevêque de Paris qui accorda l'église de Saulx aux religieux de Saint-Florent, il est resté inconnu jusqu'ici. Est-ce Guillaume I, on Galon, ou Girbert ? Il est probable que c'est l'un ou l'autre de ces trois prélats; mais il est fort difficile de se fixer sur ce détail. Néanmoins, il est absolument certain que Saulx existait, depuis des siècles, quand les religieux de Saint-Florent vinrent y résider.

CHAPITRE DEUXIÈME

LES PREMIERS SEIGNEURS DE SAULX

Parmi les seigneurs de Saulx connus avant les religieux chartreux, on voit figurer, au premier rang, un nommé : *Gerardus de Sauz,* mentionné avec Milon de Chastres (Arpajon) dans des actes de la fin du onzième siècle. Il est appelé ailleurs *Giroldus de Salicibus. Pierre de Saux,* né dans cette paroisse le 28 mars 1318, passa la plus grande partie de sa vie dans l'abbaye de Saint-Victor de Paris. Il a été successivement prieur et abbé de cette communauté, où il est mort le 7 octobre 1383; on l'a inhumé dans le cloître. Peut-être était-il l'un des descendants des seigneurs de Saulx. Sous Philippe-Auguste cette terre appartenait à plusieurs seigneurs. Dans le rôle de ceux qui lui doivent hommage-lige par rapport à Montlhéry, est compris *Robert de Varennes* pour ce qu'il possédait *ad salices,* aussi bien que *Gui de Vangrigneuse.* En 1225, F. de Palaiseau, chevalier, y avait une prétention de censive. En 1259, une dame nommée *Alips,* qui vendit au chapitre de Paris ce qu'elle avait à Herblay, était qualifiée : *Domina de Salicibus, Dame de Saulx.*

CHAPITRE TROISIÈME

LA SEIGNEURIE DE SAULX
PASSE AUX RELIGIEUX CHARTREUX

Ce fut vers le milieu du XIII siècle que les Chartreux, établis à Paris, depuis peu de temps, devinrent seigneurs de Saulx. A peine installés dans la capitale du royaume de France, ils firent des acquisitions dans le village de Saulx, qui bientôt joindra le nom de ses nouveaux seigneurs à celui que les *Saules* de la vallée lui ont imposé.

Les bons Pères Chartreux commencèrent par acheter, en 1264, la dîme du blé avec une partie du fief des Tournelles où était le four banal. En 1265, Guillaume de Vaugrigneuse leur vendit la dîme du vin pour cent dix livres. Il leur était facile alors d'acheter et de payer comptant, ils venaient de toucher une somme considérable que maître André de Tarente leur avait léguée. Ils n'eurent aucun droit à payer, le roi saint Louis leur en accorda l'amortissement. Le roi, par là, voulait les remercier pour tous les services qu'ils rendaient à ses Etats par leurs austérités, leurs prières et leurs bonnes œuvres, de toutes sortes, en faveur des pauvres, des malades, des veuves et des orphelins.

Que nous sommes loin, hélas! de ces temps de foi, de religion, de raison, de justice, d'équité et de bon sens! Aujourd'hui, en plein XIX⁰ siècle, on crochette les serrures des couvents; on défonce à coups de béliers les portes des monastères; on arrache les religieux à leurs cellules et on les jette dehors, au mépris des droits les plus sacrés de la liberté et de la propriété. Oui, c'est en France, le soi-disant pays du libéralisme et de la justice, que deux cent-quatre-vingts maisons religieuses viennent d'être ainsi persécutées à outrance. La liberté attristée, humiliée et honteuse, porte le deuil des forfaits qui s'accomplirent sous ses yeux en cette année 1880!!....

Vingt ans après leur acquisition de la dîme du vin, les Chartreux achetèrent de Jean *de Glesiis* et d'Isabelle sa femme le four banal appelé fief des *Tournelles*. Philippe le Bel le reconnut être mouvant de son fief, dans ses lettres de l'an 1289. Jean Boileau, vicaire à Paris, leur donna, à peu de temps de là, un arpent de terre au même territoire. Il mourut en 1304 et fut inhumé dans leur cloître près de la cellule marquée D. En 1330, Jean de Montsablon, clerc de Mᵉ Gérard de Montaigu et son exécuteur testamentaire, ajouta à ses dons et acquisitions des prés en la vallée de l'Yvette. En 1337, André de Florence, clerc de Charles-le-Bel, élu depuis Evêque d'Arras, puis de Tournay, leur fit don de quinze livres pour la fondation d'une chapelle à Saulx, sous le titre de Saint-André, son patron. Jean de Vernon, secrétaire du roi, mort en 1376, leur légua vingt-quatre sols de rente qu'il avait dans cette paroisse; et Jean de Boischâteau, mort en 1515, leur fit aussi présent de vingt livres de rente assises au même lieu. Vers 1560, André de Viviers, curé de Longjumeau, les gratifia de douze arpents de terre situés au même village.

Les Pères Chartreux avaient déjà des biens situés au territoire de Saulx par donation de Pierre Loisel, cordonnier à Paris, qui mourut sans laisser de postérité. Ayant employé une partie de ses legs à bâtir leur chapitre, ils lui donnèrent, ainsi qu'à sa femme, une honorable sépulture; ils les inhumèrent dans leur cloître même. C'était une grande faveur et un vif témoignage de reconnaissance et de haute estime.

Les religieuses du Val-de-Grâce, près de Bièvres, avaient un droit dans les dîmes de Saulx, mais les Chartreux traitèrent avec elles en 1542. Ils convinrent de leur payer sur ces dîmes, chaque année, une redevance de blé, et une seule fois la somme de cinquante pièces d'or.

La fortune des Chartreux augmenta encore, quand ils devinrent propriétaires uniques et absolus de toutes les possessions du prieuré que les religieux de Saint-Florent de Saumur avaient dans cette paroisse. Ces derniers en firent la cession à leurs voisins, seigneurs du lieu depuis longtemps, vers l'an 1675.

CHAPITRE QUATRIÈME

LE PRIEURÉ DE NOTRE-DAME EST RÉUNI AU COUVENT DES CHARTREUX

Les prieurs commandataires furent introduits à Saulx comme ailleurs, vers le commencement du xvie siècle; ils y ont joui du prieuré jusqu'en l'année 1657 que Guillaume Besnard de Rezay, doyen de Tours et conseiller au parlement de Paris, qui en était prieur, le donna aux Chartreux de Paris, seigneurs temporels de la paroisse.

Cette réunion fut faite du consentement du cardinal Grimaldi, abbé de Saint-Florent, et des religieux de l'abbaye, à condition d'une pension de cent livres payables, chaque année, au premier mai, à la mense conventuelle. Il y eut descente sur les lieux par l'official de Paris, le 12 octobre 1657, et lettres patentes confirmatives de la bulle du mois de février 1658. M. de Rezay devint chanoine de Paris en 1664, et jouissait toujours de son prieuré ; mais le 22 novembre 1675, il en fit sa démission et abandonna aux Chartreux les revenus et les droits qu'il s'était réservés, à condition qu'on lui fournirait, chaque année, 3.500 bottes de foin du poids de dix à onze livres, provenant des prairies de Saulx, avec quatre hottées de pommes de Calville et de rainette, et qu'on lui paierait cent quatre-vingts francs par an, qu'on l'acquitterait du gros du Curé, de vingt francs de messes, don gratuit, décimes ordinaires, extraordinaires, réparations et toutes autres charges. Le 29 novembre de la même année, Dom Juste Janicot, procureur, en prit possession.

M. Besnard de Rezay mourut le 17 mai 1684.

CHAPITRE CINQUIÈME

LA CHARTREUSE DE SAULX

La chartreuse !... C'est le nom des montagnes sauvages, arides, affreuses, proches de Grenoble, que saint Bruno a choisies pour retraite, en 1085. Ce fut là, dans ce désert quasi-inaccessible, que ce grand homme, aussi étonnant par l'étendue de ses connaissances et de sa science que par ses éminentes vertus, jeta les fondements de ce bel ordre religieux qui n'a cessé de donner une grande édification à l'Eglise universelle, et en particulier à notre nation très chrétienne de son temps. On ne saurait le dire trop haut, cet ordre religieux, après huit siècles d'existence, est encore le même. Jamais il n'a eu besoin de la moindre réforme, ni pour la pureté de la foi, ni pour l'austérité de la discipline.

Ce premier monastère du nouveau patriarche de la vie solitaire dans les Alpes françaises donna son nom à toutes les maisons de cet institut et aux cénobites qui vivent sous sa règle. De là vient le nom de *Chartreux* et de *Chartreuse* donnés aux religieux seigneurs de Saulx et à leur habitation.

La famille spirituelle de saint Bruno étant toujours restée strictement fidèle à sa constitution primitive et à sa règle de vie, le chartreux d'aujourd'hui obéit aux mêmes observances que le chartreux du xi sièle. Son chef et son modèle ne lui a pas donné d'autre règle que celle de saint Benoît accommodée à la vie solitaire, pénitente et mortifiée du chartreux. Grâce à cette austère soumission à la loi de l'obéissance volontairement choisie et librement acceptée, nous allons savoir exactement la vie que menaient jadis ceux qui avaient le titre de seigneurs de ce village. Voici le tableau que traçait de leur existence Pierre le Vénérable, cinquante ans après leur établissement : « Ils sont les plus pauvres de tous les moines ; la vue seule de leur costume effraie ; ils portent un rude cilice, affligent leur chair par des jeûnes presque continuels, et ne mangent que du pain de son, en maladie comme en santé. Ils ne connaissent point l'usage de la viande et ne mangent de poisson que quand on leur en fait cadeau. Les dimanches et les jeudis, ils vivent d'œufs et de fromage : des herbes bouillies font leur nourriture les mardis et les samedis ; les autres jours de la semaine, c'est-à-dire les mercredis et les vendredis, ils vivent de pain et d'eau. Ils ne font par jour qu'un seul repas, excepté dans les octaves de Noël, de l'Epiphanie, de Pâques, de la Pentecôte et de quelques autres fêtes. La prière, la lecture et le travail des mains, qui consiste principalement à copier des livres, sont leur occupation ordinaire. Ils récitent les petites heures de l'office divin dans leurs cellules, lorsqu'ils entendent sonner la cloche ; mais ils s'assemblent à l'église pour chanter vêpres et matines ; ils disent la messe les dimanches et fêtes. »

C'est ainsi que plus tard les bons Pères Chartreux, propriétaires du domaine de Saulx, persévèrent dans l'amour de Dieu par la prière, le travail, la pénitence et la solitude.

Après sept siècles, disent tous les auteurs impartiaux, la ferveur était aussi fraîche et aussi vive dans cet ordre que du temps de son fondateur. Les richesses que ces pieux religieux avaient reçues dans le cours des siècles, de la munificence des grands de la terre, et de tous ceux qui voulaient s'assurer de bonnes et ferventes prières pour le repos de leurs âmes, après leur mort, n'ont pu les amollir en rien : pauvres de cœur par vocation, profondément détachés des biens et des plaisirs de ce monde par conviction de leur néant, la fortune était pour eux un objet de mépris. D'ailleurs, les simples religieux ne savaient jamais si leur couvent était riche ou pauvre ; c'était le moindre et le dernier de leurs soucis; ils ne s'en occupaient aucunement. Un livre de prière, un cilice, un peu de pain noir, un pot d'eau suffisaient à remplir tous les besoins et tous les désirs des enfants de saint Bruno.

Les revenus de la communauté servaient à nourrir la plupart des populations qui ne manquaient jamais d'aller se grouper autour d'elle. Aujourd'hui encore, ces traditions de charité et de bienfaisance se continuent dans l'ordre des Chartreux. Ecoutons ce qu'en dit M. Adolphe Joanne, dans son *Guide du Dauphiné et de la Savoie :* « Les Chartreux n'ont plus aujourd'hui que la jouissance des bâtiments qu'ils occupent et des pâturages situés dans l'enceinte du désert; l'Etat leur concède également le bois qui leur est nécessaire; mais la fabrication et la vente de leurs liqueurs leur rapportent, assure-t-on, par an, près de 500.000 fr. de revenu, *dont la plus grande partie est consacrée à des œuvres de bienfaisance.* Partout, en effet, où éclate soit dans l'Isère, soit dans les départements voisins, un désastre quelconque : incendie, grêle, inondation, les Chartreux envoient de prompts et importants secours. Plusieurs villages des environs ont dû à leur munificence de pouvoir se relever de leurs ruines : de belles églises, des maisons d'école, des hôpitaux ont été élevés à leurs frais dans de nombreux endroits »

Le village de Saulx pourrait nous fournir plus d'un exemple solide et authentique de cette vieille et toujours nouvelle générosité des Chartreux. Nous verrons bientôt que le 12 avril 1764 ils distribuaient, de leur bon gré, deux cents arpents de terre qu'ils possédaient sur le rocher de Saulx, entre les habitants du pays.

Cette stabilité constante et inébranlable des Chartreux dans l'observance de leur règle, de détachement, d'austérité et de charité envers le prochain, a fait dire à un observateur judicieux des hommes et des choses, les paroles suivantes: « Voilà donc un ordre religieux qui, depuis sept cents ans, persévère dans la ferveur de sa première institution, preuve assez convaincante de la sainteté et de la sagesse de la règle qu'il observe. C'est donc à tort que les censeurs de la vie monastique ont répété cent et cent fois que la perfection à laquelle aspirent les religieux est incompatible avec la faiblesse humaine, que leurs fondateurs ont été des enthousiastes imprudents, et que la vie du cloître est un suicide lent et volontaire. »

La Chartreuse de Saulx était située sur la place de l'Eglise. La maison de Dieu et celle des bons religieux étaient côte à côte, se donnaient la main comme la mère et la fille. Un simple mur mitoyen les séparait; elles communiquaient par une porte qui a été bouchée le 8 pluviôse de l'an III de la

R. F. première du nom. C'était un vaste manoir triangulaire, comme on le voit encore aujourd'hui. Une pièce d'eau ombragée d'arbres séculaires occupait le milieu de la cour (1). Les vicissitudes des choses s'en mêlant, sur cette place desséchée ont été construits plusieurs bâtiments à l'usage des propriétaires actuels de cette cour partagée. Avant son fractionnement, la Chartreuse présentait, depuis le carrefour formé par la rue Bontillier, jusqu'à l'église, toute une file de bergeries, écuries et vacheries. Vers le levant, une maison d'habitation, partant de l'église, était continuée assez loin, entre la cour et le jardin du prieuré, par des granges et des hangars. La base du triangle, au midi, était formée, comme elle l'est encore aujourd'hui, par un bâtiment de quarante-cinq mètres de longueur, sur huit mètres trente-cinq centimètres de largeur. C'était l'*auditoire* ou salle de réception des Révérends Pères. Là ils écoutaient les plaintes de la douleur, l'expression de tous les chagrins, l'épanchement de toutes les souffrances ; là ils secouraient les pauvres par des aumônes généreuses; à cela ils ajoutaient les dons du cœur et de l'esprit, donnant un bon conseil à celui-ci, un encouragement à celui-là; à tous des marques non équivoques de dévouement, d'intérêt, de vraie, sincère, et pro-

(1) Voir le plan de la Chartreuse aux archives de la préfecture de Versailles.

fonde affection chrétienne. Malheureusement le couvent était peu considérable : un prieur, ou procureur de l'intendant de la grande Chartreuse de Paris, avec quelques religieux pour l'administration du temporel et l'acquittement consciencieux de toutes les fondations, composaient tout le personnel avec quelques frères pour le service intérieur de la maison.

Le dernier de ces administrateurs délégués fut Dom Germain Charpentier. Ce bon religieux a laissé un si grand souvenir dans la paroisse de Saulx, que son nom y est toujours populaire, toujours en vénération. On trouve encore dans cette paroisse des parents au 3e degré de l'enfant qui lui servait habituellement la messe, alors qu'il était seul dans la maison; c'est-à-dire vers l'an 1790.

Le grand corps de logis, appelé *auditoire* dans les titres déposés aux archives départementales, forme deux bâtiments juxtaposés d'inégales hauteurs ; l'un a deux étages au-dessus du rez-de chaussée, l'autre n'en a qu'un. D'après un plan de la maison, conservé à la préfecture de Versailles, il semble qu'un vaste pressoir, qui aurait été le pressoir banal, était établi dans la partie la plus élevée de cette longue et belle construction. Une sorte de pavillon carré taillé, dans la couverture seulement, indique l'emplacement de l'ancien oratoire ou chapelle de l'établissement.

Un jardin particulier, dessiné avec soin, planté d'arbres fruitiers, était affecté à cette habitation. Le mur qui le séparait du clos de la ferme existe toujours ; il se terminait par un petit bâtiment qui servait de fournil. A cet endroit, on voit encore les anciens piliers de la porte *dite des champs*. La ferme seigneuriale était exploitée par un laïque ; son dernier fermier fut un nommé Bloceau. En 1791, elle fut vendue avec 327 arpents 53 perches de terres, vignes et bois taillis à M. de Savalette, administrateur du trésor royal, moyennant la somme de 301.000 francs.

L'exposition de la Chartreuse de Saulx est des plus jolies : au Midi, la vue se promène agréablement sur les ondulations capricieuses et fuyantes d'un superbe rocher qui se déroule en arc, de l'Ouest à l'Est, en fermant l'horizon par un élégant rideau brodé de fleurs et de verdure. Au Nord, l'œil rencontre la gracieuse Yvette et les prairies qu'elle baigne et les côteaux de Champlan et les collines de Palaiseau qui se mirent dans ses eaux limpides. A gauche et à droite, les hautes futaies des domaines de Villebon et de Monthuchet servent d'encadrement à ce tableau et ajoutent à la grâce et à la majesté pittoresque de son ensemble.

Dans cette paroisse, comme partout ailleurs où ils passèrent, les Chartreux ont laissé des souvenirs et des marques sensibles et nombreuses de leur charité, de leur générosité, et de leur amour de Dieu et du prochain. L'entretien de l'église, intérieur et extérieur, ornements et frais du culte divin, instruction et école aux enfants, secours aux indigents, aide et protection à tous les habitants du village sans distinction ni préférence, telle était la part qu'ils prenaient de bon cœur dans les charges de la commune. Un jour même, ils ont trouvé cette part trop minime, puisqu'ils ont partagé librement et volontairement deux cents arpents de terre entre les habitants de Saulx; nous allons donner une copie du titre authentique de cet acte de grande générosité. Il n'y a pas à nier, ni à contester ; devant ce document notarié, la mauvaise foi, l'ingratitude et l'esprit diabolique de dénigrement sont obligés de s'incliner.

A l'instant même, nous lisons dans le *Petit Moniteur universel*. — Grenoble, 19 mars 1881. — La *Semaine religieuse* de Grenoble a eu l'heureuse idée de « dresser le tableau des dons innombrables que la charité des Révérends Pères Char-
« treux a répandus dans le diocèse. La *première*
« *liste* comprend le total énorme de deux millions
« trois cent quatre-vingt dix-sept mille cinq cent
« soixante-cinq francs donnés aux pauvres, aux
« incendiés, aux œuvres charitables, à la recon-
« struction des écoles, des presbytères et des
« églises. Pour relever le bourg de Saint-Laurent,

« en grande partie détruit par le feu, ils ont payé
« un premier mémoire de 1.055.000 francs. » C'est
ainsi que jadis, à chaque instant, ils payaient
des sommes considérables pour le bonheur des
habitants de Saulx.

CHAPITRE SIXIÈME

PARTAGE DU ROCHER DE SAULX
ENTRE LES HABITANTS DE LADITE COMMUNE

« D'un acte passé devant M⁰ Broussin, notaire
« à Longjumeau, l'un des prédécesseurs médiats
« du notaire soussigné, le douze avril mil sept
« cent soixante-quatre, en suite duquel est la men-
« tion suivante : Contrôlé à Longjumeau le seize
« avril mil sept cent soixante-quatre, reçu treize
« sols (signé) Girault. »

A été extrait littéralement ce qui suit :

L'an mil sept cent soixante-quatre, le douze avril jeudi, huit heures du matin, au mandement des syndics et habitants de la paroisse de Saulx-lès-Chartreux.

Je me suis Nicolas Broussin, notaire héréditaire de la prévôté et Châtellenie de Montlhéry, résidant à Longjumeau, soussigné,

Transporté à la place de l'église paroissiale dudit Saulx, en l'assemblée convoquée au son de la cloche en la manière accoutumée et par lettre circulaire; de tous les bourgeois et habitants taillables et non taillables dudit lieu ; en exécution de l'ordonnance de M. l'Intendant de la Généralité de Paris, du vingt-huit septembre mil sept cent soixante-trois, contrôlée à Longjumeau le vingt-six janvier dernier, étant en marge de la délibération de Dom Germain Charpentier, procureur conventuel des Révérends Pères Chartreux de la Chartreuse de Paris, Seigneurs dudit Saulx, pour et au nom de sa Communauté du, sieur Curé de ladite paroisse et desdits syndics et habitants reçus par le notaire soussigné, présents témoins, le vingt novembre mil sept cent soixante-deux, contrôlée audit Longjumeau le vingt-quatre, ladite ordonnance signée Berthier déposée avec une lettre missive de mondit sieur l'intendant du premier octobre audit an mil sept cent soixante-trois, contrôlée audit Longjumeau ledit jour vingt-six janvier dernier au susdit notaire suivant l'acte passé devant lui, présents témoins, daté et contrôlé le même jour.

Où étant, m'ont dit lesdits syndics et habitants et déclaré que lesdits Révérends Pères, pour *le bien de l'État, et l'avantage desdits habitants,* ont bien voulu à leur prière et réquisition, suivant leur acte capitulaire donné à ladite Chartreuse de Paris, le neuf dudit mois de novembre mil sept cent soixante-deux, consentir le partage entre lesdits habitants du *fonds* et place des Bruyères et Rocher dudit Saulx, décidé appartenir auxdits Révérends Pères comme héritage de leur église avec le droit de justice et seigneurie et usances desdites Bruyères auxdits habitants, suivant la sentence arbitrale prononcée le mercredi vigile de Noël, l'an treize cent quarante-trois, annexée à la sentence d'homologation du châtelet de Paris, du jeudi vingt janvier mil trois cent quarante-quatre, entre lesdits Révérends Pères Chartreux, d'une part, et les habitants dudit Saulx d'autre part, par M. Jacques Dufour, Curé dudit Saulx, et Jean Godard, avocat au châtelet de Paris, arbitres et amiables compositeurs nommés par lesdites parties suivant le compromis fait devant Jean Montmirail et Jean Jumants, notaires au châtelet de Paris, tant en vertu de l'acte capitulaire desdits Révérends Pères, de la délibération desdits habitants pour régler leurs contestations au sujet de la propriété et usage dudit Rocher et Bruyères, à la charge cependant et non autrement, attendu leur propriété du fonds, qu'il leur serait payé annuellement à toujours, après ledit partage pour chacun arpent, *un sou* de cens, à quoi ils ont bien voulu restreindre compris les quatre deniers de Bruyères qui ont toujours été payés aussi par chaque arpent, ledit sol, portant lots, ventes, saisines et amendes, quand le cas y écherrait suivant la coutume, payable le jour de saint Rémi, moyennant quoi ils abandonnaient auxdits habitants *leur droit de propriété*, à condition toutefois par eux chacun à son égard de mettre ce qui leur écherra par ledit partage dudit rocher et Bruyères en valeur et qu'ils ne passeront point les bornes plantées sur ledit rocher, qui séparent les seigneurs voisins et qui renferment un terrain appartenant à différents particuliers dont ils ont donné aveu ou passé déclaration à ladite communauté.

Que par la susdite déclaration du vingt-deux novembre mil sept cent soixante deux lesdits habitants ont acquiescé aux susdites conditions, sous condition aussi de leur part que dans l'acte de partage qui serait passé il serait inséré et stipulé :

Que si ceux à qui il écherrait dudit rocher par le sort, venaient à quitter la paroisse pour aller demeurer ailleurs, ils seraient tenus de louer ou de vendre à un paroissien dudit lieu Saulx, taillable, la portion qui lui serait échue. Qu'aucun desdits habitants, soit qu'il reste en la paroisse ou non, ne pourra vendre ou aliéner en quelque manière que ce soit ladite portion à autres qu'aux paroissiens taillables d'icelle paroisse ; et dans le cas où elle serait vendue à d'autres qu'auxdits paroissiens taillables, il serait par iceux paroissiens permis de rentrer dedans la propriété sans être tenus de rembourser aucun denier à l'acquéreur, ni d'observer à ce sujet aucune formalité de partie pour être partagés entre eux, attendu que ledit rocher est un bien public et commun de ladite paroisse, par rapport au pâturage, conformément à la sentence arbitrale et acte d'acquiescement à icelle, passé devant lesdits Montmirail et Jumans, notaires, le onze avril treize cent quarante-quatre ; que dans le cas où aucun desdits habitants négligerait de cultiver ou mettre en valeur sa portion il serait permis au bout de trois années consécutives aux voisins y tenant les plus proches de s'en emparer sans aucune formalité de justice et sans aucun frais pour la mettre en valeur, d'autant que restant en friches les bestiaux causeraient dommage aux dits voisins.

Que pour indemniser l'église et fabrique dudit Saulx, du droit qu'elle a sur la vente des pierres dudit rocher, suivant ladite sentence arbitrale dont elle se trouve privée par ledit abandonnement et défrichage, elle aurait pareille portion que les habitants suivant le sort.

Et finalement que ceux qui seraient refusants de cotiser pour faire les frais dudit partage et pour y parvenir n'y auraient aucune part.

A tout quoi aurait aussi été acquiescé par ledit Dom Charpentier, toutefois sous le bon plaisir de M. l'Intendant de sa communauté par laquelle sa communauté il a promis faire et approuver et ratifier ladite délibération, pour suivant l'ordonnance de mondit sieur l'Intendant être nommé un arpenteur, procédé audit partage et mesurage dudit rocher et à la division des lots, suivant la quantité qui par ledit partage se trouverait de terrain et eu égard au nombre des habitants taillables. Lesquels lots seraient numérotés, pour ensuite être tirés au sort entre les habitants de la manière accoutumée ; auxquels arpentage et divisions lesdits Révérends Pères et habitants pourraient envoyer pour eux telles personnes que besoin serait pour indiquer les limites.

Que mondit sieur Intendant, par ladite ordonnance du vingt-huit septembre mil sept cent soixante-trois, a approuvé et homologué la susdite délibération, en conséquence autorisé lesdits habitants à procéder lors incessamment à l'arpentage et ensuite au partage du terrain dont s'agit, auquel partage qui serait fait en présence du sieur Lecomte subdélégué de mondit sieur l'Intendant qui en dresserait procès-verbal, ne seraient admis que les paroissiens actuels de Saulx par égales portions, soit qu'ils soient taillables ou non, et être lesdits procès-verbaux rapportés à mondit sieur l'Intendant et être homologués si le cas y échéait.

Que par lettre dudit jour premier octobre mil sept cent soixante-trois, adressée audit sieur Lecomte, mondit sieur l'Intendant lui marque

— comme il a été arrêté par ladite délibération que lorsqu'un des paroissiens portionnaires abandonnerait la paroisse pour aller demeurer ailleurs, il serait tenu de *louer ou vendre* sa portion à un paroissien taillable dudit lieu, il pensait que ce serait plutôt alors le cas que cette portion retournât à la communauté, attendu que le terrain lui appartient, qu'il pensait pareillement que la portion de ceux qui viendraient à mourir sans laisser d'héritiers qui fussent membres de la communauté doit également lui retourner, sans quoi il pourrait arriver dans la suite des temps, qu'un bois de communauté passerait successivement entre les mains de particuliers qui ne seraient point de leur communauté, ce qui ne serait pas juste.

Que le vingt-huit dudit mois de novembre mil sept cent soixante-trois, il a été, du consentement dudit Dom Charpentier, par François Dujat, arpenteur juré en la prévôté royale de Montlhéry, résidant audit Saulx, suivant son procès-verbal dudit jour et jours suivants, contrôlé à Longjumeau le vingt-neuf janvier mil sept cent soixante-quatre, enregistré par Girault, procédé en présence des parties, des principaux habitants dudit Saulx, *audit partage et division* suivant lequel ledit rocher et terrain en deçà des bornes plantées, faisant séparation des seigneurs voisins et particuliers, qui ont donné aveu ou passé déclaration, s'est trouvé monter en totalité à *deux cents arpents* dont quatre-vingt-dix-huit bons en apparence, soixante de moindre valeur et quarante-un de côté, de peu de valeur, tenant ladite totalité par devers les vignes, terres et bois de Saulx, d'autre aux bornes qui ont pour marque une L et une N et une fleur de lis ; laquelle fleur de lis représentant les armes des Révérends Pères Chartreux, dont il y en a qui ont été effacées sur lesdites bornes, bornes aboutissant d'un bout à la bâte et d'autre aux terres des héritiers Maurice Thomas, qui peut représenter le bois ancien de Pierre de Villejust dont est fait mention à la susdite sentence arbitrale et de chacune desquelles trois parties ont été composés plusieurs réages, attendu qu'y ayant cent quatre-vingt-quinze copartageants tant taillables que non taillables, il fallut diviser le tout en cent quatre-vingt-quinze lots de chacun cent une perches et demie, à prendre de long, savoir : cinquante-trois perches dans la partie de quatre-vingt-dix-huit arpents ; vingt-huit perches dans celle de soixante arpents et vingt perches dans celle de quarante et un arpents, et que si l'on n'avait point composé plusieurs réages les portions divisées eussent été extrêmement longues et étroites.

Suivant laquelle division

Le premier lot échu à Messieurs

Catherine aura et prendra, etc...

Que moyennant la composition relativement à l'ordonnance de M. l'Intendant, il ne s'agirait plus que de les tirer au sort entre lesdits habitants.

A moyen de quoi ont été coupés cent quatre-vingt-quinze morceaux de papier d'égale grandeur sur l'un desquels a été écrit premier numéro avec le détail du contenu audit lot; sur le second idem, et successivement jusqu'au cent quatre-vingt-quinze et dernier, iceux roulés également.

Et d'un procès-verbal de tirage au sort, dressé par ledit Mᵉ Broussin, notaire à Longjumeau, en présence de témoins, les douze, treize et quatorze jours suivants jusque y compris le vingt-quatre décembre mil sept cent soixante-quatre, en suite duquel est la mention suivante : contrôlé à Longjumeau le vingt-six décembre mil sept cent soixante-quatre, reçu cent quatre-vingt-treize livres et un sol (signé Girault).

A été extrait littéralement ce qui suit :

A tous ceux qui ces présentes verront ;

Pierre Michel Emery, sieur de Lisle, avocat au parlement, prévost, juge civil et criminel, lieutenant général de police, commissaire enquêteur et examinateur de la ville, prévosté et châtellenie de Montlhéry, savoir faisons que les douze, treize, quatorze, quinze, seize et jours suivants jusque y compris le vingt-quatre décembre mil sept cent soixante-quatre,

Sont comparus devant le notaire de ladite prévosté de Montlhéry résidant à Longjumeau susdit et soussigné tant en son étude à Longjumeau qu'à Saulx-lès-Chartreux en la salle des écoles des garçons et à la maison presbytérale.

Savoir: Louis Châtelain, etc...

Lesquels ont dit qu'au moyen de ce que les contestations d'entre eux M. Lambert ès-noms et M. Lejuge, au sujet du partage du rocher mentionné en un procès-verbal dressé par ledit M° Broussin le onze octobre mil sept cent soixante-quatre, contrôlé, se trouvent terminés tant suivant le procès-verbal de séparation et bornage faits entre messieurs seigneurs de ce lieu, et ledit sieur Lambert ès-noms, comme tuteur des sieurs et Dlles ses enfants et curateur à l'interdiction de Dlle Marie Gabrielle Jolibois sa belle-sœur.

Que suivant l'acte de délibération entre lesdits habitants et lesdits sieur et dame Lejuge reçu par ledit M° Broussin, présents témoins à l'assemblée convoquée, le onze octobre mil sept cent soixante-quatre, contrôlé, portant abandonnement par lesdits habitants auxdits sieur et dame Lejuge pour terminer leurs contestations des huit arpents vingt-cinq perches ou environ de terrain faisant partie dudit rocher, au lieu-dit la grande vallée et aux charges et conditions y portées pour l'exécution desquelles ils ont donné mainlevée pure et simple des oppositions faites par ledit sieur Lejuge, dont ils ont consenti la nullité, ce qui joint à la suppression des lots destinés pour la maison, ferme et tuilerie dudit sieur Lejuge et de ce qu'aucun des habitants se trouve déchu de ses prétentions dans ledit rocher, suivant la clause insérée en l'acte de délibération reçu par ledit notaire, le vingt-deux novembre mil sept cent soixante-deux, portant ladite clause, que ceux des habitants qui seraient refusants de cotiser pour faire les frais dudit partage et pour y parvenir n'y auraient aucune part, et ce attendu qu'ils n'ont rien voulu cotiser et que les susnommés ont été seuls contraints de faire les avances, ce a donné lieu à un nouvel arpentage et un changement de partie des lots ci-devant faits et tirés entre eux auxquels ils se déclarent s'en tenir nonobstant lesdits changements, dont ceux qui se sont trouvés dans ce cas ont dit être contents ; en conséquence, ont représenté leurs lots numérotés par premier et dernier et dit, savoir :

Ledit sieur Bloceau, comme propriétaire de biens audit Saulx, en avoir pris un sur lequel ouverture faite d'icelui, présence des autres habitants, s'est trouvé écrit : cent onze.

Ledit Jean Brindin, etc...

Desquels lots, lesdits comparants se sont tenus et se tiennent contents, pour par chacun d'eux héritiers et ayants cause jouir à part et divis du contenu au lot qui lui est échu, à toujours, en pleine propriété comme de chose leur appartenant à juste titre, au moyen de l'abandonnement à eux fait par messieurs seigneurs de ce lieu, à commencer ladite jouissance divise de ce jourd'hui, à la charge par lesdits habitants et comparants, leurs héritiers et ayants cause, ainsi qu'ils s'y obligent, de payer à toujours, chacun à leur égard à mesdits seigneurs, un sou de cens par arpent, payable tous les ans le jour de saint Rémi.

Plus à la charge par eux ainsi qu'ils s'y obligent, chacun, à leur égard, d'exécuter de point en point, toutes et chacune, les obligations, charges et conditions portées et énoncées tant par ledit acte capitulaire de messieurs seigneurs de ce lieu que par la lettre missive de monseigneur l'Intendant et par les délibérations desdits jours vingt-deux novembre mil sept cent soixante-deux et onze octobre dernier, même de s'entr'ouvrir le passage avec un cheval de somme pour aller sur leurs dites portions.

Et comme après ledit partage il s'est trouvé encore quelques portions dudit terrain que l'on n'a pu diviser, il y en a environ cinquante perches de peu de valeur, que les copartageants sont convenus qu'elles appartiendraient à ladite veuve Etienne Landre, ce qui a été par elle accepté, pour ce présente, et à laquelle les autres comparants en font tous abandon et délaissement.

Et à l'égard du surplus qui est plein de roches, tous lesdits habitants, comme ne pouvant le mettre en valeur, sont unanimement convenus ; qu'il restera en l'état qu'il est à toujours pour le pâturage des bestiaux tant de messieurs les seigneurs de ce lieu que de tous les copartageants et de leurs successeurs, sans qu'aucun puisse emparer pour quelque cause que ce soit et sous quelque prétexte que ce soit, et puisse être à peine de nullité à l'égard des contrevenants dont les lots retourneront au profit de ladite communauté des habitants acquéreurs pour être partagés entre eux et de tous dépens, dommages et intérêts. Et seront tenus lesdits comparants de payer entre eux par égales portions, ainsi qu'il est dit, tant le coût du procès-verbal de l'autre part que du présent, papier, parchemin, contrôle, centième, denier, grosse desdits procès-verbaux pour messieurs seigneurs de ce lieu, droit d'enregistrement au bureau des gens de mainmorte, si besoin est, et généralement tous les frais faits pour parvenir à ces présentes, même d'homologation d'icelles si le cas y échéait à peine.

Car ainsi sont convenus lesdites parties comparantes entre lesquelles ce que dessus a été accordé et arrêté.

L'an mil huit cent soixante-cinq, le neuf décembre, ces présentes ont été extraites par M° d'Hordain notaire à Longjumeau de (Seine-et-Oise) soussigné, sur ledit acte de partage et tirage des lots du rocher de Saulx, étant en sa possession comme successeur médiat dudit M° Broussin, et en cette quantité détenteur des actes de son exercice, à la réquisition de M. le Maire de Saulx-lès-Chartreux.

Signé : d'Hordain.

Le sentiment qui domine dans ce partage, c'est l'amour des bons Pères Chartreux pour les habitants de ce village, et le désir de leur faire du bien, de les rendre heureux. On ne voit percer ici ni préférence, ni partialité, ni exclusion : tous sont appelés à jouir de la faveur du moment. Oui, tous; bourgeois, taillables, et non taillables, c'est-à-dire industriels, commerçants, fermiers, laboureurs, artisans ; n'importe l'état, la profession; le titre de paroissien de Saulx était seul requis. Voilà de la belle, de la bonne et de la franche égalité.

Plus on s'arrête devant cette pièce pour en considérer la forme et le fond, l'esprit et la lettre, plus on voit clairement que tout ici, est prévu, mesuré et pondéré avec la paternelle sollicitude d'un chef de famille solidement religieux,

qui fait le partage anticipé et impartial de ses biens à ses enfants. La première clause que nous y admirons rappelle ce grand précepte de l'Evangile et de la loi naturelle : « Supportez-vous les uns les autres. » — « Le voisin permettra
« à ses voisins d'arriver à leurs pièces de terre
« avec des bêtes de somme, aussi souvent que
« cela sera nécessaire et indiqué pour l'amen-
« dement, la culture des terres et le rangement
« des récoltes » ; mais celui qui usera de cette faculté se conduira avec soins et discrétion envers son voisin, de manière à lui rendre aussi douce que possible la souffrance que le partage lui impose.

Cette recommandation paraît si naturelle, que les esprits superficiels pourront la taxer de stipulation minutieuse et inutile. Oh ! ceux qui critiqueraient cette admirable sagesse donneraient par là-même la mesure de leur profonde ignorance des vices de l'humanité ! Depuis le péché originel nous sommes tellement faibles, tellement inconséquents et misérables, que Dieu a dû nous imposer sous peine de mort prochaine l'obligation d'aimer, de respecter et de sustenter dans leur vieillesse nos pères et mères. C'est à ce point-là qu'il est nécessaire de prendre avec nous les mesures les plus étroites et les plus complètes. La sagesse ici-bas est à ce prix. Les Pères Religieux Chartreux étaient trop sensés et trop recueillis pour ignorer ce côté affaibli de la nature humaine; aussi ont-ils mis sur le parchemin, pour la mémoire de tous, ce qui avait cessé d'être gravé dans le cœur de chacun.

Après avoir stipulé en faveur de la paix, de l'union et de la fraternité vraiment chrétienne, les Révérends Pères Chartreux vont essayer de faire fuir et de bannir à jamais l'esprit de paresse. Qui donc oserait les en blâmer? La paresse et l'oisiveté ne sont-elles pas ce qu'il y a de plus contraire à la condition de l'homme sur la terre? L'homme est né pour travailler, comme l'oiseau pour voler. Partant de ce principe qu'ils mettent si bien en pratique eux-mêmes, les bons Chartreux formulent cette clause, « que dans le cas « où quelqu'un desdits paroissiens négligerait « de cultiver ou de mettre en valeur sa portion, « il serait permis, au bout de trois années con- « sécutives, aux voisins y tenant les plus « proches de s'en emparer sans aucune formalité « de justice. » Le coup a porté juste; car il n'est à la connaissance de personne qu'il y ait eu des expropriations semblables.

Les Révérends Pères veulent que les terres ainsi partagées deviennent comme un patrimoine public communal confié, par parcelles, à chacun des habitants de Saulx, à l'exclusion absolue de tout étranger. Ils stipulent donc que « tout portionnaire « quittant le pays pour aller demeurer ailleurs

« devra vendre ou louer à un habitant de Saulx;
« il en sera de même en cas de décès sans en-
« fants. » Voilà un bien qui restera entre les mains
des enfants du pays. Peut-on assurer la propriété
d'une manière plus forte et plus efficace? Il y a
dans cette clause plus que de l'intérêt et du dévouement; car ici la prévoyante sagesse va jusqu'à l'amour aussi véritable que désintéressé;
c'est l'esprit de corps, que dis-je? l'esprit de famille poussé jusqu'à ses limites les plus reculées.

Après tant d'ingénieuses précautions pour
asseoir solidement la bonne harmonie et le goût
du travail parmi les gens de Saulx, il ne faudrait
pas s'étonner si on allait voir les Chartreux, par
un acte de délicatesse inouïe, essayer de donner
le change sur la nature de leur partage en lui
prêtant les apparences d'une vente à rente. Oui,
ils vont essayer de ménager l'amour-propre des
paroissiens qu'ils obligent, jusque dans des proportions que nous ne connaissons plus aujourd'hui : ils stipulent que chacun paiera annuellement un sou de rente par arpent; mais que
dans cette somme seraient compris les quatre
deniers que les habitants devaient annuellement
pour les bruyères. L'intention saute aux yeux,
c'est un impôt pour rire!... On ne veut pas hu-
milier les gens, voilà tout. O vénérables religieux,
que vous étiez bons!!...

CHAPITRE SEPTIÈME

INFÉODATION, FAITE PAR LES VÉNÉRABLES RELIGIEUX CHARTREUX, DU FIEF DU ROCHER DE SAULX, A LA CHARGE DE LA FOI ET HOMMAGE ENVERS EUX A CAUSE DE LEUR SEIGNEURIE DE SAULX, ET PIÈCES JUSTIFICATIVES DE LEURS DROITS.

Cote première.

20 et 26 novembre 1699.

Déclaration censuelle rendue par le fondé de procuration de messire François Pinault, écuyer, sieur de Bonnefond, seigneur du Plessis-Saint-Père.

A messieurs les Chartreux de Paris, à cause de leur terre et seigneurie de Saulx.

Des héritages qui suivent :

1° De sept quartiers de terre ci-devant en vigne appelés la butte

2° De sept arpents environ de bois châtaignier au bas du rocher de Saulx faisant pointe du côté du levant

3° D'un arpent et demi de terre au terroir de Saulx

4° De sept quartiers de bois taillis

5° D'un arpent et demi en forme de triangle

6° De cinq quartiers de terre aboutissant sur le Rouillon (ruisseau)

7° D'un quartier de terre en pointe

8° De trois quartiers de bois taillis dans la pente dudit rocher

9° De quatre arpents de bois taillis au même endroit

10° De deux arpents de bois taillis au même lieu

11° De quatre arpents et demi de pré et bois taillis

12° De deux arpents de bois taillis dans la place dudit rocher

13° D'un arpent et demi de bois taillis au même lieu

14° De dix-huit perches de bois taillis

15° De cinquante perches de bois taillis dans la pente dudit rocher

16° De cinquante perches de bois taillis au même lieu

17° De trois arpents faisant partie de onze arpents de terre traversés par le ruisseau du Rouillon

18° Huit perches un tiers de bois au champtier de Rouillon

19° Cinquante perches de bois dans la pente dudit rocher

20° Six perches un quart de terre au champtier de Rouillon

21° D'un quartier de bois taillis dans la pente dudit rocher

22° D'un quartier de bois taillis à la pointe dudit rocher

23° De douze perches 1/2 de bois taillis au même champtier

24° Neuf perches trois huitièmes de bois taillis au champtier de la Fontaine

25° De huit perches de terre audit lieu

26° D'un arpent de terre faisant partie du clos du Rouillon

27° De quatre arpents de pâture audit lieu de Rouillon

28° Et de quarante arpents ou environ de terre friche dans la pente dudit rocher.

Expédition sur deux feuilles de grand papier, signée Robillard et son confrère, notaires à Paris.

Cote deuxième.

23 et 24 mars 1707.

Arpentage fait à la requête de messire François Pinault, écuyer, sieur de Bonnefond, seigneur du Plessis-Saint-Père, par Jean Noury, arpenteur royal, de toutes les pièces de terre et bois appartenant audit sieur de Bonnefond, situées dans la pente du rocher de Saulx du côté dudit Plessis Saint-Père.

Lesquelles consistent en :

1° Sept arpents de bois

2° Onze arpents quarante perches près de la pièce ci-dessus

3° Quatorze arpents cinquante perches de bois, dans lesquels sont compris plusieurs héritages appartenant à des particuliers

4° Trois arpents un quartier de bois

5° Huit arpents de bois et friche dans lesquels sont compris plusieurs héritages de divers particuliers

6° Trente-six arpents un quartier de bois et friche dépendant de la ferme du Rouillon

7° Deux arpents dix-huit perches

8° De quatre-vingt-quinze perches

9° Et quatre arpents trois quartiers.

Expédition sur deux feuilles de papier, signée Noury.

Cote troisième.

22 juillet 1716.

Déclaration censuelle par messire François Pinault, écuyer, sieur de Bonnefond, seigneur du Plessis-Saint-Père.

Au profit de messieurs les religieux chartreux de Paris, à cause de leur seigneurie de Saulx.

Les héritages suivants :

1° Quatre-vingt arpents cinquante-deux perches et demie de terre tant en bois que pâtures et friches en une pièce appelée la pente du rocher de Saulx, tenant d'une part par le haut aux communes de Saulx, d'autre du midi au chemin de Longjumeau à Marcoussis, d'un côté du couchant au reste de la pente dudit rocher et d'autre côté en pointe audit chemin de Longjumeau à Marcoussis, et à la veuve Jean Chartier, Massy et autres

2° Deux arpents dix-huit perches de terre labourable tenant d'une part au nouveau ruisseau, d'autre et des deux bouts à l'ancien ruisseau

3° Quinze perches de terre dans le bas jardin de la ferme du grand Rouillon

4° Quatre arpents trois quartiers de terre labourable plantés d'arbres fruitiers devant la porte du grand Rouillon

5° Quatre-vingts perches de bois tenant d'une part du septentrion au chemin de Longjumeau au grand Rouillon, de l'autre au ruisseau, du levant au chemin de Longjumeau à Marcoussis, du couchant à ladite ferme

6° Quatre-vingts perches de bois situées comme la pièce ci-dessus

7° Un arpent deux perches tenant d'occident à

l'article ci-dessus, d'orient au pré dudit sieur de Bonnefond, du septentrion sur le chemin de Longjumeau à Marcoussis

8° Deux arpents dix perches de terre labourable, tenant du nord à l'article ci-dessus, du midi au Rouillon et d'orient à l'article ci-après

9° Onze arpents soixante-deux perches et demie de pré tenant du midi au ruisseau de Rouillon, du nord au chemin de Longjumeau à Marcoussis, d'un bout d'orient et d'autre d'occident sur ledit sieur de Bonnefond, et sur une aunette

10° Un arpent et demi de terre labourable situé comme ci-dessus

11° Un arpent cinquante-neuf perches d'aunette tenant du levant au sieur de Bonnefond, du couchant aux héritiers Pierre Simon et Jean Chartier, aboutissant du nord sur la terre ci-dessus et du midi sur le Rouillon

12° Un arpent et demi de terre labourable tenant du couchant à ladite aunette, du levant au grand chemin royal, aboutissant du midi sur le Rouillon et du nord sur l'article ci-après

13° Un arpent trente-sept perches et demie, tenant d'orient au grand chemin royal, et en pointe au chemin de Saulx à Montlhéry, et d'occident à la veuve Masurier, aboutissant du midi sur l'article ci-dessus, et du nord au chemin de Longjumeau à Marcoussis

14° Sept quartiers de terre labourable anciennement appelés le clos des Labaste, tenant du midi au chemin de Longjumeau à Marcoussis, du nord au chemin du rocher de Saulx à Ballainvillier, aboutissant d'orient sur le chemin royal et d'occident sur le chemin de Saulx à Montlhéry.

Lesdits héritages chargés envers lesdits religieux chartreux à raison de quinze deniers de cens l'arpent; et les cinquante-six arpents quarante perches de terre mentionnées en la transaction du même jour (dont sera ci-après parlé cote 4) chargés de trente livres de surcens et rente seigneuriale pour la totalité; payable annuellement le jour de saint Remi.

Expédition sur deux feuilles de papier, signée Martin et son confrère, notaire à Paris.

Cote quatrième.

22 juillet 1716.

Transaction entre messieurs les religieux chartreux de Paris d'une part,

Et messire François Pinault, écuyer, sieur de Bonnefond et seigneur du Plessis-Saint-Père.

Lesquels pour terminer les contestations qui s'étaient élevées entre eux au sujet de la propriété de cinquante-six arpents quarante perches de terre, friches et rochers, et cinq pièces dans la pente du rocher de Saulx, côté du midi.

La 1re de trente-six arpents ou environ à prendre depuis le bois dudit sieur de Bonnefond du côté du levant jusqu'à l'encoignure du bois de Lanezy, tenante d'un côté vers l'orient audit lieu de Bonnefond, d'autre côté vers l'occident au reste des friches de la pente du rocher, d'un bout par le haut aux communes de Saulx et d'autre par le bas à la base dudit rocher.

La 2e de deux arpents dix-huit perches, tenant d'un côté au bornage d'un ancien cours dudit Rouillon, d'autre à la berge du nouveau Ru, d'un bout au grand Rouillon, d'autre en pointe à l'endroit où se joignent l'ancien et le nouveau cours dudit Ru de Rouillon.

La 3e de trois arpents un quartier, tenant d'un côté du levant audit sieur de Bonnefond, d'autre au nommé Matthias, d'un bout aux communes de Saulx, d'autre au bas dudit rocher.

La 4e d'un arpent et demi, tenant des deux côtés et d'un bout audit sieur de Bonnefond et à quelques autres, et d'autre bout par le haut aux communes de Saulx.

Et la 5e de onze arpents quarante perches de friches et rocher sur la pente dudit rocher, tenant d'un côté audit sieur de Bonnefond, d'un bout aux communes de Saulx, et d'autre par le bas au chemin de Marcoussis.

Que lesdits religieux prétendaient leur appartenir et être réunies à leur seigneurie de Saulx comme terres, etc., abandonnées depuis longtemps.

Sont convenus de ce qui suit — savoir : Que la propriété, possession et jouissance desdites cinq pièces ci-dessus demeurera et appartiendra audit sieur de Bonnefond, ses hoirs ou ayants cause, et que lesdits héritages seront chargés envers lesdits religieux de quinze deniers parisis de cens pour chacun arpent et de trente livres de surcens et rente seigneuriale non rachetable pour la totalité, payable annuellement le jour de saint Remi.

Ne pourra ledit sieur de Bonnefond faire aucune clôture de haies, de murs et avenues du côté des communes de Saulx et laissera la liberté d'enlever les pavés sur les endroits desdites cinq pièces qui ne seront pas en valeur.

Ledit sieur de Bonnefond sera encore tenu de faire planter à ses frais des bornes le long du cours de l'ancien Ru du Rouillon pour servir de limites à la seigneurie de Saulx.

Et encore se sont réservés lesdits religieux le droit de fretage sur les pavés qui seront taillés dans lesdits héritages.

<small>Deux expéditions sur chacune trois feuilles de papier, signées Martin et son confrère, notaires à Paris.</small>

Cote cinquième.

10 février 1719.

Bornage fait par Jérôme Blondeau, arpenteur royal en la prévôté de Montlhéry, aux frais de messire François Pinault, sieur de Bonnefond, seigneur du Plessis-Saint-Père.

Par lequel il a été planté six bornes le long de l'ancien cours du ruisseau où le Rouillon peut servir de limites à la seigneurie de Saulx-lès-Chartreux, conformément à la transaction ci-devant relatée, cote 4.

Expédition en papier signée Blondeau.

Cote sixième.

Liasse de vingt-huit quittances des 87 l. 17 s. de cens et surcens dues par la terre du Plessis-Saint-Père.

A messieurs les religieux chartreux de Paris à cause de leur seigneurie de Saulx.

La dernière, en date du 12 novembre 1780, a été donnée par Dom Germain Charpentier pour deux années échues au jour saint Remi ladite année 1780 (1).

(1) *Nota :* Cette redevance doit cesser au moyen de l'in-

Cote septième.

21 mars 1768.

Inféodation faite par les révérends Pères prieur et procureur des Chartreux de Paris, seigneurs de Saulx-lès-Chartreux.

En faveur de messire Jean-Philippe-Hippolyte Lambert, seigneur du Plessis-Saint-Père.

Les vingt-six arpents cinquante-une perches de pré, bois et avenues situés au Plessis-Saint-Père sur la paroisse de Saulx, entre le Rouillon et le chemin tendant de Longjumeau à Nozay.

Pour les tenir en fief mouvant et relevant de la seigneurie de Saulx, suivant la coutume de Paris.

Expédition sur une feuille de papier, signée Delbœuf et son confrère, notaires à Paris.

féodation faite par messieurs les Chartreux, en faveur de M. de Montessuy, des héritages sujets audit cens et surcens le 26 avril 1782, parce que la foi et hommage anéantit le cens et qu'il ne peut y avoir qu'un caractère dans la propriété : ou elle est noble et féodale, ou elle est roturière ; ainsi, la foi et hommage étant la marque de la noblesse féodale de l'héritage, elle exclut nécessairement le cens et surcens, qui sont la marque de la propriété roturière.

Cote huitième.

26 avril 1782.

Inféodation faite par les révérends Pères prieur et procureur de la Chartreuse de Paris, seigneurs de Saulx-lès-Chartreux.

En faveur de messire Benoît-Marie de Montessuy, écuyer, conseiller secrétaire du Roi, maison couronne de France et de ses finances, seigneur du Plessis-Saint-Père.

1° De quatre-vingt-six arpents quatre-vingt-deux perches séparés d'avec le rocher de Saulx par quinze bornes

2° De trois arpents vingt-sept perches un quart de terre tenant du levant et du nord au ruisseau appelé le Rouillon

3° De deux arpents cinquante-quatre perches un quart de bois enclavés entre le Rouillon, le chemin de Longjumeau à Marcoussis et celui de Longjumeau à Lunézy

4° De trois arpents trente-six perches un sixième de bois tenant du levant au mondit sieur de Montessuy à cause de son avenue du Plessis à Villejust, du midi au ruisseau du Rouillon, du couchant à la pièce ci-dessus, et du nord au chemin de Longjumeau à Marcoussis.

Pour les tenir en fief mouvant et relevant de

la seigneurie de Saulx suivant la coutume de Paris.

Consentant lesdits sieurs religieux que ledit sieur de Montessuy ou ses successeurs possèdent en fief relevant de ladite seigneurie de Saulx, les héritages qu'il se propose d'acquérir sur le rocher de Saulx dans la pièce de cent neuf arpents portée au plan annexé à ladite inféodation.

<small>Expédition sur trois feuilles de papier, signée Chaudet et son confrère, notaires à Paris.</small>

OBSERVATIONS DE L'AUTEUR

Le chapitre ci-dessus tout entier a été extrait littéralement d'un inventaire manuscrit des titres de la seigneurie du Plessis-Saint-Père, dressé en 1785. Les archives de ladite seigneurie ayant été dispersées, la conservation de cet inventaire formant un fort volume grand-in folio, relié en basane, est un fait du hasard d'autant plus étonnant qu'il se trouve, depuis près d'un siècle, sans utilité ni intérêt réels, en mains particulières et étrangères à la famille de Montessuy. Nous espérons sauver du naufrage ces dernières épaves du Plessis-Saint-Père en leur donnant asile dans l'histoire de Saulx. D'ailleurs, c'est leur droit; cet inventaire n'est-il pas l'histoire des rapports de la seigneurie de Saulx avec celle du Plessis-Saint-Père ? Est-ce que ce n'est pas lui qui établit, en très grande partie, l'état de la surface, pentes et plateau du rocher, à la fin du siècle dernier ? Nous voyons par lui les chemins qui découpaient nos jolies collines ; les morceaux incultes ou couverts de roches vives ; ceux en bois taillis, ceux en vertes bruyères, les parties en friche, celles en terre labourable, et enfin les pièces en prairie sur les bords fleuris du grand Rouillon.

Il est hors de doute pour qui aime les traditions du passé que ce document a une valeur réelle et qu'il devait être conservé. Encore une fois, n'est-ce pas comme un précis historique de la suzeraineté de la seigneurie de Saulx sur sa voisine du Plessis-Saint-Père ? Est-ce que là ne sont pas les vicissitudes du rocher de Saulx pendant la dernière moitié de xviii° siècle ?

CHAPITRE HUITIÈME

A QUOI SERVENT LES COUVENTS

§ I. — **La vérité reprend son rang.**

Cette question, qui devrait sauter aux yeux des plus aveugles, des plus simples et des plus ignorants, a tellement été noircie par les démagogues de 1793 et par les francs-maçons de 1830, suivis des sectaires et des forbans de toutes sortes, depuis près d'un siècle, qu'il est devenu nécessaire de faire renouveler connaissance au peuple de France (noble, artisan, ou bourgeois) avec ses vrais, ses légitimes et ses plus authentiques bienfaiteurs. A l'œuvre donc !...

Il y a dans la vie des nations des époques de délire, de frénésie et de déchaînement de toutes les plus mauvaises passions. Dans ces convulsions de l'esprit et des sens, c'est la morale religieuse et ses représentants de première valeur qui sont les plus impitoyablement frappés. De là le déversement de toutes les calomnies et toutes les horreurs les plus sataniques contre le moine, le cloître, le monastère, et tout homme revêtu d'un costume religieux. Au milieu de ce dédale d'erreurs et de mensonges débités sur tous les tons, dans les journaux, dans les livres, dans les clubs, à la tribune et ailleurs, comment le pauvre peuple ne serait-il pas trompé? D'autres que lui ont été abusés; c'est ainsi que nous avons vu à la suite des *encyclopédistes* amis de Voltaire, la fougueuse M*me* Roland, le rêveur sensualiste de l'Allemagne, Gœthe, le poète Lamartine, le président Dupin et l'historien Thiers débiter des erreurs qui n'ont pas le sens commun et qui ne peuvent supporter le moindre examen.

Ces étranges appréciations ont répandu sans doute dans l'opinion publique une fausse idée de la vie religieuse; mais elles ont provoqué de savantes et nombreuses réfutations. En première ligne apparaît un des hommes les plus honorables de notre siècle, M. de Montalembert. Son étude sur les *Moines d'occident* est un monument inimitable. Ouvrons ce chef-d'œuvre; la vérité est là, écoutons. « Que l'on déploie, dit-il, la carte de l'ancienne France ou celle de n'importe laquelle de nos provinces, on y rencontrera à chaque pas des noms d'abbayes, de chapitres, de couvents, de prieurés, d'ermitages qui marquent l'emplacement d'autant de colonies monastiques. Quelle est la ville qui n'ait été ou fondée, ou enrichie, ou protégée par quelque communauté?

Quelle est l'église qui ne leur doive un patron, une relique, une pieuse et populaire tradition? S'il y a quelque part une forêt touffue, une onde pure, une cime majestueuse, on peut être sûr que la religion y a laissé son empreinte par la main du moine. Cette empreinte a été bien autrement universelle et durable dans les lois, dans les arts, dans les mœurs, dans notre ancienne société tout entière. Cette société, dans sa jeunesse, a été partout vivifiée, dirigée, constituée par l'esprit monastique. Partout où l'on interrogera les monuments du passé, non seulement en France, mais dans toute l'Europe, en Espagne comme en Suède, en Ecosse comme en Sicile, partout se dressera la mémoire du moine et la trace mal effacée de ses travaux, de sa puissance et de ses bienfaits, depuis l'humble sillon qu'il a le premier creusé dans les landes de la Bretagne ou de l'Irlande, jusqu'aux splendeurs éteintes de Marmoutiers et de Cluny, de Melrose et de l'Escurial. » (Introduction, ch. I.)

Allons maintenant chercher des avis sur les moines dans le camp des protestants les plus instruits et les plus en relief. « Celui qui ignore les
« services des moines, écrivait Leibnitz, ou qui les
« méprise, n'a qu'une idée étroite ou vulgaire de
« la vertu, et croit *stupidement* qu'il a rempli tous
« ses devoirs envers Dieu par quelques pratiques
« habituelles accomplies avec cette froideur qui

« exclut le zèle et l'amour. » Johnson répétait souvent cette parole: « Dans mes lectures, je ne « rencontre jamais un anachorète sans lui baiser « les pieds, ni un monastère, sans tomber à ge- « noux pour en baiser le seuil. » Le poète anglais Wordsworth, imitant sur ce point le Tasse, Pétrarque et l'auteur de *Rolla*, a rendu un magnifique hommage aux couvents. En présence de ces hauts témoignages des plus grands hommes de l'Europe, on voit mieux combien est injuste et satanique la haine violente et persécutrice des Garibaldi, des Léon et des Jules d'aujourd'hui.

§ II. — Origine des couvents.

La vie religieuse a été fondée à Capharnaüm par Notre-Seigneur Jésus-Christ lui-même. Se trouvant au milieu de ses douze Apôtres, après leur avoir conféré la puissance de remettre et de retenir les péchés, le Sauveur ajouta : « Si deux « d'entre vous s'unissent sur la terre pour de- « mander quelque chose à mon Père qui est aux « cieux, quel que soit l'objet de leur prière, elle « sera exaucée. Partout où deux ou trois seront « réunis en mon nom, je serai là au milieu d'eux. » De ces deux textes découlent les associations de prières, les congrégations religieuses et les couvents, œuvres inconnues de l'antiquité et que l'Eglise catholique seule conserve vivantes aujourd'hui dans son sein.

Peu de temps après l'ascension de leur divin Maître, les Apôtres virent les premiers chrétiens de l'Eglise naissante apporter à leurs pieds les trésors et le prix des patrimoines. Déjà cette Eglise de Jérusalem, dit saint Jean Chrysostome, nous offre à son berceau le spectacle de la république des anges. Le livre des *Actes* raconte que la multitude des croyants n'avaient qu'un cœur et qu'une âme. Cette vie nouvelle aura deux types personnifiés, par le divin Sauveur lui-même, dans Marthe et Marie, comme les symboles de *l'action* et de la *contemplation*.

Si les ordres religieux n'avaient pas une origine divine, tout nous dit, tout nous atteste qu'ils n'existeraient plus depuis plus de mille ans. Toutes les passions humaines les plus sataniques se sont ruées sur eux, mais sans résultat durable. Depuis bientôt deux mille ans, les instincts les plus pervers du cœur humain se sont réunis pour leur faire la guerre; et qu'en est il résulté? de quel côté a été le triomphe? L'histoire impartiale nous le dit: *Stat crux, dum volvitur orbis.* Les rois, les empires, les républiques s'écroulent; mais la croix et les œuvres qui s'appuyent sur elle sont toujours debout.

§ III. — L'Eglise a-t-elle besoin des couvents?

De quoi se sont mêlés certains impies en prétendant que les ordres religieux sont pour l'Eglise un luxe inutile, une végétation superflue, attestant la vitalité de l'arbre, mais ne produisant aucun fruit ? On voit leur but de loin ; ils poussent, par là, les Etats à spolier les couvents et à expulser les religieux comme des parasites. Il y a quelqu'un qui doit mieux connaître les intérêts de l'Eglise que ses ennemis les plus acharnés et les plus irréconciliables, c'est l'Eglise elle-même. A moins de se brouiller complètement avec le bon sens, il faut admettre cette vérité. Eh bien, l'histoire nous apprend qu'elle a toujours et partout favorisé les établissements monastiques. Dans le premier siècle n'avait-elle pas ses *ascètes*, ses *thérapeutes* et ses *moines*, qui vivaient dans la retraite, châtiaient leur corps, se livraient à des pénitences extraordinaires, pratiquaient la xérophagie, en ne mangeant que des aliments secs, passaient leur temps entre le travail des mains et la prière ?
« Nous les avons vus, dit l'apôtre saint Paul,
« ces hommes dont le monde n'était pas digne,
« errant dans les montagnes, couverts de peaux,
« vivant dans les rochers et les plus affreuses

« solitudes. » Plus tard l'éloquent évêque d'Alexandrie, saint Athanase, disait à son tour : « Les montagnes de la Thébaïde étaient pleines « de chrétiens qui passaient les jours et les nuits « à chanter des Psaumes, à étudier, à jeûner, à « prier, à *travailler pour faire l'aumône*, conser« vant entre eux l'esprit de paix, d'union et de « charité. »

En parlant de leur sainteté et du don des miracles qu'ils reçoivent de Dieu, M. de Broglie dit : « Si quelques hommes ont mérité de pouvoir « commander à la nature, ce furent certainement « ceux qui avaient commencé par la dompter si « complètement en eux-mêmes. »

En leur donnant l'existence canonique, l'Eglise proclame très haut leur utilité. Cet argument est péremptoire. Dans son encyclique du 11 juin 1847, au début de sa glorieuse carrière, Pie IX disait : « Assurément personne n'ignore ou ne peut « ignorer que les congrégations religieuses, dès « le premier moment de leur institution, se sont « illustrées en produisant d'innombrables per« sonnages qui, distingués par la diversité de « leur savoir et la profondeur de leur érudition, « resplendissants de l'éclat de toutes les vertus « et de toute la gloire de la sainteté, revêtus « quelquefois des dignités les plus hautes, brû« lant d'un ardent amour pour Dieu et pour les « hommes, offerts en spectacle au monde, aux

« anges et aux hommes, ne connurent d'autres
« délices que d'appliquer tous leurs soins, tout
« leur zèle, toute leur énergie à méditer nuit et
« jour les choses divines, portant dans leur
« corps la mortification du Sauveur Jésus, pro-
« pageant la foi catholique de l'orient à l'occi-
« dent, combattant courageusement pour elle;
« souffrant avec joie les amertumes de tout
« genre, les tourments, les supplices, jusqu'à
« sacrifier leur vie même; arrachant des peuples
« ignorants et barbares aux ténèbres du men-
« songe, à la férocité de leurs mœurs, à la fange
« des vices, pour les conduire à la lumière de la
« vérité évangélique, à la pratique des vertus,
« aux habitudes de la civilisation; cultivant,
« conservant et ressuscitant les lettres, les scien-
« ces et les arts. »

Les ennemis de l'Eglise savent bien qu'elle a besoin des ordres religieux : aussi, avant de lui déclarer ouvertement la guerre, ont-ils soin d'anéantir les couvents et d'expulser les moines. Les faits récents de l'exécution des décrets du 29 mars 1880 nous dispensent d'insister sur ce point.

§ IV. — Asile aux grandes douleurs.

Dieu inspire, à certaines âmes d'élite appelées à la perfection, une profonde conviction de la vanité des choses terrestres, un attrait mystérieux pour le renoncement, un besoin réel d'imiter la vie des prophètes, de saint Jean-Baptiste et de Jésus-Christ lui-même, véritable modèle de la vie religieuse par son jeûne de quarante jours dans le désert et par l'habitude de s'y retirer pour prier. Le couvent ne répond pas seulement aux besoins de ces âmes avides de sacrifices, de recueillement et de dégagement des sens, mais il offre encore un asile au repentir et aux grandes douleurs. Le monde est un océan fécond en naufrages de tous genres. Il est heureux que les religieux soient là pour recueillir les victimes des tempêtes et les conduire au port! S'il est des lieux pour la santé des corps, dirons-nous avec Chateaubriand, permettez à la religion d'en avoir aussi pour la santé de l'âme, elle qui est bien plus sujette aux maladies et dont les infirmités sont bien plus douloureuses, bien plus longues et bien plus difficiles à guérir.

Les hommes, déçus dans leurs espérances, dans leurs passions, dans leurs rêves d'avenir, poursuivis par le remords, désireux de rentrer au bercail de la vérité et prêts à racheter leurs fautes par l'expiation, ont un abri tout naturel dans les monastères. « Une abbaye, avoue M. Au-
« gustin Thierry, n'était pas seulement un lieu
« de méditation et de prière, c'était un asile
« ouvert contre l'envahissement de la barbarie

« sous toutes ses formes. » Conduisez ces hommes que le désespoir porte au suicide ou qui ne se sentent plus le courage de porter le fardeau d'une vie cruellement éprouvée, conduisez-les dans un couvent et la charité fera de ces malheureux des prodigues convertis; des hommes nouveaux qui bientôt s'écrieront avec saint Chrysostome : « Non, « la tristesse n'envahit jamais l'âme d'un moine ! » Comme saint Pierre Damien, ils appelleront un jour leur couvent un jardin de délices. Alcuin, à la cour de Charlemagne, regrettait sa cellule. Saint Athanase raconte que les visiteurs admiraient la *gaieté* de saint Antoine et l'inaltérable beauté de son visage. Saint Bernard s'écriait : « O Dieu bon, que de bonheur tu procures à tes « pauvres ! »

C'est assez répondre aux romanciers et aux politiciens de mauvaise foi qui veulent fermer les couvents, sous prétexte que les religieux sont voués à une existence insupportable, pleine d'ennui et souverainement malheureuse. C'est tout juste le contraire qui est l'expression de l'exacte vérité.

§ V. — La civilisation par les couvents.

A la chute de l'empire romain, en 476, au moment où les peuples barbares envahirent l'occident, la civilisation parut tout à coup s'éteindre dans l'anarchie et dans le sang, les mœurs sauvages, la législation féroce et l'esprit de destruction des races conquérantes menacèrent l'ancien monde d'une dissolution complète. « Lorsqu'une « société s'abîme, rien de plus légitime que qui « peut la sauver la sauve ; or, l'Eglise seule pouvait « alors sauver la société. » Cette remarque de Balmès a besoin d'être complétée par un mot de M. de Montalembert : « Les barbares sans les « moines, c'était le chaos. Les barbares avec les « moines vont refaire un monde qui s'appellera « la chrétienté. » M. Guizot, M. Villemain, le protestant Gibbon et M. Littré lui-même ont reconnu hautement que la religion et les moines furent les seuls agents de la régénération sociale et du salut de l'Europe. C'est un fait historique que l'impiété n'essaie plus de mettre en doute.

§ VI. — Travail et agriculture.

Les premières constitutions monastiques firent du travail manuel un devoir strict pour les religieux. Saint Macaire fabriquait des paniers d'osier, que le peuple venait chercher à sa cellule et dont il n'accepta jamais la rétribution. Saint Antoine tressait des nattes de jonc. Saint Pambon, sur le point de mourir, affirmait à Pallade, son disciple, qu'il ne se rappelait pas avoir mangé d'autre pain que celui qu'il avait gagné par son travail, et il expira en faisant une corbeille de jonc.

La règle de saint Basile recommande particulièrement le travail : « Si le jeûne vous interdit « le labeur, il vaut mieux manger comme des « ouvriers du Christ que vous êtes. » Saint Benoît, si bien nommé le législateur du travail, partagea le temps entre l'agriculture, l'étude et la prière. « Les Bénédictins, dit M. Guizot, ont été les dé- « fricheurs de l'Europe en grand, associant l'agri- « culture à la prédication. Une colonie, un essaim « de moines peu nombreux d'abord se transportait « dans les lieux incultes, souvent au milieu d'une « population encore païenne, en Germanie, par « exemple, en Bretagne, et là, missionnaires et « laboureurs à la fois, ils accomplissaient leur « double tâche avec autant de péril que de fa- « tigues. » M. Lenormant, dans son *Histoire des causes de la révolution française,* n'est pas moins explicite : « Affirmer que les Bénédictins ont « pendant plusieurs siècles nourri et éclairé l'Eu- « rope, c'est là un lieu commun, c'est une chose « dont les historiens conviennent, quelles que « soient d'ailleurs leur origine et leur opinion. » M. Longueval dit à son tour : « Il est prouvé que « le tiers du territoire de France a été mis en « culture par les moines, et que les trois huitièmes « de ses villes et de ses villages leur sont rede-

« vables de l'existence. » *(Histoire de l'Eglise gallicane.)* L'Allemagne en particulier est pour ainsi dire la création des moines. En Lombardie ce sont les moines, et principalement les fils de saint Bernard, qui ont enseigné aux paysans l'art des irrigations et fait de ce pays le plus fertile et le plus riche de l'Europe. En Espagne, en Portugal, tous les voyageurs sincères, anglais ou français, protestants ou libres-penseurs, ont reconnu, dans les défrichements monastiques, « la « principale origine de l'agriculture nationale. » (Le cardinal Pacca, dans ses *Mémoires.*)

Les religieux sont encore de nos jours les véritables *travailleurs,* les infatigables pionniers de l'agriculture. Pour s'en convaincre, il suffit de jeter un coup d'œil sur la transformation de la stérile plage de Staouëli, en Algérie, et de la fiévreuse plaine des Dombes, dans le département de l'Ain. Grâce aux religieux trappistes, il y a aujourd'hui de superbes champs de blé et des jardins splendides là où naguère encore on ne voyait que des marais fangeux, le désert et des sables arides. L'année dernière, en Italie, à Saint-Paul-Trois-Fontaines, dans les marais-pontins, j'admirais l'assainissement de cette contrée par les plantations admirablement réussies de l'eucalypte, faites par les Pères trappistes.

§ VII. — Lettres, sciences et arts.

Nous l'avons dit plus haut et tout le monde en convient, les religieux ont sauvé et restauré les lettres, les sciences et les arts pendant les invasions des barbares ; mais savoir en détail les travaux intellectuels qui se sont accomplis dans les couvents, c'est le privilège de quelques érudits. Le protestant Gibbon n'a pas craint de prouver à ses coreligionnaires qu'un seul monastère de Bénédictins a plus fait pour la littérature que les deux universités réunies d'Oxford et de Cambridge. M. Granier de Cassagnac a établi victorieusement que les abbayes ont servi de foyer à la civilisation moderne, qu'elles ont défriché le sol et les idées, et qu'elles ont semé en leur temps tout ce que nous moissonnons dans le nôtre.

Saint Pacôme, saint Basile, saint Grégoire de Nazianze, saint Paulin, saint Dorothée, saint Jérôme n'ont cessé de se montrer très zélés pour la belle littérature ; aussi fut-elle florissante autour d'eux. Plus tard, le moine Alcuin enseigna la grammaire à Charlemagne et dirigea la célèbre école du palais impérial.

Saint Thomas, l'ange de l'Ecole, fit l'apologie des études monastiques, sur l'ordre du pape Clément IV, contre Guillaume de Saint-Amour, et démontra qu'elles sont d'une nécessité absolue pour les religieux les plus concentrés dans la vie contemplative.

Les résultats de ces labeurs furent immenses envers la société et l'Eglise. La jeunesse grecque allait s'instruire dans les couvents de saint Basile; la noblesse italienne envoyait ses enfants au Mont-Cassin. L'histoire de Grégoire de Tours raconte que les monastères de France servaient de séminaires pour les ecclésiastiques. L'éducation que l'on donnait à Cluny aux jeunes gens de la contrée passait pour aussi distinguée que celle des princes de la cour.

Savoir c'est aimer! disait Trithemius, abbé de Spanheim. Les cloîtres furent l'asile des sciences comme de la littérature, et pendant plusieurs siècles, il n'y eut des savants que dans les monastères. Les philosophes païens couraient proposer aux moines les énigmes les plus difficiles de la science et admiraient l'étonnante facilité avec laquelle les doutes étaient résolus. — Nommer le bénédictin Gerbert, archevêque de Reims et pape sous le nom de Sylvestre II; Proclus surnommé la bibliothèque vivante; les religieux de la congrégation de Saint-Maur, auteurs de l'*Art de vérifier les dates,* de la *Gallia Christiana* et de la *Collection des historiens de France ;* Albert le Grand; Roger Bacon; Vincent de Beauvais; Hugues de Saint-Cher qui mérita que l'on mit sur sa tombe : « La sagesse à sa mort a souffert une éclipse » ; saint Antoine de Padoue ; saint Grégoire le Grand avec le bénédictin Guy d'Arezzo et mille autre dans toutes les sciences et dans tous les arts, c'est démontrer indirectement que les couvents possédaient autour de ces grands génies des ouvriers de tous les genres, des architectes, des mineurs, des maçons, des sculpteurs, des voituriers, des tailleurs de pierre, des menuisiers, des dessinateurs, des forgerons et des laboureurs. De là se formèrent différentes confréries : celle des *bons fieux* pour fabriquer des draps et des galons ; celle des *pontistes* qui se consacraient à ouvrir des routes, à bâtir des ponts, à établir des bacs, à pourvoir à la sûreté des voyageurs, etc. Saint Bénézet, leur fondateur, devint leur patron. Celle des frères maçons éleva des milliers d'édifices religieux qui subsistent encore : la cathédrale de Chartres, la flèche de Strasbourg; l'église de Saint-Maurice de Vienne en Dauphiné et la plupart des basiliques de la Normandie, de la Belgique et de l'Angleterre.

§ VIII. — Pénitents et contemplatifs.

Les pénitences volontaires et les prières des religieux cloîtrés rendent deux services indispensables et immenses à la société et aux pécheurs en général : ils expient librement les iniquités sociales et ils prient pour les pécheurs dont le cœur ne sait plus rien demander à Dieu.

Les philosophes chrétiens ont démontré que le genre humain a toujours cru à la réversibilité des douleurs de l'innocence au profit des coupables. Dans son ouvrage intitulé : *Des considérations sur la France*, Joseph de Maistre dit : « On demande quelquefois à quoi servent ces « austérités terribles exercées par certains ordres « religieux, et qui sont aussi des dévouements ; « autant vaudrait précisément demander à quoi « sert le christianisme, puisqu'il repose tout entier sur ce même dogme agrandi de *l'innocence payant pour le crime*. L'autorité qui approuve « ces ordres choisit quelques hommes et les isole « du monde pour en faire *des conducteurs*. » D'après le principe de la solidarité dans le bon, les religieux peuvent se substituer aux individus coupables et payer à la justice divine la dette de l'expiation.

L'homme le plus vertueux n'est pas exempt de faiblesses, de tentations et de pensées de découragement. Autour de lui, des milliers de malheureux succombent à toutes les suggestions d'un esprit dépravé et d'un cœur corrompu, abusent des dons de Dieu pour commettre les crimes les plus horribles. Des nations entières s'égarent dans des voies perverses et font monter jusqu'au ciel l'impudence de leurs excès. L'univers fournit chaque jour, et à toute heure, une mesure de péchés qui méritent un châtiment irréparable. Qui arrêtera le courroux de Dieu prêt à foudroyer les nouvelles Sodome et Gomorrhe ? le ministère de l'expiation exercé par les âmes innocentes au fond des cloîtres. Des anges terrestres, dans leur soif insatiable de mortifications, répètent à chaque instant la parole de sainte Thérèse : « Seigneur, ou souffrir ou mourir ! » et celle de sainte Catherine de Sienne : « Mourir jamais, « pour souffrir toujours ! »

La prière, cette respiration de l'âme, accompagne les pénitences corporelles. Saint Antoine faisait des prières aussi longues que la nuit et se plaignait de l'indiscrétion du soleil: « Pourquoi « te lèves-tu déjà, et pourquoi me détournes-tu de « contempler la splendeur de la vraie lumière? » Platon affirme que la vie contemplative est la plus divine de toutes. Aussi Constantin, Théodose, Philippe-Auguste et Charles-Quint se recommandaient-ils, eux et leurs armées, aux prières des moines avant d'entrer en campagne.

La prière monastique s'élève vers Dieu non seulement pendant le jour, mais au milieu de la nuit, tandis que le vice et le crime accomplissent leurs œuvres à la faveur des ténèbres. Il est certain que l'homme vaut moins la nuit que le jour; c'est pour cela que l'Eglise a voulu sanctifier la nuit par une prière continuelle et la louange non interrompue du Seigneur.

Concluons avec le protestant Leibnitz : « En
« vérité, j'avoue que j'ai toujours singulièrement
« approuvé les ordres religieux, les pieuses as-
« sociations et toutes les institutions louables
« en ce genre, qui sont une sorte de milice céleste
« sur la terre, pourvu qu'éloignant les abus de
« la corruption, on les dirige selon les règles
« de leurs fondateurs, et que le Souverain-Pon-
« tife les applique aux besoins de l'Eglise uni-
« verselle. Que peut-il y avoir, en effet, de plus
« excellent que de porter la lumière de la vérité
« aux nations les plus éloignées, à travers les
« mers, les feux et les glaives; de n'être occupé
« que du salut des âmes, de s'interdire tous les
« plaisirs et jusqu'aux douceurs de la conversa-
« tion en société pour vaquer à la contemplation
« des vérités surnaturelles et aux méditations
« divines; de se dévouer à l'éducation de la jeu-
« nesse, pour lui donner le goût de la science
« et de la vertu; d'aller porter du secours aux
« malheureux, à des hommes perdus et désespé-
« rés, aux prisonniers, à ceux qui sont condam-
« nés, aux malades, à ceux qui sont dénués de
« tout, ou dans les fers ou dans les régions loin-
« taines; et dans ces services de la charité la
« plus étendue, de n'être pas même effrayé par
« la crainte de la peste !... »

Nous savons maintenant à quoi servent les couvents et nous ajoutons avec un illustre Anglais, M. Disraëli : Leur suppression serait pour la France ce qu'elle a été, selon lui, pour l'Angleterre, « un *désastre social irréparable.* »

CHAPITRE NEUVIÈME

L'ÉGLISE DE SAULX-LÈS-CHARTREUX

L'église, dans chaque paroisse, est le local que Dieu, entouré de ses anges, remplit de sa majesté et de sa présence invisible : c'est pour cela qu'elle est appelée « Maison de Dieu. » C'est aussi ce même temple que Notre-Seigneur Jésus-Christ, fils de Dieu fait homme, habite par la présence réelle et corporelle de son corps, de son sang, de son âme et de sa divinité, cachés sous les espèces ou apparences du pain et du vin. C'est là que les chrétiens viennent prier et adorer leur Dieu Sauveur, en assistant au saint sacrifice de la messe et en participant à toutes les cérémonies pieuses du culte divin; c'est là qu'ils reçoivent les sacrements qui sont les sources des grâces et des bénédictions implorées de Dieu par eux, pour que leurs entreprises réussissent, et que l'union, la paix et la bonne harmonie règnent toujours dans leurs familles.

L'église de Saulx, située à l'entrée du village, du côté de Longjumeau, a son chevet tourné vers l'Orient. C'est un symbole : elle figure particulièrement le soleil de justice, Jésus-Christ, qui s'est levé à l'Orient pour illuminer la pauvre humanité plongée dans les ténèbres de la mort de l'âme et des passions. Bâtie en grès fin et dur du pays, dans le grand appareil du XIIᵉ siècle, ses fondateurs l'ont placée sous le vocable de la très sainte Vierge, dans le mystère glorieux de son Assomption.

Les différents caractères architectoniques de ce monument accusent, comme époques, le XIIᵉ et le XVIᵉ siècles. Nous allons en donner la description.

Dans son ensemble, cet édifice est régulier. Il a trois nefs, dont la principale se compose de trois travées séparées par des piliers ronds que surmontent des murailles arcaturées par en bas. Elle est voûtée en berceau avec poutres transversales et aiguilles traînantes. Le chœur qui fait suite est d'un style plus élégant. Son arc triomphal est en contre-bas de la voûte de la nef. Les colonnes de ses quatre angles, à fûts élancés, presque grêles, à chapiteaux simples, mais corrects, portent les nervures arrondies d'une voûte de forme ogivale. Cette partie de l'église n'a qu'une travée ouverte de chaque côté : à droite par une arcade à plein cintre moins large que la travée, et à gauche par une arcade en ogive allant d'un pilier à l'autre.

Le sanctuaire, sous le rapport des colonnes, des arcades et de la voûte, est identique au chœur, sauf que les deux arcades sont ogivales et d'égale dimension. Il se termine par une large fenêtre à trois compartiments séparés par des meneaux et couronnés par une triple rosace ; le tout est encadré dans une grande ogive de la largeur du sanctuaire. A l'exception de cette fenêtre, le sanctuaire, le chœur et la grande nef de cette église sont du XIIe siècle.

Les collatéraux ou bas-côtés sont d'égale dimension en longueur et en largeur. Ils se profilent dans toute l'étendue de l'édifice et se terminent, l'un et l'autre, par un autel en ligne avec le maître-autel qui les sépare. Ils sont voûtés en pierre. Dans les cinq travées qu'ils décrivent, la forme ogivale se fait remarquer, avec arcs-doubleaux de séparation et nervures carrées ; plusieurs des croisillons sont ornés de pendentifs ou clefs de voûtes ornées de sculptures. Sur l'une d'elles, on lit cette date : 1614. Quatorze fenêtres jettent dans ce monument une lumière agréable. Les croisées de l'aile de droite, ogivales comme celles du collatéral de gauche, sont plus larges et moins longues. La fenêtre de la chapelle Saint-Vincent, côté du midi, est géminée et surmontée d'une petite rosace ; c'est une belle pièce, mais terriblement mal placée : ouverte près de l'angle des deux murailles, elle rend dans cette chapelle toute régularité impossible. Du reste, cette nef ayant la tour de l'église dans sa quatrième travée, se trouve naturellement plus encombrée que sa sœur du côté Nord. Là, dans toute la longueur, l'œil n'est gêné par quoi que ce soit.

Tous les vitraux de l'église sont en grisaille moderne. Les fenêtres du sanctuaire et celles de la chapelle Saint-Vincent sont aussi riches que des grisailles peuvent l'être ; une autre grisaille dans la chapelle de la sainte Vierge n'est pas moins belle. Le vitrail de ladite chapelle, représentant l'Assomption de la très sainte Vierge, par Murillo, est splendide ; de même la rosace du portail de l'église offrant l'image du Père éterne coiffé d'un triangle rayonné et tenant en sa main droite la terre surmontée d'une croix. Ces différents vitraux ont été donnés à l'église de Saulx par Mme veuve d'Artigues, en l'année 1862. Les trois rosaces du sanctuaire et les autres ci-dessus désignés sont une œuvre pieuse de la même bienfaitrice, faite en l'année 1866. Les grisailles des huit croisées des bas-côtés sont moins belles que les précédentes ; elles ont été posées au compte de la fabrique, en l'année 1876. Elles ont coûté 2.010 fr.

On voit, à regret, la première travée de la nef principale encombrée par une tribune sans style, peinte en couleur bois de chêne. Cette espèce de boîte suspendue a suscité bien des colères dans la paroisse. Elle a été construite à cette place en l'année 1872, moyennant la somme de 1.800 fr.

La chaire à prêcher, beaucoup trop modeste pièce de menuiserie, n'ayant pas même, à sa base, un simulacre de cul-de-lampe, mais couronnée d'un abat-voix, est appuyée sur le deuxième pilier de la nef, du côté de l'Epître. En face, sous la deuxième arcade, du côté de l'Evangile, est placé le banc de l'œuvre. Un fronton carré porté par deux coupoles assez richement sculptées termine le dossier de ce banc, siège de l'administration de l'église. Nous n'y voyons pas d'autres ornements que le livre des saints Evangiles ouvert au milieu du panneau principal, et une croix latine plantée entre deux urnes enflammées, sur le sommet de ce meuble qui me rappelle la menuiserie élégante, corsée et noble de l'époque de Louis XIV.

Pour enrichir la nudité et masquer l'épaisseur considérable des piliers du chœur du côté de la grande nef, on a élevé en 1877 deux simulacres d'autel, un de chaque côté. A droite, c'est la statue de Notre-Dame de la Salette, entre les petits bergers, *Maximin* et *Mélanie*. C'est à ces deux enfants qu'elle est apparue le 19 septembre 1846, dans les montagnes des Alpes, à la Salette, près de Corps en Dauphiné. Ces trois statues sont surmontées de deux tableaux, l'un représentant Jésus en croix, et l'autre, saint Jérôme en méditation dans le désert. A gauche, c'est la statue de Notre-Dame des Victoires. Elle est aussi portée sur un pilier sculpté en bois doré, garni d'une large tablette et adossée à un lambris en chêne verni au-dessus duquel sont appendus deux tableaux, l'un représentant l'Annonciation de la très sainte Vierge, et l'autre sainte Marie-Madeleine méditant sur la vanité des richesses et des plaisirs de la terre. Au-dessus de ces deux demi-autels, dans l'axe de l'arc triomphal de l'entrée du chœur, est assis, sur la quatrième poutre de la nef principale, un grand tableau représentant la fuite en Egypte. Remplissant tout l'espace laissé entre l'arc-doubleau du chœur et la voûte de la nef principale de l'église, il forme ainsi une espèce de fronton décoratif à cette partie de l'église. Cette peinture moderne, de bel effet et de grande dimension, est déjà détériorée par la température basse et humide de l'édifice. Nous devons ce tableau à la générosité de M. l'abbé Garenne, curé de l'église des Blancs-Manteaux de Paris. C'est M. Jullemier, propriétaire dans cette paroisse, qui s'est chargé de le faire arriver ici à ses frais, en 1861.

Le chemin de la croix qui décore les deux nefs latérales de l'église est en plastique. Sans être une œuvre d'art, il représente convenablement et pieusement les mystères de Notre-Seigneur Jésus-Christ dans sa touchante et bien douloureuse passion. Il a été érigé canoniquement le 13 avril 1862, par M. le doyen de Longjumeau. Il a coûté 658 francs.

De tous les tableaux, en assez grand nombre, qui décorent l'église, il n'y en a qu'un de vraiment remarquable ; il est attribué, à tort ou à raison, à Rembrandt. C'est l'agonie de Notre-Seigneur Jésus-Christ au jardin des oliviers. Ce tableau est sans encadrement. Simplement attaché sur un modeste châssis, on dirait qu'il vient de descendre du chevalet de l'artiste. Il a été donné à l'église par les époux Rousselot, en 1876.

Les stalles du chœur, avec les lambris qui les accompagnent en contournant les piliers et les colonnes de l'entrée du chœur, devraient bien, pauvres filles du XVIIe siècle, laisser la place libre à l'architecture de la seconde moitié du XIIe siècle.

A droite et à gauche, le chœur est clos par un simple banc fermé, en menuiserie sans caractère, et peint en couleur bois de chêne verni.

Le chœur est séparé du sanctuaire par un appui de communion en chêne de forme romane.

Devant cette balustrade, en face de chaque pilier faisant la séparation du chœur et du sanctuaire, se trouvent deux statues de grande valeur religieuse : du côté de l'Evangile, c'est le *Sacré-Cœur de Jésus*, tel qu'il est apparu soixante fois à la bienheureuse Marguerite-Marie Alacoque, dans la chapelle et le jardin des bonnes Sœurs de la Visitation, à Paray-le-Monial, diocèse d'Autun, en l'année 1660 et suivantes. Du côté de l'Epître, c'est la statue bénie de *Notre-Dame de Lourdes,* représentée comme elle est apparue dix-huit fois à Bernadette Soubirous à la grotte de Massabielle, en l'année 1856, à partir du 16 février jusqu'au 16 juillet, fête de Notre-Dame du Mont-Carmel : c'était la dix-septième apparition, il y en eut encore une, ce fut la dix-huitième et la dernière.

A partir de l'année 1877, les paroissiens de Saulx-lès-Chartreux, en nombre plus ou moins grand, sont chaque année spectateurs des miracles qui se font à Lourdes ; là-bas, ils sont devenus les témoins oculaires des bienfaits, des faveurs et de l'amour de la sainte Vierge envers les pauvres malades délaissés des hommes et de la science humaine. Honneur, gloire, louanges et amour à Notre-Dame de Lourdes !!! Nous lui avons consacré la paroisse de Saulx-lès-Chartreux ; oh ! je l'en conjure ! qu'elle lui reste à jamais attachée, dévouée, fidèle et dévote !!!

L'autel du chœur, élevé sur trois marches, est en bois peint couleur de chêne, et verni. C'est un simple tombeau avec retable jusqu'à la baie de la grande fenêtre qui le continue de la manière la plus riche et la plus gracieuse. Sur son frontron, belle, noble et inspirée, les deux bras élevés vers le ciel, s'élève la statue de l'Assomption de la très sainte Vierge. Deux anges richement décorés l'accompagnent. Sur un plan inférieur sont posés, à chaque extrémité de l'autel, au niveau du tabernacle, deux autres anges adorateurs. Deux colonnes imitation de marbre, placées à chaque angle du marchepied de l'autel, portent des candélabres à dix branches, garnies de cristaux. C'est un don de M. le docteur Levacher, fait à l'église en l'année 1866.

La jolie statue de l'Assomption a été donnée à l'église par Mme Hector, à l'époque de sa restauration générale, en l'année 1879.

La chapelle de la sainte Vierge possède un autel d'un goût exquis et d'un style remarquable; c'est une imitation du gothique de la première époque, ou XIIIe siècle. Cet autel dédié à Notre-Dame de Lourdes est ainsi composé : tombeau en pierre de Caen, sculpté avec trois arcatures encadrées par des colonnettes. Les vides des entre-colonnes sont richement décorés; on y a peint trois sujets tirés des litanies de la très sainte Vierge. La table de cet autel est massive, d'un seul bloc; son tabernacle est couronné de clochetons. Il est fermé par une porte de bronze guillochée et niellée. Le retable, peu élevé à cause de l'emplacement, est fermé à ses extrémités par deux clochetons gothiques. Les quatre trèfles de ses panneaux sont enrichis d'une image de Saint peinte sur fond d'or. Le tabernacle creusé dans la masse est doublé d'un intérieur en bois tapissé de soie blanche. Ce magnifique ouvrage est élevé sur une plate-forme à deux gradins, le tout en pierre blanche de Caen. Il date de l'année 1878. A son sujet, une pierre commémorative a été placée sur le mur de la chapelle ; on y lit l'inscription suivante :

LISTE DES SOUSCRIPTEURS
POUR L'AUTEL ÉRIGÉ DANS CETTE CHAPELLE
EN L'HONNEUR DE NOTRE-DAME DE LOURDES,
PAR LES SOINS DE M. L'ABBÉ CHAUDÉ,
CURÉ DE CETTE PAROISSE.
Mai 1878.

M. le Curé
MM. les Chantres
Mme Mangin
M. Lagrange
Mme Hector
M. Bouell
M. Faillot
M. Louis Crecy
M. Mathieu
M. le comte de Ribes
M. Crecy Antoine
Mme Leblanc
M. Angiboust père
M. Angiboust Etienne
M. Angiboust Charles
M. Horsdesseaux
M. Millot

M. Guezard Jacques
M. Durand
M. Thomas Siméon
M. Hauquelin
M. Sebaut
M. Loriot
M. Billaut père
M. Perrot André
M. Perrot Denis
M. Allegot
M. Duplan
Mme Petit
Mme Bellangé
Mme Clary
Mme Hue Marie
Mme Eudes
Mme Morin

Mme Lesage	Mlle Joséphine Schimpff
Mme Baugin Marie	Mlle Guezard Augustine
Mme Josset	Mlle Mathieu Jeanne
Mme Beaumont veuve	Mlle Thomas Henriette
Mme Beaumont Adélaïde	Mlle Omblacé Marie
Mme Biord	

Cet autel est accompagné de trois riches statues décorées en peinture polychromée. La statue de Notre-Dame de Lourdes qui est posée sur l'arrière du tabernacle a été donnée par M. le Curé, celle de Notre-Dame du Sacré-Cœur par Mme Mangin, et enfin celle de saint Joseph du Sacré-Cœur par M. Lagrange, gendre de Mme Mangin.

La balustrade en fer forgé, qui ferme cette chapelle, œuvre d'art, est de la même année ; elle a été faite à Paris dans les ateliers de M. Evaert, rue de Sèvres, elle a coûté 300 francs.

La décoration, en peinture artistique, polychromée, dans le style du XIIIe siècle, de toute cette chapelle, date du mois de mai 1879. Ce beau travail d'un goût élevé et d'une exécution irréprochable a été fait par M. Jacquier Alphonse, entrepreneur de peinture décorative et artistique à Paris. La fabrique n'est entrée pour rien dans cette dépense. C'est une œuvre pieuse de quelqu'un qui ne tient pas à donner, à chaque instant, son nom à l'histoire pour des faits de cette nature.

Ces peintures à fresque ont réuni autour d'elles

tant de sympathies dans le clergé et dans le civil; elles ont obtenu tant de louanges intelligentes et désintéressés, que leur auteur s'est laissé aller l'année suivante, en juillet 1880, à en commander de plus riches encore pour le sanctuaire de l'église et la voûte de la chapelle Saint-Vincent. Celles-ci, plus encore que leurs aînées, sont signées sans peur : Alphonse Jacquier, entrepreneur de peinture artistique à Paris, rue Nollet, 102. Le fond azuré des voûtes, le semis de croix, cerclées d'or, les nervures enguirlandées, rehaussées de filets dorés, et accompagnées de bandes d'encadrement de nuances variées, les arcs-doubleaux couverts de rinceaux et d'invocations symboliques tirées des litanies de la sainte Vierge sur fond d'or, font un ensemble parfait comme style, goût et exécution. Les quatre médaillons représentant les quatre Evangélistes, qui se détachent du centre des quatre divisions de la voûte du sanctuaire donnent une grande animation à cette œuvre.

En l'année 1852, on avait élevé dans la chapelle de Saint-Vincent un autel en menuiserie informe; il n'en reste plus qu'une partie de lambris sur la costière du côté Sud. En attendant mieux, on a établi dans cette chapelle l'ancien autel de la chapelle de la sainte Vierge et son retable. C'est une grande amélioration. La statue de saint Vincent, richement décorée, date de l'année 1878.

Le confessionnal placé à la naissance de la nef latérale, côté Sud, est une assez bonne imitation du style de la Renaissance. Monté par un bon ouvrier du village, en 1858, il a coûté 1.000 francs.

La grande partie de lambris qui va du confessionnal à la tour a été établie en l'année 1852. Le reste des boiseries qui enveloppent intérieurement les murs de l'église est d'une époque plus récente (1878). Elles ont été faites avec les débris des bancs incommodes et malpropres qui remplissaient l'église depuis plus d'un siècle. La suppression des susdits était une affaire délicate et épineuse ; déjà plusieurs curés de la paroisse avaient sans résultat fait des ouvertures et des propositions à cet égard. Ce n'est, en effet, que par un coup d'audace qu'ils ont été enlevés et remplacés par des chaises, entre deux dimanches, en l'année 1877, au mois de décembre. Le fait accompli, étant la manifestation évidente d'un grand progrès, a été salué à l'unanimité par tous les paroissiens. M. le Curé, en agissant ainsi, avait des raisons fondées pour compter sur cette sympathique adhésion.

Nous ne pouvons pas omettre dans cette histoire de la paroisse de Saulx-les-Chartreux un document placé, sous verre, dans un riche encadrement et appendu à un pilier de l'église.

Voici ce qu'on lit sur un tableau de souscription pour une bannière à Notre-Dame de Lourdes :

« Une fois cette bannière achetée, douze pèle-
« rins de cette paroisse sont partis à Lourdes
« avec M. l'abbé Chaudé pour la présenter à No-
« tre-Dame Immaculée, dans la basilique même,
« à la grotte miraculeuse. »

Le *Bulletin religieux* de Versailles, n° du 26 août, parle de ce pèlerinage et de cette Bannière dans les termes suivants :

« M. l'abbé Chaudé, curé de Saulx-lès-Char-
« treux, et douze de ses paroissiens sont partis à
« Lourdes avec le pèlerinage national. Ils y por-
« tent une très riche bannière brodée en bosse
« sur les deux faces.

« Sur l'envers, le chiffre de Notre-Dame de
« Lourdes, surmonté d'une couronne en pierreries,
« est encadré dans cette inscription :

NOTRE-DAME DE SAULX-LÈS-CHARTREUX
A NOTRE-DAME DE LOURDES, 1877

« Cette bannière est l'œuvre d'une souscription
« paroissiale, qui s'est faite avec autant de géné-
« rosité que de spontanéité, d'élan et d'enthou-
« siasme. »

Cette excursion pieuse sur les confins pittoresques de l'Espagne a été riche en bénédictions, féconde en grâces et abondante en souvenirs pour la caravane de Saulx-lès-Chartreux. En effet, sans faire la relation détaillée de ce religieux voyage, ce qui serait trop long, nous tenons toutefois à consigner dans les annales de cette paroisse que les premiers pèlerins ont été favorisés de la vue de dix miracles éclatants et authentiques, sur les dix-huit qui se sont faits tant à la grotte miraculeuse qu'à la basilique et à l'hôpital, pendant leur séjour au pied des roches Massabielle.

Etaient présents à cette pluie de guérisons : M. l'abbé Chaudé, M. Rousselot Hippolyte, M. Angiboust Charles, M. Crecy Louis, Mme Mangin, Mme Louise Couvret, f. Crecy, Mme veuve Hue, Mme Angiboust Etienne, Mme Angiboust Etienne, belle-fille de la précédente, Mlle Schimpff Joséphine, Mlle Thomas Henriette, Mlle Feuillâtre Marie, Mlle Léontine Mongobert, lesquels déclarent vraie, exacte et sans exagération, l'assertion ci-dessus, concernant les prodiges opérés sous leurs yeux par la très sainte Vierge Notre-Dame de Lourdes.

Après avoir dit que le chœur et le sanctuaire sont dallés en carreaux de liais octogones avec remplissage en carreaux de marbre noir, il ne nous reste qu'à donner les dimensions intérieures dans œuvre de l'église, les voici :

Hauteur sous clef de voûte :	10 m. » c.
Longueur » »	26 10
Largeur » »	16 »»
Larg. des nefs inférieures, chacune	4 20

La tour élevée, dans le bas-côté de droite, sur la troisième travée en face du chœur, est un ouvrage assez hardi et de forme gracieuse ; sa hauteur est de 33 mètres 33 centimètres. Un escalier à encorbellement conduit à son premier étage, et de là sur les voûtes de l'église. Dans l'intérieur de l'église, au-dessus de la porte qui donne accès dans l'escalier, elle est percée d'une fenêtre ogivale, qui éclaire parfaitement ces énormes piliers que le xiie siècle donnait pour base à toutes les tours. A l'extérieur, les proportions de cette tour sont si nettes, que malgré sa sobriété d'ornementation elle attire les regards et elle les captive. Les trois faces apparentes du premier étage au-dessus du rez-de-chaussée sont remplies par de grandes ogives aveugles ; un large chanfrein en adoucit très avantageusement les arêtes. Une fenêtre géminée, accouplée, avec chanfrein comme ci-dessus, décore le troisième étage et sert d'un triple porte-voix à la cloche. Sa toiture en ardoises, élevée, quadrangulaire, méplate, la coiffe noblement et lui donne beaucoup d'élégance.

Il est fâcheux que la toiture du chœur de l'église, inutilement beaucoup plus élevée que celle de la grande nef, en masque la perspective aux deux tiers, du côté Nord. Du reste, on dirait qu'un mauvais génie s'est appliqué à exposer de manière à ne pas être vues les plus belles parties extérieures de l'église de Saulx-lès-Chartreux. En effet, la façade principale donnant sur le village, devant la place publique, est nulle. Un vaste pignon orné d'un petit cadran d'horloge, flanqué à sa base d'un grand porche abritant deux portes sans style, est tout ce qui indique qu'il y a là, tout près, une des plus jolies églises du voisinage de Paris.

A plusieurs reprises, les gens de Saulx les plus intelligents, et les plus envieux d'embellir ce monument qui rappelle et qui garde les plus grands souvenirs de la vie pour eux et pour leur famille, ont voulu le terminer en lui donnant une façade honorable, digne d'une belle église et d'une grande paroisse; mais ils ont échoué devant l'intrigue, la fourberie et la bassesse de ces gens qui, dans tout pays, ne rougissent pas même devant l'emploi des moyens les moins avouables. Cette opposition insensée n'a pas porté bonheur au pays; car, depuis, il a eu bien des pertes à subir et de grandes calamités à essuyer. Les méchants finissent toujours par attirer les foudres du Dieu tout-puissant sur eux, sur leur famille, et malheureusement aussi sur ceux qui les entourent.

Il n'y a qu'un instant, un de mes paroissiens me démontrait solidement que le tort fait à la commune de Saulx-lès-Chartreux par l'invasion allemande de 1870 se chiffrait par 400.000 francs environ. Cela s'appelle évidemment un fléau de Dieu. Depuis, à dix ans d'intervalle, il en est arrivé u autre, celui-là est aussi de la catégorie de ceux que l'on ne voit presque jamais : c'est la gelée des arbres fruitiers, pendant l'hiver de 1880. Ce désastre, estimé 100.000 francs, se fera sentir pendant vingt ans !

Il me semble que la construction d'une façade à l'église ne pourrait qu'adoucir la colère de Dieu visiblement irrité. Les devis dressés depuis longtemps s'élevaient à 14.000 f. Sous l'Empire, le gouvernement avait offert un secours de 5.000 f. Pourquoi n'en a-t-on pas profité ? Il y a vraiment dans cette paroisse une réparation à faire à Dieu. Le plus tôt sera le meilleur, c'est le cas de le dire très haut, et plus que jamais.

Les lignes variées que présente le chevet de l'église forment une façade fort jolie. C'est le château de Monthuchet qui en a la vue. Quatre contreforts et trois grandes fenêtres se détachent sur un mur en pierres de taille d'apparence relativement jeune. N'importe le jour, l'heure, et l'année de sa naissance, à lui ! Toujours est-il que les deux lucarnes en briques et les poivrières couvertes en ardoises qui le couronnent font penser au millésime gravé sur l'écusson de la première voûte du collatéral côté Sud : 1614. Nous disons. « 1614 » et nous ne serions nullement surpris quand un *Quicherat* quelconque viendrait nous dire un jour que tout le pourtour de l'église sans aucune exception serait de cette époque.

Avec ses élégantes manières de xiii° siècle, il me fait bien l'effet d'être un tantinet moins vénérable. Trois ou quatre siècles de moins sur la tête, savez-vous que c'est vraiment quelque chose?....

La cloche de Saulx-lès-Chartreux est une fort belle pièce d'orfèvrerie religieuse. Sa voix est majestueuse et imposante, elle pèse 2.377 livres. Elle a 1 mètre 20 cent. de hauteur et 3 mètres 70 centimètres de circonférence, 0 m. 10 cent. d'épaisseur.

On lit sur le pourtour de sa robe virginale:

CETTE CLOCHE A ÉTÉ FONDUE EN 1833
POUR LA COMMUNE DE SAULX-LÈS-CHARTREUX,
PAR DEVANT M. JACOB, MAIRE,
ET M. ANGISBOUST, ADJOINT.
LE PARRAIN A ÉTÉ M. LEROY
ET LA MARRAINE A.-M. LABORY
QUI LUI ONT DONNÉ LES NOMS, *A.-MARIE*.
J'AI ÉTÉ BAPTISÉE EN NOVEMBRE
PAR M. LE CURÉ GRONDARD.

Au-dessus d'un Christ en saillie, on lit:

HILDEBRAND, FONDEUR A PARIS.

Des quatre cloches qui garnissaient le clocher avant la Révolution, trois furent livrées à la République en vertu du décret du 12 juillet 1793; une seule fut conservée, la plus grosse, qui datait de 1550 et qu'une fêlure mit hors de service, en 1833. C'est elle qui a été refondue par M. Hildebrand. La refonte d'A.-Marie est due en grande partie à la générosité des paroissiens et particulièrement à la bienfaisance de son parrain M. Leroy, lequel mourut le 27 mars 1842 dans l'ancien prieuré de Notre-Dame situé en face de la mairie, devenu sa propriété et converti en maison bourgeoise. Son corps repose dans le cimetière de cette paroisse. A la suite de son décès, sa maison fut vendue à l'excellente famille Jullemier, qui marqua son passage dans cette paroisse par de nombreux bienfaits envers les pauvres, comme aussi en faveur de l'église. Mme Hocher, née Jullemier, aujourd'hui épouse Robain, domiciliée à Poitiers, a gardé un bon souvenir de Saulx-lès-Chartreux. Depuis plusieurs années, elle accorde de grand cœur une généreuse hospitalité aux pèlerins de Saulx allant à Lourdes. Je tiens à lui en témoigner ici toute ma gratitude et ma sincère reconnaissance. Le propriétaire actuel de l'ancien prieuré de Notre-Dame de Saulx est M. Faillot, marchand en gros de papiers peints à Paris, rue de la Verrerie, n° 42.

La marraine de la cloche, Mme Anne-Marie Labory, était l'épouse de Damas Alexandre-Martial-Auguste, sociétaire de la Comédie française et artiste distingué.

Damas quitta le théâtre en 1825 et se retira à Saulx-lès-Chartreux, où il vécut dans une complète retraite jusqu'à son décès, qui arriva le 16 octobre 1834. Né à Paris le 10 janvier 1772, son corps y fut transporté, après sa mort, pour être inhumé au Père-Lachaise.

Ses camarades l'avaient surnommé l'*Acteur de ressource*, parce que les orages du parterre ne le déconcertaient pas, et qu'il savait souvent conduire à bonne fin de très mauvaises pièces dont le naufrage paraissait imminent.

A Saulx, Damas habitait l'ancien presbytère.

Des pierres sépulcrales, en assez grand nombre, existaient autrefois dans l'église et recouvraient les tombeaux de plusieurs grands personnages, abbés ou laïques, qui y avaient été inhumés. Toutes ces pierres ont disparu, quand on a fait à nouveau le carrelage des nefs et le dallage du chœur; on aurait dû les conserver et les replacer où elles étaient.

Il est regrettable que l'on fasse ainsi disparaître des pierres qui portent des inscriptions commémoratives. Leur conservation est de la plus grande importance au point de vue historique; à défaut de données positives sur les faits qui se sont passés dans les temps anciens, l'historien en tire des conclusions; souvent il suffit de la rencontre fortuite d'une inscription, pour décider une question que de longues recherches n'avaient pu résoudre.

C'est ainsi que l'on voit dans notre église huit

de ces pierres, témoins des âges passés, placées bout à bout dans la grande nef pour faire un chemin entre les bancs d'autrefois et les chaises d'aujourd'hui. On ne pouvait pas leur choisir une place mieux appropriée pour l'effacement des légendes ou inscriptions dont elles étaient couvertes. Une seule a échappé, sur ce point, à l'usure inexorable des siècles : elle est placée sous le parquet, dans le passage de l'église à la sacristie. Sa longueur est d'un mètre cinquante centimètres, et sa largeur d'un mètre. L'épitaphe est gravée sur une pierre de liais de quatre-vingt-dix-sept centimètres de hauteur, sur soixante-six de largeur. L'inscription est renfermée dans un médaillon appuyé sur une tête de mort ailée, et soutenu par deux robustes gardiens armés de massues. A droite, on remarque un sablier, et à gauche un chandelier vide. Le tout est surmonté d'une grande draperie.

Voici cette épitaphe :

D. O. M.

HIC SITUS EST

LUDOVICUS DU TILLET

EX ILLUSTRI TILLORUM STIRPE ORIUNDUS

QUI

PRIMUM APUD CADEMOS ÆRARII PRÆFECTUS

DEINDE ÆTATE JAM PROVECTA DUCTUS PIETATE

FIT SACERDOS

HANC ECCLESIAM PER XXVII ANNOS PIE RITE
ET SOLLICITE UT DECET EGREGIUM SACERDOTEM
REXIT
DECANATUS RURALIS MUNIA PER VIGINTI ANNOS
SEDULO IMPLEVIT.
MORBO DIUNO ET GRAVI CORREPTUS
OBIIT DIE SEPTIMA APRILIS
ANNI MDCLXXXVII ÆTATIS LXVII
REQUIESCAT IN PACE
AMEN.

HOC MONUMENTUM
AVUNCULO BENE MERITO
LUD. ANT. ET JOAN. FRANC. VAILLAND
E SORORE NEPOTES
MŒRENTES POSUERUNT
FRANCISCUS BERNARD PARISINUS SCULPSIT

Avant la Révolution, dans les paroisses, les nobles, les membres du clergé, surtout les curés titulaires, les bienfaiteurs des églises et des pauvres, les hommes enfin qui avaient rendu des services signalés à la patrie pouvaient, en vertu d'un privilège remontant au xe siècle, être inhumés dans les églises. Ce témoignage de reconnaissance publique a été prohibé et aboli par le décret du 23 prairial an XII de la R. F. de Robespierre (12 juin 1804).

Dans le bas-côté méridional, tout près de la

porte du clocher, on voit l'épitaphe de Noël de Fracatel, mort le 4 février 1623, après avoir été trente-six ans sous-prieur de cette église.

Le mobilier de l'église, tant sous le rapport des ornements, que du linge, des chandeliers et des vases sacrés, est très convenable; on pourrait même dire très confortable et riche.

L'ostensoir donné en 1872, par l'excellente famille Boueil, est une pièce d'orfèvrerie remarquable.

CHAPITRE DIXIÈME

LES PATRONS DE LA PAROISSE

Le choix des patrons d'une paroisse est toujours une mission fort délicate et de première importance. Si on doit regarder soigneusement la qualité et les vertus des personnes que l'on donne pour parrain et marraine à un enfant, que sera-ce quand il s'agira de vouer toute une population, pour les siècles, au patronage d'un saint! Nous sommes heureux de reconnaître qu'il y avait à Saulx, au moment de la fondation de son église, des hommes supérieurs sous le rapport de la foi et de la raison. Le choix des patrons qu'ils ont donnés à la paroisse ne laisse aucun doute à cet égard. Il est probable que ce précieux bienfait nous vient des religieux de Saint-Florent de Saumur. Ceux-là, quels qu'ils soient, avaient à un haut degré l'intelligence de nos intérêts spirituels et matériels. Voyez-les; ils cherchent des protecteurs célestes et des modèles pour aider, secourir, et guider dans la vie toutes les générations qui se succèderont dans cette paroisse jusqu'à la fin du monde. Le choix était facile, dira quelqu'un. Justement! l'inconvénient est là. Il y a, dans le ciel, une variété infinie de gloire, de crédit et de puissance parmi les saints; ces nuances d'élévation résultent des degrés de perfection et de sainteté obtenus ici-bas pendant les jours d'épreuve; en plus, une hiérarchie est établie parmi les élus comme parmi les anges; la voici telle que les litanies nous la présentent : Les patriarches, les prophètes, les évangélistes, les apôtres, les martyrs, les confesseurs pontifes, les docteurs, les abbés, les vierges et les saintes femmes. Ajoutez à cela que les martyrs, les vierges et les saintes femmes ont fourni des saints dans tous les états depuis le trône jusqu'à la chaumière. J'ai donc raison de dire que la difficulté ici vient de l'embarras du choix. Pour juger de la valeur d'un saint, de son crédit et de sa puissance auprès de Dieu, il faut connaître sa vie et sa mort, ses actes et ses vertus, les maux dont il a souffert, la profession qu'il a exercée et les misères qu'il aimait le plus à secourir. Eh bien, les fondateurs de l'église de Saulx montent plus haut que le sommet où est assis dans la gloire le plus favorisé de tous les saints; ils ne s'arrêtent ni à saint Joseph, ni à saint Jean-Baptiste, mais ils s'avancent humblement et courageusement jusqu'à la Reine elle-même de tous les bienheureux du paradis. Oui, c'est devant l'auguste Mère de Dieu qu'ils se prosternent pour la prier d'agréer leur requête ; c'est à la Reine et du ciel et de la terre, et des anges et des hommes, qu'ils confient cette paroisse et tous ses habitants. Auraient-ils pu mieux faire ? Non, à moins de sortir des rangs des enfants sanctifiés d'Adam.

Il n'y a qu'une Dame dans le paradis « qu'on ne prie jamais en vain. » C'est Notre-Dame de Saulx-lès-Chartreux. Il nous sera avantageux qu'elle devienne notre modèle, cela dépend de nous, de notre intelligence, de notre piété et de notre bonne volonté. « Aide-toi, ta mère du ciel t'aidera. » Alors Jésus, le divin Fils de Marie, bénira nos personnes, nos familles, nos entreprises et nos champs dans la proportion de notre ressemblance avec notre auguste patronne.

Mille fois merci, gratitude et reconnaissance à jamais aux auteurs bien inspirés de ce précieux choix. Toutes les grandes apparitions de la très sainte Vierge, en France, depuis 1830 jusqu'à nos jours, devaient être figurées dans l'église de Saulx-lès-Chartreux que nous voudrions rendre de plus en plus agréable à la meilleure de toutes les mères ; c'est ainsi que nous avons donné des places d'honneur aux statues de Notre-Dame de Lourdes ; de Notre-Dame de la Salette ; de Notre-Dame des Victoires ; de Notre-Dame du Sacré-Cœur ; de Notre-Dame de l'Immaculée Conception, et de Notre-Dame de l'Assomption. En récompense de cet accroissement de dévotion envers notre bonne Mère immaculée plusieurs personnes de la paroisse ont déjà obtenu des grâces signalées et des faveurs inespérées.

Un nouveau trait de pieuse intelligence, c'est le choix de saint Vincent pour second protecteur céleste de cette paroisse. Saint Vincent est élu; il aura son autel et sa chapelle à côté de ceux de sa reine. Les fondateurs de notre village au point de vue surnaturel comblent saint Vincent d'honneurs et de vénération; pourquoi donc tant d'empressement ? d'où viennent tant de marques de confiance et de respect ? Est-ce parce qu'ils ont des vignes à protéger contre la grêle et la gelée, la sécheresse et l'humidité ? on sait qu'il est le patron des vignerons. Ce motif serait bon et acceptable : autrefois, quand on était vraiment et sérieusement dévot envers saint Vincent, on ne connaissait ni l'oïdium, ni le choléra, ni le phylloxera, ces trois grands fléaux de la vigne. Mais une autre raison plus entraînante encore, c'est que saint Vincent est un des plus illustres martyrs de Notre-Seigneur Jésus-Christ, comme vous allez en juger vous-mêmes :

Saint Vincent naquit à Saragosse, en Espagne. Vincent, qui se glorifiait hautement d'être chrétien, passa par tous les genres de la cruauté la plus raffinée, en conservant toujours une paix profonde et une tranquillité inaltérable, qui éclataient sur son visage, dans ses discours et dans tous ses mouvements.

Il fut d'abord lié sur un chevalet, et les bourreaux lui tirèrent si violemment les pieds et les mains avec des cordes, qu'ils lui disloquèrent les os. A cette torture on ajouta encore celle des ongles de fer. Toutes les parties de son corps furent tellement déchirées, qu'en plusieurs endroits on lui voyait les os et les entrailles. Au milieu de toutes ces souffrances, la joie était peinte sur son visage. Dacien voyant que tous ces tourments ne lui faisaient rien, condamna Vincent à la question du feu, la plus cruelle de toutes. On l'endurait sur un lit de fer dont les barres, faites en forme de scie et garnies de pointes très aiguës, étaient posées sur un brasier ardent. On étendit Vincent sur cette horrible machine, toutes les parties de son corps qui n'étaient pas tournées du côté du feu furent déchirées à coups de fouet, et brûlées avec des lames rouges, et l'on jetait du sel sur toutes les plaies. Mais plus Vincent souffrait, plus il paraissait gai et content. Dacien, outré de rage en voyant qu'il ne pouvait rien contre Vincent, le fit conduire en prison, et coucher sur des morceaux de pots cassés, mais Dieu n'abandonna pas son serviteur. Des Anges descendus du ciel sont venus verser du vin et de l'huile sur ses plaies pour les adoucir et chanter avec lui les louanges du Dieu qui le protégeait. Le geôlier ayant regardé par les fentes de la porte, vit le cachot éclairé d'une vive lumière, et le Saint qui se promenait en chantant des hymnes. Il fut si frappé de ce prodige, qu'il se convertit sur-le-champ et reçut ensuite le baptême. Dacien en pleura de rage et laissa le Saint en repos. Les fidèles pouvant alors l'aller voir, baisaient en pleurant les cicatrices de ses plaies, et reccueillirent son sang dans des linges qu'ils emportaient respectueusement chez eux, comme un préservatif assuré contre tous les maux. On mit ensuite le Saint sur un lit mou ; mais à peine y fut-il couché, qu'il expira : c'était le 22 janvier 304. (*Extrait de Godescard.*)

En voilà de la vaillance, du courage et de la patience au milieu des souffrances les plus aiguës. Cette force héroïque, miraculeuse, est-elle explicable autrement que par l'intervention de Dieu soutenant par sa grâce notre pauvre humanité ? Non, mille fois non ! Le libre-penseur que la piqûre d'une épingle fait tomber sans connaissance et à qui la moindre brûlure fait pousser des cris d'anguille qu'on écorche dira-t-il que la résignation et la tranquillité de saint Vincent n'ont rien de surnaturel ? Sera-t-il lâche, méprisable et scélérat jusqu'à ce degré de mauvaise foi ? En aucun cas je ne voudrais être dans sa peau ; mais alors moins que jamais ; car un tel blasphème appellerait nécessairement une mort horriblement tragique. Quant à vous, enfants de la foi, de la raison ou du bon sens, apprenez de saint Vincent comment on souffre pour Dieu. Un jour si nous sommes accablés d'injures et d'outrages, avant de penser à nous venger, songeons au martyre de saint Vincent. Quand nous serons sur le point de succomber au poids de la chaleur et du jour, songeons encore au martyre de saint Vincent. Relevons la tête vers le ciel où il est puissant auprès de Jésus et de Marie; invoquons-le et nos membres fatigués retrouveront de la force et de l'énergie. Rappelons-nous aussi ces bons anges qui sont venus le visiter dans sa prison : ils pansaient ses plaies en versant du vin et de l'huile sur ses blessures; le soulagement qu'il en éprouva fit qu'il accorda toujours une protection particulière aux hommes qui cultivent la vigne.

Autrefois, dans cette paroisse, la fête du grand martyr saint Vincent était célébrée le jour de son incidence. C'était une fête carillonnée qui mettait toute la population en joie. Chacun mettait ses plus beaux habits. La sainte messe et les vêpres étaient chantées à grand orchestre et à lutrin complet; il aurait fallu être bien malade pour manquer d'assister aux offices de la Saint-Vincent. Le pain bénit était solennellement rendu par la corporation des vignerons, et ce jour-là, pour honorer, saint Vincent, second patron de la paroisse, tout le monde se disait vigneron, même M. le Curé. C'était un accord, une union, une fraternité et un entendement parfaits, dit une vieille chronique des fêtes populaires, au XVIe siècle, dans les environs de Paris.

La confrérie de Saint Vincent était fort nombreuse. Un des articles de son règlement portait que « chaque membre de la confrérie devait éviter, avec soin, les excès de vin, et devait fuir la société des ivrognes. » C'était une société de tempérance comme celles qui s'établissent en Amérique depuis quelques années. Qu'est-elle devenue ? Hélas ! pouvait-elle vivre au milieu de l'ivrognerie croissante ? Est-ce que depuis notre malheureuse révolution des assignats (1793) nous n'avons pas toujours été en diminuant, en baissant, en nous éteignant sous le rapport du bien, de la morale, de la religion, de la conscience, de la probité et des bonnes mœurs ?

Aujourd'hui il ne reste pas trace du passé : la Saint-Vincent n'existe plus que dans l'histoire ; il n'y a plus de confrérie, plus de pain bénit, plus de messe, plus de vêpres, plus de fête, plus rien ! ! !..... Il en résulte que les liens de l'union fraternelle sont brisés. Chacun fait bande à part. Chacun s'enterre avant d'être mort ; plus d'intimité, plus de ces joyeuses réunions de familles qui faisaient le charme de l'existence, le bonheur de la vie simple et paisible de nos aïeux. Tout a

disparu avec les pratiques de la religion.....
Voulez-vous que ça revienne, bons habitants de Saulx ? ayez la foi et la piété de vos ancêtres et vous verrez se renouer les liens de familles à familles, vous verrez renaître l'intimité, la confiance des temps antiques.

CHAPITRE ONZIÈME

LISTE DE MESSIEURS LES CURÉS DE LA PAROISSE DE SAULX-LÈS-CHARTREUX DE L'AN 1609 A L'AN 1881.

§ I. — Ce que c'est qu'un curé.

Il est un homme, dans chaque paroisse, qui n'a point de famille, mais qui est de la famille de tout le monde, qu'on appelle comme témoin, comme conseil ou comme agent dans les actes les plus solennels de la vie civile; sans lequel on ne peut ni naître ni mourir, qui prend l'homme au sein de sa mère et ne le laisse qu'à la tombe, qui bénit ou consacre le berceau, la couche conjugale, le lit de mort et le cercueil; un homme que les petits enfants s'accoutument à aimer, à vénérer et à craindre; que les inconnus mêmes appellent *mon père*, aux pieds duquel les chrétiens vont répandre leurs aveux les plus intimes, leurs larmes les plus secrètes; un homme qui est le consolateur par état de toutes les misères de l'âme et du corps, l'intermédiaire obligé de la richesse et de l'indigence, qui voit le riche et le pauvre frapper tour à tour à sa porte : le riche pour y verser l'aumône secrète, le pauvre pour la recevoir sans rougir; qui, n'étant d'aucun rang social, tient également à toutes les classes; aux classes inférieures, par la vie pauvre et souvent par l'humilité de la naissance; aux classes élevées, par l'éducation, la science et l'élévation des sentiments qu'une religion philanthropique inspire et commande; un homme, enfin, qui sait tout, qui a le droit de tout dire, et dont la parole tombe de haut sur les intelligences et sur les cœurs, avec l'autorité d'une mission divine et l'empire d'une foi toute faite! Cet homme, c'est le curé. (LAMARTINE.)

§ II. — Avant la révolution de 1793.

Le 18 septembre 1609, maître Guillet Mahiat, prêtre natif de Saint-N..... O. G..... vicomté de Dompfront, diocèse du Mans, prit possession de la paroisse de Saulx.

M. Cabillion administrait la même paroisse en 1649.

Ce dernier eut pour successeur M. L. du Tillet en 1660. Celui-ci fut inhumé dans le sanctuaire de l'église de Saulx, le mardi 8 avril 1687, âgé de soixante-sept ans, par M. Le Vaillant, *son neveu, à présent* curé de Saulx, en présence de MM. Alexandre Le Vaillant, religieux de Saint-Victor de Paris; de Louis Le Vaillant, ancien lieutenant de l'hôtel de Sa Majesté, de Antoine Le Vaillant, avocat au parlement de Paris, ses neveux. M. L. Du Tillet avait été curé doyen de Châteaufort.

M. Le Vaillant ne fut pas longtemps curé de Saulx, puisque, en la même année 1687, nous voyons M. Denis curé de ladite paroisse, qu'il gouverna jusqu'en 1694, année où, le 24 mars, il fut inhumé dans l'église de Saulx par M. le curé de Champlan, comme le plus ancien des curés présents. M. Jean-François Denis était docteur en Sorbonne de la maison de Navarre: il mourut âgé de trente-six ans.

M. Jean Gourmelon était vicaire en 1672, devint curé de Saulx à la mort de M. Denis, fut enterré dans le *cimetière*, le jeudi 22 septembre 1707 par M. le curé de Villejust. Il avait été successivement vicaire sous MM. Du Tillet, Le Vaillant et Denis.

A M. Jean Gourmelon succéda M. Greiner, à M. Greiner M. Cornu, à M. Cornu M. Lhuillier en 1752, lequel mourut en 1776 et fut inhumé dans le cimetière le 26 octobre.

Son successeur fut messire Luc Daujon qui fut inhumé dans le cimetière, le 1ᵉʳ avril 1777, âgé de trente ans. M. Daujon fut remplacé par M. Laferté, que la Révolution chassa. M. Laferté revint un instant à Saulx, après la Révolution, fut curé de Wissous, et mourut, je pense, à Herblay.

§ III. — Étaient vicaires à Saulx-lès-Chartreux avant la révolution de 1793 :

Gabriel Guérin en 1707
Cahours en 1712
Doinsy en 1719
Cahours en 1726
Lhuillier Dupont en 1745
Feuvet Amin en 1752
L'Ecrivain en 1756
Daujon en 1774
Lesage en 1776
Champenois en 1778
Filastre en 1779
Marchal en 1784
Prat en 1785

A l'époque de la formation des gardes nationales, M. Prat, vicaire de Saulx, fut nommé aumônier du bataillon de Longjumeau. Il fit, en cette qualité, un discours à ces hommes assemblés à l'église pour l'inauguration de la garde nationale et la reconnaissance des chefs. Ce discours a été imprimé. M. Brault, curé en cette paroisse de 1843 à 1866, l'a eu en sa possession; il déclare qu'il n'est pas plus remarquable par la beauté du style que par la force des raisonnements. Cependant il paraît que ce discours fit grand bruit dans le temps. La réputation de l'auteur s'en accrut, au point que le nom de M. Prat est encore très populaire parmi les habitants les plus anciens de notre village (1).

M. l'abbé Prat fit le serment; mais il ne fut pas longtemps sans le rétracter. Cette sorte de réparation se fit avec éclat, devant le bataillon de la garde nationale, dans la prairie de Longjumeau. M. Prat profita de cette réunion du bataillon. L'assemblée était nombreuse, tous les habitants des villages voisins s'y trouvaient.

---

(1) Lettre de M. Prat au directoire de Versailles :

Messieurs,

L'approbation que vous avez donnée à mon discours patriotique m'a causé un sensible plaisir, je vous prie d'agréer le témoignage de ma reconnaissance et en même temps de donner à M. Bloceau, fermier de MM. les Chartreux, un mandat pour payer en la manière accoutumée, cette année seulement, M. le Curé, le maître d'école et moi. Vous obligerez celui qui a l'honneur d'être,

Messieurs, votre très humble serviteur et frère

Prat.

Le 28 décembre 1790 M. Bloceau, fermier des ci-devant Chartreux, reçoit l'ordre de payer M. le Curé, M. le Vicaire et l'instituteur.

Cette déclaration du digne prêtre souleva les esprits. Il ne dut son salut, dans cette circonstance, qu'à l'intervention courageuse, énergique et dévouée des habitants de Saulx, là présents en grand nombre. Ils le reçurent dans leurs rangs et facilitèrent son évasion.

M. Prat est mort en 1825, laissant derrière lui une mémoire bénie et une réputation de sainteté. Il était prêtre habitué faisant partie du clergé de Notre-Dame de Versailles.

En 1792, Saulx reçoit un prêtre constitutionnel du nom de Pierre-Pascal Fauchier. Il fit plusieurs mariages pour lesquels il obtint de Jean-Julien Avoine, évêque constitutionnel du département de Seine-et-Oise, des dispenses de consanguinité.

Le 16 décembre de la même année il est nommé pour dresser les actes destinés à constater les naissances, les mariages et les décès; il prend dès lors le titre de maire et signe « officier public. » Il n'y a plus d'acte de baptême. Le dernier acte signé de Pierre-Pascal Fauchier est à la date du 9 septembre 1793.

Plusieurs prêtres ont visité la paroisse de Saulx-lès-Chartreux dans les jours de la Terreur. Voici la liste de quelques-uns de ces courageux Martyrs ou confesseurs de la foi :

M. Antoine, mort en 1814, curé de la chapelle Saint-Denis.

M. Martin, mort de fatigue et de misère en portant partout les secours de son ministère dans le cours de la Révolution.

M. Delamarre, ancien curé de Richarville près de Dourdan, mort grand vicaire de Mgr l'Evêque de Clermont-Ferrand.

Ils disaient la messe au hameau de Saulxier, dans le fournil de la mère Heurtault : ce fournil était dans la maison à droite en allant à Saulxier par le chemin de Ballainvilliers; en d'autres termes, en face du lavoir public. Faut-il que notre divin Maître aime les hommes pour venir se donner à eux dans un pareil réduit !.....

§ IV. — Curés de Saulx-lès Chartreux depuis le Concordat.

M. L'Anusse, du 1er juin 1808 au 27 août 1809.

M. Martin Jacques-Pierre, 8 octobre 1809, est inhumé le 17 février 1810.

M. Billot, 16 juillet 1810, signe son dernier acte le 2 juin 1812.

M. Bergeron, premier acte 15 août 1812, dernier 18 février 1817.

M. Despommiers, premier acte mai 1817, dernier 6 septembre 1818.

M. Bocourt, 8 octobre 1818, dernier 20 février 1820.

M. Grondart, 28 février 1820, dernier 6 mars 1843, inhumé à Longjumeau le 11 janvier 1853. Ce vénérable prêtre était estimé de ses paroissiens; ils en parlent encore avec beaucoup de respect.

M. Brault, du 15 juin 1843, il signe son dernier acte le 21 mai 1866.

Malade depuis longtemps, usé, il se retire à Etampes, où il est conduit et accompagné par ses paroissiens qui le chérissent comme un ami et un père. Ce bon pasteur compte finir là ses jours dans la souffrance du corps et la tranquillité de l'esprit. Un grand sacrifice pour lui a été de quitter sa chère paroisse de Saulx qu'il aimait tant et où il était si profondément vénéré. Il y avait passé les jours agités de la révolution de 1848 sans aucun ennui, sans la moindre peine et sans le plus léger désagrément; il était sûr de son monde comme un père est sûr de sa famille. Aussi, après sa mort, il voulut revenir au milieu de ses anciens paroissiens. Cette marque d'affection du bon prêtre fut comprise de ses ouailles. Ses funérailles furent célébrées en grande pompe. Grands, petits, riches, pauvres, ouvriers et maîtres, tous tinrent à suivre sa dépouille mortelle jusqu'à sa dernière demeure, au pied de la croix du cimetière de cette paroisse qu'il dirigea pendant vingt-trois ans. Il y eut sur sa tombe des discours faits par des hommes du monde qui dirent ses bienfaits, son zèle et ses vertus; sa mémoire aujourd'hui est encore pleine de vie dans les souvenirs du pays. *Memoria justi vivet in æternum.*

Après M. Brault vint M. Péchard : il resta ici du 15 juin 1866 au 1ᵉʳ mai 1877. Pendant les premières années de son séjour à Saulx, M. Péchard s'y fit apprécier ; mais après l'invasion allemande pendant laquelle le pasteur resta fidèle à son poste et à son église, le trouble passa dans les esprits, les autorités municipales furent changées, il s'ensuivit pour le prêtre des taquineries et des contrariétés de toutes sortes qui le dégoûtèrent, lui firent perdre patience ; il demanda son changement. Monsei- gneur le récompensa en le nommant curé de Méréville, excellente paroisse sous tous les rapports.

Après M. Péchard vint M. Chaudé, du 1ᵉʳ mai 1877 au... Dieu seul le sait. Peu m'importe !

Exivit sonus eorum.
Leur voix se fit entendre.
(Ps. xviii, 5.)

Pendant la durée de *deux cent soixante-douze ans,* trente-six prêtres que nous connaissons se sont donc succédé, comme curés ou comme vicaires, dans la paroisse de Saulx-lès-Chartreux. Eh bien, lecteur, ces trente-six prêtres sont comme autant d'échos qui se sont trouvés, de distance en distance, dans l'espace du temps, et dont le dernier répète ce qu'a dit le premier. Oui, tous ces prêtres de Jésus-Christ ont enseigné la même doctrine; et malgré les révolutions, malgré les changements de dynasties et de gouvernements, les vérités que j'enseigne aujourd'hui à mes paroissiens de Saulx ont été annoncées et prêchées à leurs ancêtres par le premier curé qui a été à Saulx-lès-Chartreux, il y a plus de mille ans: ce premier curé enseignait ce qu'ont enseigné les Apôtres; et les Apôtres enseignaient les vérités que Jésus-Christ leur avait révélées, enseignées lui-même; et ils pouvaient croire bien fermement ces vérités, les Apôtres; car pendant qu'ils vivaient en société avec leur divin Maître, ils avaient eu souvent l'occasion de se convaincre que sa puissance n'était pas la puissance d'un homme.

Quand Jésus-Christ commandait aux vents et à la mer, quand il rendait la vue aux aveugles, ou qu'il ressuscitait les morts, quand il rassasiait plusieurs milliers de personnes avec cinq pains et deux petits poissons, les Apôtres étaient présents, témoins de ces prodiges.

Jésus-Christ mort, mis dans un sépulcre, on en ferme l'entrée avec une énorme pierre bien scellée, et gardée militairement; mais la puissance de Dieu qui se joue de la mort pouvait bien se jouer également de ces humaines précautions. Je ressusciterai le troisième jour, avait dit l'Auteur de la vie; et le troisième jour il parut vivant au milieu des Apôtres.

Thomas, qui n'était pas avec eux dans le moment, ne voulut pas croire à cette résurrection. Je ne croirai, dit-il, que si je vois dans ses mains la marque des clous, si je pose mon doigt dessus et ma main dans la plaie de son côté. Jésus revint au milieu de ses Apôtres et dit à Thomas: Posez ici votre doigt, et regardez mes mains; approchez votre main et mettez-la dans mon côté.

Or, je vous le demande, lecteur, si vous eussiez été à la place des Apôtres, si vous eussiez été même incrédule comme Thomas, dites-moi, qu'eussiez-vous pensé de Jésus-Christ? Eussiez-vous cru les vérités qu'il enseignait aux hommes? Vous auriez cru, comme les Apôtres. Oui, lecteur, et comme eux, fortifié par la grâce de Dieu et rempli du Saint-Esprit, vous auriez aussi donné avec joie votre sang, votre vie pour attester au monde la véracité de la doctrine d'un Dieu crucifié devant vos yeux, ayant conversé avec vous après sa résurrection, et remonté au ciel en votre présence.

Eh bien, les vérités que nous vous enseignons aujourd'hui, chers paroissiens de Saulx-lès-Chartreux, sont exactement les mêmes; jugez si vous devez les croire, et, en les croyant, si vous devez les pratiquer.

Par suite de ces simples réflexions que nous

venons de faire ensemble, ami lecteur, nous pouvons regarder comme bien insensés ceux qui ne croient pas les vérités de la religion et qui méprisent la parole de Dieu ; et ne verse-t-on pas des larmes de pitié quand on voit ces mêmes incrédules croire sur parole le premier *charlatan* venu, ou les *prétendus sorciers*, qui se disent, *en un sens,* aussi puissants que Dieu ? — Croyons, croyons à l'Evangile, c'est la parole de Dieu qui ne peut se tromper ni nous tromper : du reste, il n'y a que l'ignorant ou le pervers qui ne croit point ou qui affecte de ne pas croire.

Il ne faut jamais oublier que Jésus-Christ nous dit : L'homme ne vit pas seulement de pain ; mais de toute parole qui vient de Dieu. *Non in solo pane vivit homo, sed in omne verbo, quod procedit de ore Dei.* (Matth., IV, 4.) Il en est ainsi, parce que l'homme a non seulement un corps, mais encore une âme. A son corps, qui est matériel, il faut une nourriture matérielle, du pain ; à son âme, qui est spirituelle, il faut une nourriture spirituelle, la foi, la prière, la grâce et les sacrements. De là l'obligation, pleine d'une sagesse divine, de la communion pascale.

Jugez donc, ami lecteur, combien sont à plaindre et malheureux ceux qui ne pensent qu'à leur corps, sans s'occuper de leur âme, cette substance spirituelle qui réclame, elle aussi, l'aliment qui lui est propre !

§ V. — Présentation à la cure de Saulx.

La cure de Saulx était marquée à la présentation de l'abbé de Saint-Florent dans le Pouillé de Paris, écrit au XIIe siècle. Ceux des années 1626, 1648 et 1692 en donnaient la nomination au prieur commendataire du lieu. C'est ainsi qu'elle a été dévolue jusqu'à la Révolution aux bons religieux chartreux qui lui succédèrent, dans ses droits, à titre universel, pour cette localité. Depuis le Concordat c'est plus simple : présentation, nomination et révocation sont laissées à la discrétion éclairée et consciencieuse de Mgr l'Evêque de Versailles.

CHAPITRE DOUZIÈME

LE PRESBYTÈRE

§ I. — Qu'est-ce qu'un presbytère ?

Personne n'ignore que l'on entend par presbytère le logement du ministre de Dieu dans chaque paroisse. Toute église doit avoir un presbytère en bon état, avec jardin, pour loger le prêtre aux dépens de la paroisse. Ainsi l'ont ordonné les conciles et la législation civile.

Un presbytère est comme la tente d'un pasteur dressée au milieu de son troupeau. De là il voit ses ouailles, veille sur elles, les préserve du danger et les garde des méchants, véritables loups ravissants qui les entourent. C'est là, dans la solitude et le silence, que le pasteur prie et gémit. C'est là que, travailleur humble et obscur, il se livre jour et nuit à mille recherches dans les saintes Ecritures, dans la vie des Saints, dans les doctes écrits des Pères de l'Eglise, dans l'histoire des temps antiques pour en faire jaillir les rayons de lumière qui doivent dissiper les ténèbres des âmes qui lui sont confiées. C'est sous ce toit modeste qu'il prépare ces armes de précision avec lesquelles ses frères repoussent l'erreur et les attaques des ennemis de leur salut. C'est là, dans la méditation, qu'il élabore cette doctrine forte et divine qui fait les vrais disciples de Jésus-Christ.

Sous la tente solitaire, le bon pasteur ne veille pas seulement à la défense des intérêts spirituels de son troupeau. Non, non ! Sa sollicitude va beaucoup plus loin : les intérêts temporels de son peuple le trouvent aussi debout pour les défendre. Il travaille courageusement, dans la mesure de son pouvoir, à maintenir, autour de lui, la paix qui, avec la santé, est la meilleure fortune de ce bas-monde. Il met tous ses soins à former une jeunesse chrétienne, aimant et craignant Dieu ; afin qu'elle sache mieux ce qu'elle doit à ses parents, d'amour, de respect et d'obéissance. Enfin, c'est là que, dans le secret de cette humble demeure, souvent à genoux au pied de la croix, il conjure le Maître de la terre et du ciel de bénir le travail de ses paroissiens, de leur pardonner toutes leurs transgressions à sa Loi sainte et de leur faire partager, après leur mort, la vie et la joie de ceux qui l'ont bien servi.

§ II. — L'ancienne maison curiale.

Depuis la révolution humiliante et sauvage de 1793, l'ancien presbytère de Saulx-lès-Chartreux est devenu une jolie maison bourgeoise. Il a suffisamment d'étendue pour recevoir confortablement, toute l'année, une belle société raisonnablement nombreuse. Les pièces du rez-de-chaussée, au nombre de quatre, sont spacieuses, hautes de plafond et parfaitement éclairées. Celles du premier et du deuxième étages, ayant vue sur la vallée, sont d'un usage gai et agréable. Les conditions de salubrité et d'hygiène dont elles jouissent ne laissent rien à désirer. Messieurs les curés d'autrefois pouvaient s'y plaire et s'y bien porter. Leurs paroissiens n'étaient pas humiliés et n'avaient pas à rougir de honte en voyant des étrangers visiter la maison curiale. Elle était digne du ministre de Dieu, convenable pour le rang de la paroisse et honorable pour tous.

Actuellement le jardin de cette pittoresque villa est d'une contenance de 45.000 mètres. Il a toujours été relativement vaste, bien planté et cultivé avec goût; nous avons d'anciens plans et documents qui nous l'apprennent; mais depuis que la maison a changé de destination, il a reçu, à plusieurs reprises, des agrandissements, surtout du côté du potager.

Il s'est trouvé que les possesseurs laïques de l'ancien presbytère ont presque toujours été des hommes désintéressés; aussi aucun d'eux ne paraît avoir liardé ni même compté pour acheter des riverains tout ce qu'ils ont pu en obtenir. Il est on ne peut plus facile de reconnaître que souvent les annexions faites à cette propriété n'ont été que des parcelles ajoutées à des langues et à de petits coins de terre. La ligne de son mur d'enceinte festonnée, contournée, biscornue, anguleuse, arrondie, carrée et aplatie le dit assez haut. Je m'empresse d'ajouter que cette originale figure de géométrie est on ne peut mieux dissimulée par des bois, des futaies, des massifs, des touffes et des bandes épaisses d'arbustes et d'arbrisseaux admirablement associés et combinés; en sorte que ce qui aurait pu rester une irrégularité s'est transformé, on ne peut plus gracieusement, en bosquets riants et délicieux.

Deux grandes allées admirablement voûtées par un plantureux feuillage, en été, se déroulent circulairement comme pour faire un cadre vivant à toutes les élégantes plantations qui se dressent çà et là, sur ce grand tapis de verdure. Autrefois une allée de peupliers d'Italie les réunissait; aujourd'hui le vide qui reste entre elles est rempli par une pièce d'eau et des plantations de diverses natures.

Pour donner à boire à toutes ces plantes, arbrisseaux, arbustes et arbres, on a établi, en 1870, un bassin suspendu qui porte l'eau en abondance dans les parties de la propriété qui auraient pu souffrir de la soif dans les années de sécheresse. La construction de ce manège hydraulique a été pour le propriétaire un ennui du commencement à la fin : on y a travaillé mollement pendant sept mois, et avant de finir un ouvrier y a laissé un de ses membres.

L'entrepreneur de ce travail n'a répondu en rien à la bonne volonté et au cœur noble et généreux qui lui avait donné des ordres. L'homme mutilé qui a laissé une de ses mains dans les équipages défectueux de son patron a reçu une indemnité et il est à l'instant garde-champêtre de la commune de Saulx. C'est un nommé Venard.

A la même époque la topographie du parc a été complètement transformée; pendant tout un hiver, quatorze ouvriers terrassiers, sous la direction d'un architecte paysagiste, ont remué, ondulé, vallonné ce terrain, déjà accidenté par lui-même. Sauf le verger, le potager et les allées de marronniers, de tilleuls et de sycomores enveloppant la propriété dans leurs rideaux de pampre et de verdure, toutes les plantations ont été déplacées, modifiées ou refaites. Pour tant de bouches altérés il fallait des provisions d'eau; elles n'en manqueront pas une source, qui coulait encore, en 1780, dans la ruelle, derrière le mur du parc, s'est déviée de bon gré, et s'est introduite spontanément chez le voisin ; du reste elle n'avait que la largeur de la ruelle et l'épaisseur du mur à traverser, elle a été reçue avec joie et enthousiasme. C'est elle, depuis dix ans, qui, tantôt par des voies souterraines, tantôt à ciel ouvert, s'en va remplir un bassin près du bosquet du Nord ; de là elle court sur le gazon pour sauter en se jouant sur les flancs ou jusque sur la crête d'un rocher artificiel. Après avoir décrit ses méandres et fait entendre quelques douces mélodies, sur les corniches intérieures d'une grotte dédiée à Notre-Dame de Lourdes, elle se précipite en avant pour former une série de cascatelles à travers les dents, les vasques et les arêtes d'une nouvelle grotte, d'où elle se jette dans une pièce d'eau qu'elle alimente suffisamment pour lui faire porter bateau. De là elle passe par le ruisseau du Paradis qu'elle trouve à dix mètres de distance, pour arriver à l'Yvette qu'elle épouse si étroitement qu'il ne sera plus parlé d'elle.

Nous nous plaisons à raconter les attentions et les soins dont l'ancien presbytère a été l'objet. On dirait que la justice de Dieu a passé par là pour lui faire réparation des mutilations que les révolutionnaires ont essayé de lui faire subir. Depuis qu'il est debout il a vu bien des ruines, beaucoup de délaissements et plusieurs abandons se faire autour de lui. Ne dirait-on pas que la bénédiction de Dieu, qui l'a préservé du marteau des Jacobins et des Sans-Culottes, le protège toujours ? Non, il n'a rien à craindre du présent et de l'avenir. Sa propriétaire actuelle, Mme Hector, est encore jeune ; elle s'y plait beaucoup, et rien ne lui manque de ce qui est indispensable (activité, intelligence et fortune) pour faire donner à l'ancienne maison curiale et à son parc tous les charmes dont ils sont susceptibles.

Le dernier prêtre qui habita cette maison fut M. l'abbé Laferté que la Révolution chassa, en 1792. Cette demeure donna aussi l'hospitalité, pendant quelques mois, à un nommé Pierre-Pascal Fauchier, prêtre constitutionnel que les bons habitants de Saulx voyaient d'un bien mauvais œil. Il en maria quelques-uns, fit des baptêmes et des enterrements. S'il n'avait, en rien, la confiance des enfants de Dieu, il avait celle des suppôts de Satan, de la fripouille, de la lie du peuple, des jacobins et des sans-culottes ; aussi, de par leur amitié et protection, fut-il nommé maire de Saulx. Ce titre lui faisait autant d'honneur qu'à ceux de qui il le tenait. L'honneur vient de l'homme, de ses qualités, de la manière équitable, droite, juste, impartiale dont il s'acquitte de ses fonctions, et non pas de la place qu'il occupe. Souvent, au contraire, ce sont les devoirs attachés à un emploi qui montrent que tel ou tel individu serait indigne d'en exercer honorablement les fonctions.

Enfin ! jusqu'au 9 septembre 1793, Fauchier signa « officier public de la commune de Saulx »; après cette date, il resta près de deux ans sans donner signe de vie. Il est probable que ses frères et amis en bonnets rouges auront fini par lui donner une poussée d'envie, de jalousie, en vertu du principe toujours et éternellement en vogue chez eux : « *Ote-toi de là que je m'y mette* »; et pour n'avoir pas l'ennui d'une revendication de la part des disgraciés, on les accusait de félonie, de conspiration, et, ainsi dénoncés, leur tête, du jour au lendemain, roulait sur la guillotine. Voilà comment s'entre-détruisaient eux-mêmes les méchants de cette époque qui a laissé une trace si odieuse et si exécrable dans les fastes de notre patrie. Dans les temps de troubles, les orgueilleux trouvent presque toujours la punition de leur vanité dans les places qu'ils ont ambitionnées.

La disparition de ce prêtre assermenté, schismatique ne fut pas regrettée; loin de là, ce fut un soulagement pour les consciences droites et honnêtes. Nous avons trouvé une lettre de ce Fauchier dans les archives de la préfecture de Versailles; elle est adressée à un de ses amis pour le prier d'intercéder auprès de la fabrique et des habitants de Saulx qui lui devaient, disait-il, trois cent-trente-neuf francs. Sa lettre est en date du 3 juillet 1795. Il demeurait à Paris, rue de la Juiverie, n° 13. Ce misérable renégat de la foi n'osait plus se montrer devant la bonne population de Saulx qui, en très grande majorité, était restée fidèle à Dieu et à la religion de ses ancêtres.

La paroisse étant sans pasteur, le presbytère comme l'église elle-même fut fermé et mis en vente. Voici une copie de la lettre adressée, sur ce point, par le magistrat de cette époque, au directoire du district de Versailles :

« Saulx-le-Rocher, le 16 thermidor de l'an II de la république française, une et indivisible.

« Citoyens,

« En conséquence du pouvoir qui m'a été donné par le citoyen Vualtier, commissaire du district, pour vendre un hôtel qui appartient au ci-devant curé de cette commune, j'ai annoncé la vente; *mais il ne s'est présenté personne pour l'acheter.*

« En conséquence je vous donne cet avis pour que vous preniez le parti que vous jugerez convenable.

« Salut et fraternité.

« DESCOTTE, *Agent municipal.* »

Il est évident, par cette lettre, que les honnêtes gens de Saulx-lès-Chartreux et même les personnes les moins délicates n'ont pas osé se souiller la conscience en pactisant, dans une vente publique, avec les vols et les iniquités monstreuses de la Révolution. Le bon sens et un reste de foi chrétienne faisaient comprendre à chacun, même aux plus incrédules, qu'il n'y aurait pas de bénédiction de Dieu à attendre sous ce toit qui avait été construit pour abriter son ministre. Il en fut autrement quand le chef de l'Eglise, notre Saint-Père le Pape, eut accepté et ratifié la vente des biens de l'Eglise. Alors on loua, à un nommé Braudin, une partie du presbytère. Son fermage annuel était de 700 fr. Il se composait de deux arpents et demi de jardin avec cour plantée d'arbres fruitiers; de la cuisine, de deux cabinets servant de sellerie, d'une remise, du cellier où est la cave et ses ustensiles, en un mot de toute la basse-cour actuelle et des bâtiments qui l'entourent. La maison principale, où était la résidence proprement dite du prêtre, resta fermée encore assez longtemps.

Après les actes illicites et sacrilèges du citoyen curé maire Fauchier, — que Dieu lui pardonne! — la paroisse resta sans guide et sans pasteur. La Terreur régnait en bête fauve dans le sang et la boue. Les âmes restées fidèles à Jésus-Christ notre bon Sauveur allaient assister aux messes que de saints prêtres, toujours en communion avec la sainte Eglise catholique, apostolique et romaine, disaient au péril de leur vie, en cachette, la nuit, au hameau de Saulxier, dans le fournil de la mère Heurtault. Ces bons prêtres étaient errants, sans asile fixe, sans demeure connue du public; c'étaient de vrais envoyés de Dieu pour veiller au salut des âmes. Ils étaient de partout et de nulle part. Cette situation d'hommes de passage donnait plus de sécurité à leur ministère divin. Cette vie de privations, de périls et de misère eut sa période la plus aiguë, pendant la Terreur, jusqu'à la mort de Robespierre.

Sous le Directoire, les prêtres, encore obligés de se cacher, étaient néanmoins beaucoup plus libres — du 26 octobre 1795 au 9 novembre 1799. — Déjà le gouvernement était mieux composé. Toutefois la sécurité et l'ordre ne commencèrent à renaître sérieusement que sous la main puissante du général Bonaparte, nommé premier consul, après la chute du Directoire, le 18 brumaire 1799. Bonaparte comprit qu'une grande nation ne saurait exister sans religion; qu'un gouvernement ne peut durer et opérer le bien qu'autant qu'il trouve un point d'appui dans la conscience publique, et qu'enfin il est de son devoir d'assurer à chaque citoyen le bienfait des consolations religieuses qu'il peut désirer. Les derniers tenants du philosophisme eux-mêmes commençaient à reconnaître timidement à voix basse, il est vrai, qu'il est impossible de *** un peuple athée : aveu forcé qui prouve, mieux que tous les arguments, combien sont faux et trompeurs tous les principes révolutionnaires qu'on a proclamés autrefois avec tant d'emphase, puisqu'ils rendent impossible un gouvernement quelconque et par conséquent la société elle-même, qui ne peut exister sans gouvernement. Aussi, le premier consul songea-t-il à rétablir en France l'exercice public du culte catholique. Des négociations furent entamées avec notre Saint-Père le Pape, qui donna avec empressement les mains à la conclusion d'une affaire si avantageuse pour les peuples. Un concordat fut signé, et, malgré tous les obstacles, l'exercice de la religion fut solennellement rétabli. La cérémonie se fit à Notre-Dame de Paris le jour de Pâques 1801 : le cardinal-légat célébra la sainte messe, à laquelle assistaient les consuls, à la tête de tous les corps de l'Etat ; on chanta le *Te Deum* en action de grâces de cet heureux changement. La réouverture des églises se fit dans toutes les provinces et dans toutes les paroisses de France. Des prêtres zélés se répandirent par les villes et par les campagnes, instruisirent les peuples et réveillèrent la foi bien assoupie.

Malgré cette liberté rendue à l'exercice du culte religieux, un grand nombre de paroisses restèrent encore des années sans avoir des curés titulaires, à poste fixe. Les prêtres, après une si vive et si acharnée persécution, étaient devenus rares. Les campagnes durent attendre. Saulx-lès-Chartreux fut de ce nombre. Le service des paroisses était entremêlé de lacunes. Il restait peu de jeunes prêtres dans le clergé; et chaque jour, ces bons vieux confesseurs de la foi, qui avaient survécu à l'orage, prenaient leur vol vers le Paradis. A chaque instant donc, il y avait des vides à combler dans les paroisses, et ce n'était pas toujours facile. Voilà les raisons qui expliquent l'absence d'un curé à poste fixe, à Saulx-lès-Chartreux, jusqu'à l'an 1808.

M. l'abbé Lanusse, le premier, va habiter la trop modeste demeure des anciens vicaires de Saulx. La ci-devant maison curiale a été vendue; elle est devenue maison laïque, civile, particulière; le Saint-Père ayant ratifié cette transaction, c'en est fait à jamais, l'Eglise l'a perdue pour toujours. Oui, ses propriétaires peuvent et doivent dormir tranquilles sur cette vente régularisée par l'autorité souveraine et toute-puissante du Chef des biens de la sainte Eglise de Notre-Seigneur Jésus-Christ.

§ III. — Le nouveau presbytère.

La maison vicariale devenue, hélas! presbytère, est située à l'entrée de l'église du côté méridional. Nous la voyons encore aujourd'hui telle qu'elle était en 1802, sauf une porte de communication avec l'église au rez-de-chaussée et un guichet au premier étage ouvrant également sur le lieu saint. L'un et l'autre ont été bouchés pendant la Terreur; alors que Dieu, par dérision de ces hommes qui chassaient les prêtres et fermaient les églises, leur faisait recarreler et recouvrir, en grande partie à neuf, l'église de Saulx. Les devis de ce travail et les mémoires soldés sont encore aux archives de la préfecture de Versailles. Toutefois, il faut voir à côté de cette ironie de Dieu envers les méchants une consolation et une espérance pour les justes. D'une autre part, cette grande réparation à l'église, au milieu des plus mauvais jours, prouve que Saulx-lès-Chartreux a toujours été bien pensant, en grande majorité.

Le nouvel abri de M. le Curé de Saulx-lès-Chartreux, composé de trois pièces, dont une au rez-de-chaussée et les deux autres mansardées sous le toit, rappelle assez exactement l'étable de Bethléem. Cette modeste cabane est bâtie sur une cave communiquant avec la cuisine au moyen d'un escalier, sorte de précipice béant au milieu de la pièce, et fermé par une espèce de pont-levis, ou large trappe à deux vantaux. Mal close, accessible à tous les vents, sensible à toutes les variations barométriques, sans défense contre l'excessive chaleur et sans garantie contre les plus vifs abaissements du thermomètre, cette grotte mansardée n'était pas suffisamment appropriée aux besoins d'un homme dont la vie, jour et nuit, se passe sans mouvement, ni exercice de corps, assis devant une table chargée de livres ou agenouillé sur son prie-Dieu, mais toujours dans la même atmosphère. La chambre de M. le Curé avait vue sur le sanctuaire de l'église ; un guichet mobile facilitait ainsi de fréquents et doux rapports entre le pasteur des âmes et leur Sauveur présent et vivant dans le tabernacle. C'était un dédommagement d'un prix inestimable pour le ministre du Dieu de l'univers, relégué dans ce petit coin.

Les populations d'alors, hébétées, plus ou moins, par vingt ans d'orgies révolutionnaires et de guerres sanglantes qui appelaient toute la jeunesse au désastreux métier des armes, avaient perdu la foi et le respect de l'autorité divine et humaine. Le discernement et la distinction qu'il y a entre les choses honnêtes et les situations inconvenantes avaient complètement baissé et faibli en elles ; voilà ce qui explique comment les bons habitants de Saulx ont pu laisser, sans honte et sans remords, sept prêtres se succéder dans cette grotte délabrée.

Pendant que le ministre de Dieu vivait pauvre, mal logé, et résigné, à l'exemple de son divin maître, les armées coalisées de toute l'Europe, contre notre malheureuse France, vinrent à Paris. Saulx-lès-Chartreux eut sa part des calamités de cette invasion ; nous en parlerons plus loin avec détail. Ici, qu'il me suffise de rappeler que le presbytère que j'habite a été bâti, en grande partie, avec l'argent resté à la mairie des réquisitions exubérantes faites pour nourrir l'ennemi, mais non consommées, ni réclamées par les ayants droit, après la libération du territoire. La preuve que l'administration municipale d'alors n'a pas mis la lumière sous le boisseau et qu'elle n'est coupable en rien, c'est qu'elle a attendu pendant huit ans des réclamations possibles, qui ne sont jamais venues.

C'est en 1823 que le presbytère actuel sortit modestement du sein de la place publique de Saulx-lès-Chartreux. Ce bâtiment, sans architecture ni style, a douze mètres de longueur sur six de largeur. Son ravalement en plâtre n'a dû offrir aucune difficulté aux manœuvres qui l'ont exécuté. Il se compose de huit pièces, y compris la cave. Au rez-de-chaussée, on admire modérément le salon, la salle à manger et la cuisine. Montez au premier ; voilà un vestibule tout vitré pour vous introduire dans deux chambres spacieuses, enrichies de deux excellentes cheminées. Encore quelques pas et par un escalier tournant vous arrivez à deux autres chambres, qui ont cessé d'être des greniers et même des mansardes par de grandes alcôves fermées et par des armoires établies sur les deux flancs de chaque pièce. Je dois ajouter que les gens difficiles trouvent la cuisine un peu petite ; mais la cave est fort belle. Quand les eaux sont hautes, on s'y promène en bateau.

Ce remarquable hôtel ecclésiastique est bâti entre cour et jardin ; il tourne le dos à la place publique avec laquelle il vit, cependant, en très-bonne intelligence par l'intermédiaire de plusieurs fenêtres qui lui font bonne mine. Cette orientation lui a été donnée, je suppose, pour mieux voir l'église, d'où il tire la plupart de ses consolations ; car là réside dans le tabernacle le maître qui ne permet pas à son disciple d'être mieux que lui. M. le Maire de Saulx qui a fait construire cette maison pressentit, sans doute, qu'il viendrait, pour les successeurs de MM. les abbés Grondard et Brault, des jours mauvais, des quarts d'heure d'injustes taquineries, et des années remplies de bas procédés ; aussi voulut-il qu'elle fût orientée dans le sens du chemin de la croix, qui est à l'église.

Le jardin, d'une contenance de dix ares, se partage entre un parterre, un potager et un petit bois genre bosquet.

L'arrangement de ce jardin ne laisse rien à désirer pour qu'il soit un délicieux petit coin de verdure, ombragé et fleuri, propre au repos, aux récréations, au recueillement, à l'étude et à la prière. Son voisinage avec l'église est d'un prix infini. Du parterre de la cour d'honneur on entre dans le lieu saint; cette admirable proximité est une pressante et incessante invitation; aussi en profite-t-on largement : on est si heureux quand on est chez le bon Dieu, que l'on en sort toujours avec le désir d'y retourner le plus tôt possible.

Depuis quelques années, en visitant le jardin du presbytère de Saulx-lès-Chartreux, on croirait qu'il y a une école de botanique dans le voisinage. Chaque plante est accompagnée de son étiquette. Elles s'y trouvent déjà en nombre relativement grand ; en voici le compte exact: 70 familles, 223 genres et 314 espèces. C'est qu'il se fait ici une étude passionnée de la nature, particulièrement de la botanique. M. le Curé y consacre la moitié de ses loisirs et de ses temps libres. Ce n'a pas été une étude stérile, ni un travail d'égoïste pour lui; car le *Cours de Botanique descriptive* qu'il a publié à Paris, chez M. Palmé, en 1873, outre qu'il a reçu un vif accueil du public, a été diplômé, médaillé et couronné deux fois en public, par des sociétés savantes.

CHAPITRE TREIZIÈME

TABLEAU DES PLANTES, ARBRISSEAUX, ARBUSTES ET ARBRES CULTIVÉS DANS LE JARDIN DU PRESBYTÈRE DE SAULX-LÈS-CHARTREUX.

Année 1880-81.

Cryptogames, Acotylédones, Famille des mousses { Bryes. Fontinales. Hypnes. Lichens.

PHANÉROGAMES

Monocotylédonées	À OVAIRE ADHÉRENT	CANNÉES.........	Canna.........	Speciosa.
		AMARYLLIDÉES..	Galanthus.......	Nivalis.
				— flore pleno.
			Narcissus.......	Pseudo-narcissus.
				Poeticus.
		IRIDÉES.........	Iris.............	Florentina.
				Germanica.
				Id. foliis albo lineatis.
			Gladiolus.......	Hybridus.
	À OVAIRE LIBRE	GRAMINÉES.....	Zea.............	Maïs.
			Anthoxanthum..	Odoratum.
			Bromus.........	Tectorum.
				Sterilis.
				Mollis.
			Phleum.........	Pratense.
			Phalaris........	Picta.
			Poa.............	Annua.
				Trivialis.
				Nemoralis.
			Agrostis........	Vulgaris.
				Stolonifera.
				Spica venti.
			Dactylis........	Glomerata.
			Hordeum........	Murinum.

Monocotylédonées (suite)	**A OVAIRE LIBRE (suite)**	GRAMINÉES (suite)	Alopecurus	Pratensis. Geniculatus.
			Lolium	Perenne.
			Triticum	Dens canis.
			Avena	Elatior. Flavescens.
			Panicum	Tridactyle.
		JONCÉES	Juncus	Communis.
		LILIACÉES	Tulipa	Hortorum.
			Lilium	Candidum.
			Hyacinthus	Odoratus.
			Hemerocalles	Flava.
			Allium	Sativum. Cepa. Ascalonicum. Schœnoprasum. Porrum.
			Asparagus	Officinalis.
			Yucca	Viridis.

Dicotylédonées	Apétales	En chaton	Conifères	Pinus	
				Juniperus	Sabina
			Cupulifères	Carpinus	Rubrifolia
				Corylus	Avellana
			Bétulinées	Betula	Alba
			Salicinées	Populus	Italica
				Salix	Cuprea
			Juglandées	Juglans	Regia
		Non en chaton	Urticées	Urtica	Urens
					Nivea
					Dioïca
				Parietaria	Officinalis
				Humulus	Lupulus
				Ficus	Carica
				Murus	Nigra
			Euphorbiacées	Euphorbia	Lathyrus
				Mercurialis	Annua
				Ricinus	Communis
				Buxus	Sempervirens
			Polygonées	Polygonum	Bistorta
					Aviculare
					Pratensis
				Rumex	Acetosa
					Nemorosus
	Monopétales	Hypogynes	Solanées	Solanum	Tuberosum
					Nigrum
					Dulcamara
				Lycopersicum	Esculentum
				Nicotiana	Tabacum
				Petunia	Hybrida
			Borraginées	Borrago	Officinalis
				Echium	Vulgare
				Anchusa	Officinalis
				Myosotis	Azurea
				Symphitum	Officinale
				Heliotropium	Europaeum
			Apocynées	Vinca	Major
			Polémoniées	Phlox	Drummondi
					Decussata
			Convolvulées	Convolvulus	Arvensis
					Tricolor
			Hydrophyllées	Nemophila	Insignis
			Plantaginées	Plantago	Latifolia
					Longifolia
			Scrofulariées	Verbascum	Lychnis
				Antirrhinum	Majus
					Arvense
				Digitalis	Purpurea
				Gratiola	Officinalis
				Veronica	Spicata
					Arvensis

Dicotylédones (suite)	**Monopétales** (suite)		
		Scrofulariées...	Veronica........ Rustica.
		Bignoniées.....	Bignonia........ Radicans.
		Jasminées......	Jasminum....... Fruticans.
	Hypogynes (suite)	Labiées........	Mentha......... Piperita.
			Salvia.......... Officinalis.
			Thymus........ Serpillum.
			Lamium......... { Vulgaris. Album. Amplexicaule. Arvense. Maculatum.
			Ballota......... Fœtida.
			Teucrium....... Officinale.
			Ajuga........... Repens.
			Lavendula...... Spicata.
			Glechoma....... Hederacea.
		Verbénacées...	Verbena......... { Hybrida. Officinalis.
		Primulacées...	Primula......... Officinalis. Veris.
			Anagallis arvensis..... { Rubra. Cœrulea.
		Campanulées...	Phyteuma....... Repenticum.
	Épigynes	Dipsacées......	Scabiosa........ { Arvensis. Atropurpurea.
			Dipsacus........ Fullonum.
		Lonicérées.....	Abelia.......... Floribunda.
			Symphoricarpos. Racemosa.
			Weigelia........ Amabilis.
			Lonicera........ { Caprifolium. Biflora.
		Sambucées.....	Sambucus....... { Nigra. Laciniata. Racemosa.
			Viburnum...... { Opulus. Sterile. Tinus.
		Rubiacées.....	Asperula........ Odorata.
			Gallium......... { Arvense. Luteum.
		Valérianées...	Valeriana....... Officinalis.
			Valerianella.... Arvensis.
			Centranthus.... { Ruber. Albus.
	Synanthérées	Astéroïdées....	Callistephus.... Sinensis.
			Aster........... { Amellus. Tenuifolia.
			Bellis.......... Annua.
			Dahlia.......... Hybrida.
		Sénécionidées..	Helianthus...... Annuus.

Dicotylédonées (suite)	MONOPÉTALES (suite)	SYNANTHÉRÉES	SÉNÉCIONIDÉES	Tagetes.........	Indica.
				Anthemis.......	Nobilis.
				Pyrethrum......	Parthenium.
				Achillea........	Millefolia.
				Chrysanthemum.	Coronarium.
				Tanacetum......	Vulgare.
				Gnaphalium.....	Dioïcum.
				Senecio.........	Vulgaris.
			CYNARÉES.......	Calendula.......	Arvensis. Hortorum.
				Xeranthemum...	
				Centaurea.......	Cyanum. Montana.
				Carduus........	Marianus.
				Lappa..........	Vulgaris.
				Lampsana......	Vulgaris.
			CHICORACÉES....	Cichorium......	Intybus. Sativum.
				Tragopogon.....	
				Lactuca.........	Sativa.
				Taraxacum.....	Dens leonis.
				Sonchus........	Communis.
	POLYPÉTALES	PÉRIGYNES	OMBELLIFÈRES ..	Anethum.......	Foeniculum.
				Pastinacca.....	Sativa.
				Daucus.........	Carotta.
				Cherophyllum...	Sativum.
				Apium..........	Petroselinum. Graveolens.
				Heracleum......	Spondylium.
			CÉLASTRÉES.....	Evonymus......	Europeus. Sempervirens.
			ARALIACÉES.....	Hedera.........	Helix.
			SAXIFRAGÉES....	Saxifraga.......	Sibirica. Tectorum. Pendula.
			PHILADELPHÉES .	Philadelphus....	Coronarius.
				Deutzia.........	Scabra.
			CRASSULÉES.....	Sedum..........	Album. Telephium.
				Sempervivum...	Tectorum.
			CORNACÉES......	Aucuba.........	Japonica.
			TÉRÉBINTHACÉES	Rhus............	Cotinus.
			PAPILIONACÉES..	Pisum..........	Arvense.
				Phaseolus.......	Vulgaris.
				Cytisus.........	Alpinus.
				Robinia.........	Pseudo acacia.
				Glycyrrhiza.....	Officinalis.
				Colutea.........	Arborescens.
				Lotus...........	Corniculatus.
				Coronilla.......	Emerus.
				Trifolium.......	Repens.

Dicotylédonées (suite)	POLYPÉTALES (suite)	PÉRIGYNES (suite)	PAPILIONACÉES..	Trifolium....... Pratense.
				Medicago....... Lupulina.
				Melilotus....... Officinalis.
				Vicia........... Vulgaris.
				Glycine......... Apios.
				Kennedya....... Rubicunda.
				Cercis.......... Siliquastrum.
				Acacia.......... Floribunda.
			ROSACÉES......	Crataegus....... { Oxyacantha. / Oxyacantha coccin.
				Pirus........... { Glabra. / Domestica.
				Rosa............ { Bengalensis. / Hybrida. / Canica.
				Fragaria........ { Esca. / Hybrida.
				Potentilla....... { Anserina. / Repens.
				Geum........... Officinale.
				Poterium........ Sanguisorba.
				Spiraea......... { Ulmaria. / Filipendulina. / Palmata.
				Malus........... Domestica.
				Prunus.......... Domestica.
				Sorbus.......... Aucuparia.
				Kerria.......... Japonica.
				Cerasus......... Domestica.
				Laurus.......... { Nobilis. / Lauro-cerasus.
			CALYCANTHÉES..	Photinia........
				Calycanthus..... Floridus.
			PORTULACÉES...	Tetragonia...... Alata.
				Portulacca...... { Oleracea. / Hybrida.
			AQUIFOLIÉES....	Ilex............. Aquifolium.
		HYPOGYNES	VIOLACÉES......	Viola............ { Tricolor. / Id. hybrida. / Odorata. / Id. alba.
			CRUCIFÈRES.....	Cheiranthus..... { Annuus. / Cheiri (hybridus).
				Lunaria.........
				Thlaspi......... Annua.
				Hesperis........ Matronalis.
				Brassica........ Oleracea.
				Raphanus....... Raphanestris.
				Cochlearia...... Armoriaca.
				Barbarea........ Vulgaris.

Dicotylédonées (suite)	Polypétales (suite)	Hypogynes (suite)	Crucifères	Erysimum	Barbarea.
				Draba	Verna.
				Capsella	Bursa pastoris.
				Sysimbrium	Vulgare.
			Fumariées	Fumaria	Officinalis.
				Dielythra	Spectabilis.
			Résédacées	Reseda	Odorata. Luteola.
			Papavéracées	Chelidonium	Majus.
				Papaver	Sativum. Rhœas.
			Renonculacées	Clematis	Florida. Viticella.
				Aconitum	Napellus.
				Paeonia	Herbacea. Arborea.
				Ranunculus	Auricomus. Repens. Arvensis.
				Ficaria	Ranunculoïdes.
				Helleborus	Niger.
				Aquilegia	Vulgaris.
			Berbéridées	Mahonia	Ilicifolia.
			Oléacées	Ligustrum	Arvense.
				Fraxinus	Vulgaris.
				Syringa	Vulgaris { rosea. rubra. alba }
			Oxalidées	Oxalis	Floribunda. Acetosella.
			Acérinées	Acer	Pseudo-platanus. Variegatus.
			Hippocastanées	Æsculus	Hippocastanea.
			Tiliacées	Tilia	Grandifolia.
			Malvacées	Althaea	Officinalis. Rosea.
				Malva	Communis. Sylvestris. Lavateri.
			Géraniées	Geranium	Pyrenaïcum. Striatum. Robertianum. Sanguineum. Molle. Pratense.
				Erodium	Vulgare.
				Pelargonium	Hybridum.
			Vitées	Vitis	Vinifera.
				Cissus	Quinquefolius.
			Stellariées	Alsine	Media.
				Cerastium	Vulgare.

Dicotylédonées (suite)	POLYPÉTALES (suite)	HYPOGYNES (suite)	STELLARIÉES....	Stellaria.........	Holostea.
				Saponaria......	Officinalis.
			CARYOPHYLLÉES.	Dianthus........	Moschatus. Sinensis. Barbatus.
				Silene..........	Pendula. Inflata. Dioïca.
			STAPHYLARÉES..	Gypsophila......	Elegans.
				Staphylea.......	Pinnata.
			ONAGRÉES.......	Epilobium......	Spicatum. Molle.
				Œnothera.......	Suaveolens.
				Fuchsia.........	Gracilis.

CHAPITRE QUATORZIÈME

LES REVENUS DE L'ÉGLISE

§ I. — Anciens revenus.

Rentes remboursées à l'église le 12 avril 1808.

Par autorisation de M. le Préfet de Seine-et-Oise, en date du 12 avril 1808, les dénommés ci-dessous ont remboursé les rentes qu'ils faisaient à l'église :

Jean Crecy a remboursé une rente de 8ⁱ 16ʳ par un capital de..................	176ⁱ »».ʳ
Jean Lebourge a remboursé une rente de 5ⁱ par un capital de..................	5 »
Pierre Massy a remboursé une rente de 2ⁱ par un capital de..................	40 »
Bondinet a remboursé une rente de 17ⁱ 6ʳ par un capital de..................	17 10
Aury et consorts ont remboursé une rente de 2ⁱ 10ʳ 6ᵈ par un capital de.........	52 10
A reporter.....	290ⁱ 20ʳ

Report.....	290ᴧ	20ˢ
Marie-Geneviève Massy a remboursé une rente de 1ᴧ par un capital de..........	20	»
Fiacre Crecy a remboursé une rente de 2ᴧ 7ˢ par un capital de...............	47	10
Simon Lemerle a remboursé une rente de 2ᴧ 6ˢ par un capital de...............	40	10
Total.....	397ᴧ	40ˢ

Par autorisation de M. le Préfet de Seine-et-Oise en date du 13 juillet 1808, cette somme de 397ᴧ 40ˢ a été dépensée en réparations dans l'église.

Autres rentes dues à la fabrique et toutes remboursées à différentes époques.

Des biens ruraux ou immeubles que la fabrique possédait avant la révolution de 1793, 10 arpents de terre situés généralement dans les bons chantiers du territoire, principalement à la Couture, ont été adjugés à Versailles en l'année 1791, au sieur Joseph Lem... pour une somme modique, paraît-il, mais que nous ne connaissons pas par des preuves et des documents assez solides pour la signaler dans cette histoire.

Les seuls immeubles de l'église qui ont trouvé grâce devant la cupide rapacité du sieur Joseph Lem... sont les terres sans valeur, les friches et les bruyères du Rocher, c'est-à-dire trois pièces dont elle jouit encore. Leur contenance ensemble est d'un arpent. La plus grande est de cinquante-deux perches plantées, vers 1852, en chêne ; la moyenne contient vingt-huit perches également plantées en bois, essence de chêne, en l'année 1854 ; la plus petite mesure vingt perches plantées en châtaigniers vers l'année 1855. La fabrique a réglé la coupe de ces bois, suivant l'usage du pays, tous les dix ans, environ. Nous arrivons à l'objet principal de ce paragraphe ; je veux dire aux rentes dues après 1808 et remboursées à volonté de la part des débiteurs :

Noms et prénoms.	Rentes			Boisseaux
Angiboust (Denis-Etienne) et autres.	10ᶠ	» ˢ	» ᵈ	»
Aury Etienne dit Lardeur et autres.	4	7	6	»
Aury Etienne le Jeune et autres....	6	10	»	»
Brulé Pierre le père et autres......	10	3	»	»
Beaumont, la vᵉ Noël et autres.....	24	»	»	»
Brière Maurice et autres...........	3	5	»	»
Blondé Louis-Denis................	1	17	6	»
Beaumont Pierre-François et autres.	17	10	»	»
Biort Pierre......................	5	»	»	»
Blondé Louis-Denis et autres......	7	10	»	»
Crecy Fiacre et autres.............	3	9	»	»
Crecy Fiacre et autres.............	»	»	»	6
Chartier Jean-Vincent et autres.....	12	»	»	»
Chatelain François................	5	15	»	»
Chrétien Jean-Baptiste.............	12	»	3	
A reporter.....	123ᶠ	7ˢ	3ᵈ	6

Noms et prénoms	Rentes			Boisseaux
Report.....	123ᴴ	7ˢ	3ᴰ	6
Chrecy Marg., vᵉ Etienne Guezard..	15	»	»	»
Constanty les héritiers............	3	»	»	»
Dujat Jean-Baptiste-Marin et autres.	12	»	»	1
Denys Difs, Pierre-Math. Delalande.	3	10	»	»
» » »	2	13	»	»
Garreau Pierre..................	»	»	»	1 1/2
Guezard Nicolas et autres.........	15	13	»	»
Garouste Jean et autres...........	2	7	6	»
Heurtault, la vᵉ Michel et autres....	9	75	»	»
Henri François et Pierre Henry frères	31	»	»	»
Lemerle, la vᵉ Pierre et autres......	5	12	»	»
» » »	6	11	11	1 1/3
Moreau Marin et autres...........	4	5	»	»
Massy, la vᵉ Etienne.............	3	»	»	»
Mamel Nicolas et autres...........	5	17	6	»
Vallé Claude et autres............	2	13	»	»
Viorne Jean-Louis père et autres...	7	2	6	»
TOTAL.....	256ᴴ	7ˢ	8ᴰ	9 5/6

§ II. — Nouveaux revenus de l'église.

Les capitaux des susdites rentes, au fur et à mesure qu'ils ont été payés à la fabrique, ont été conservés et réunis pour une acquisition ultérieure de rente 3 0/0 sur l'Etat, qui a été opérée vers les années 1844, 45 et 46, sous l'administration pleine de sagesse de M. l'abbé

Brault, de pieuse mémoire. Ainsi, en plusieurs fois la fabrique s'est créé, au moyen du remboursement de ses dernières rentes, un revenu sur l'Etat, égal à celui qu'elle avait en rentes autrefois ; c'est-à-dire 250 fr. qu'elle possède actuellement sur le grand livre du ministère des finances. Les autres ressources de la fabrique sont très éventuelles ; elles consistent dans les sommes résultant des quêtes ou trouvées dans les troncs ; dans le prix de la location des bancs ; dans les droits dont la perception est prescrite par les règlements épiscopaux et autorisée par le gouvernement, notamment dans les mariages et les inhumations. Ces ressources, la plupart du temps, sont insuffisantes pour couvrir les dépenses indispensables au culte divin, telles que : traitement des chantres, du bedeau, blanchissage ou raccommodage du linge, luminaire pour le service divin pendant l'année, encens, entretien de la lampe jour et nuit, pain et vin pour l'auguste et saint sacrifice de la messe, etc., etc.

Le 24 juillet 1866, M. Brault François et son épouse dame Perrot Sophie-Scholastique, de la paroisse de Prunay-sous-Ablis, héritiers de M. l'abbé Brault, ancien curé de cette paroisse, ont fait donation d'une somme de 1.000 fr. à l'église de Saulx, à la condition expresse que les arrérages de ladite somme placée en rentes 3 0/0 sur l'Etat serviront à payer les honoraires de douze messes annuelles et perpétuelles qui seront dites pour le repos de l'âme du susdit défunt.

L'acceptation de cette donation a été faite par la fabrique, en vertu d'un arrêté préfectoral en date du 5 septembre 1877.

L'inscription de cette rente annuelle est de 43 fr., lesquels ne constituent ni profit ni perte pour la fabrique, attendu qu'ils doivent être versés sans réduction en acquit des messes.

Mgr Gros, évêque de Versailles, dont la conscience timorée et scrupuleuse en toutes choses, et particulièrement à l'égard des obligations des fabriques envers les fidèles ci-devant bienfaiteurs des églises, comme on disait pendant la révolution de 1793 qui se targuait follement de poursuivre ces chrétiens jusque dans l'autre monde, en effaçant leurs œuvres pies en celui-ci ; Mgr Gros, disons-nous, régularisa les choses pour certains bienfaiteurs ainsi qu'il suit :

TABLEAU DES FONDATIONS DE L'ÉGLISE DE SAULX-LÈS-CHARTREUX, À LA CHARGE DE LA FABRIQUE, RÉGLÉES PAR ORDONNANCE ÉPISCOPALE EN DATE DU VINGT DÉCEMBRE MIL HUIT CENT-CINQUANTE-DEUX.

1° Deux messes basses pour Simon Massy et Catherine Lalande.................... 2 fr. 50
2° Six messes basses de *Requiem* avec

A reporter...... 2 fr. 50

Report.....	2 fr. 50
De profundis et oraison dont quatre pour Marie Redon, les 22 et 28 septembre, les 15 et 21 octobre ; la cinquième pour Etienne Redon le 6 juillet, et la sixième pour Noël Houssé le 7 juin..................................	7 50
3° Deux messes pour Louis Massy et Louise Gardien...........................	2 50
4° Quatre messes aux quatre temps de l'année pour les bienfaiteurs de l'église.....	5
TOTAL.....	17 fr. 50

Dressé en conseil de fabrique le 2 janvier 1853.

Ont signé les membres du conseil de fabrique présents : MM. Crecy, André Perrot, L.-F. Fleury, Chartier, Durand, Brault, curé.

§ III. — Pillage et destruction du mobilier de l'église, punition des coupables.

Le riche mobilier de l'église de Saulx-lès-Charteux n'a pas été vendu aux enchères publiques, dans le cours de l'année 1793, pour le produit en être versé dans les caisses du district, comme cela s'est fait dans quelques paroisses; non, il a été volé par les gens de sac et de corde qui s'étaient, de leur propre mouvement, glissés à la tête de la commune et des désordres de ce temps-là que l'histoire désigne sous le nom de : « la Terreur. » Les cuivres et les bronzes seuls ont été envoyés au directeur du district de Versailles (1).

Après avoir pillé le plus précieux et le meilleur du butin, ornements ou bijouterie religieuse appartenant à l'église, ils firent porter les vieilleries, les inutilités, les objets usés, mis au rebut depuis longtemps et sans aucune espèce de valeur estimable à prix d'argent, dans la pièce de terre dite *la Petite Couture*, située derrière le cimetière. On avait ramassé avec grand soin jusqu'à la dernière loque, afin que le tas fût plus gros et donnât ainsi le change aux personnes présentes, sur les vols considérables commis. Enfin, pour empêcher tout contrôle, on détruisit par le feu ce simulacre du trésor de la fabrique. Malheureux !... Infâmes voleurs de la pire espèce ! Sacrilèges éhontés ! S'ils pouvaient plus ou moins tromper leurs semblables, à moitié hébétés par la terreur qui régnait partout, ils ne pouvaient

---

(1) Voici la copie d'une lettre qui prouve le cynisme des jacobins administrateurs de Saulx à cette époque :

De Saulx lès ci-devant Chartreux, le 13 nivôse, l'an second de la république française une et indivisible.

   Citoyens,

C'est pour avoir l'honneur de répondre à votre lettre que nous avons reçue au sujet du bois du Curé ; nous vous *font* savoir que nous l'avons disposé la moitié pour la commune et l'autre moitié pour *le Comité de surveillance de notre Commune*.

Et sommes avec fraternité vos concitoyens.

      Le Merle, officier municipal,
       M. TH.

échapper à la justice de celui qui voit tout, jusqu'à nos plus secrètes pensées. Bientôt, ils en eurent de nombreuses et terribles preuves. C'est ainsi que l'on vit, peu de temps après cette destruction par le feu des ornements sacerdotaux, une femme de ce village, réduite à marcher presqu'à quatre pattes comme une bête immonde. Cette malheureuse avait fourni, porté et allumé elle-même la botte de paille qui réduisit en cendres tous les objets bénits témoins des baptêmes, des mariages et des enterrements de plus de vingt générations dans la paroisse de Saulx-lès-Chaitreux. En quelques instants, cette femme, possédée du démon, anéantit l'histoire du passé et tous les plus vénérables souvenirs de son pays natal. C'était vraiment un acte de démence. Et pourtant, il n'est pas facile de l'excuser, puisque Dieu lui-même l'a frappée et en a fait dès ce monde un exemple vivant de sa colère et de sa vengeance.

Le maréchal ferrant du village, homme d'une probité au moins équivoque, ayant cru l'occasion bonne pour se monter de fer à bon marché, alla audacieusement arracher toutes les croix de fer plantées sur les tombes dans le cimetière. Content de cette première expédition, il en prépara bientôt une deuxième, qu'il opéra avec la même facilité. Le chœur de l'église était fermé par des grilles en fer forgé, d'un style et d'une exécution remarquables ; or, sans plus de façon, le susdit maréchal alla chercher ces objets d'art, les coupa par morceaux et en forgea des fers pour les chevaux. Ce fut là le commencement de sa décadence, le signal de tous les maux qui assaillirent le reste de son existence. Il avait mis le comble à ses iniquités ; Dieu était las, et l'avait condamné à traîner une vie douloureuse et humiliée sous les yeux de ses concitoyens, qui avaient entendu ses blasphèmes et qui avaient été les témoins attristés de ses vols sacrilèges. Aussi, très souvent ses voisins lui disaient : « Eh bien, D..., je croyais « que le fer bénit portait bonheur !... enrichis- « sait..... te voilà pourtant bien râpé et bien « ruiné, tant du côté de l'argent que de la « santé. »

Il s'en alla mourir à l'hôpital de Versailles, où la pourriture et la vermine entamèrent son corps avant sa mort.

Puissent la pauvre vieille aux reins cassés, à l'épine dorsale rompue pour toujours, et le hardi maréchal pourri de son vivant, avoir obtenu de Dieu, par ces rudes expiations, pitié, pardon et miséricorde, de manière à finir leur pénitence dans le purgatoire !! C'est tout ce qu'il est possible de leur souhaiter de mieux ; si tant est que la justice de Dieu veuille bien oublier ses droits, jusque-là, vis-à-vis des grands coupables.

Porter et donner jusqu'à la litière de ses lapins

pour détruire, par le feu, les ornements sacerdotaux, les objets du culte religieux est un crime odieux ; briser les croix du cimetière, arracher les portes et la clôture du sanctuaire est un forfait abominable ; mais crever les yeux à la statue de la très sainte Vierge avec un croc ou fourche à deux dents, est un sacrilège, un crime qui n'a plus de nom en aucune langue. C'est l'abominable de l'abominable ! Eh bien, cette œuvre horripilante a trouvé à Saulx-lès Chartreux, pendant la Terreur de 1793, un homme assez scélérat, assez maudit, pour oser la commettre !!! Sa punition ne s'est pas fait attendre, elle a été complète, elle rappelait à la population de Saulx tout entière la nature du crime de ce suppôt de Satan : il devint aveugle pour le reste de ses jours. Ah ! si seulement au moment où les yeux de son corps se fermaient à la lumière du jour, les yeux de son âme et de son repentir se fussent ouverts à la lumière de la justice du Dieu tout-puissant qui le frappait !.. Mais tout, à cette époque, était malédiction et damnation ! Malheur à ceux que Dieu destine pour des temps aussi affreux !...

La Convention ayant décrété la suppression des églises et du culte de Dieu, il fallut mettre autre chose à la place : ce grand vide n'était point facile à combler. Robespierre trouva et ordonna le culte de l'immortalité de l'âme et de la Raison. Pour cela, il fallait des déesses ; on en trouva dans chaque village : ici, on mit pour inaugurer la nouvelle religion une pièce de vin sur l'autel, le ci-devant autel, et une jeune fille parée en courtisane, en libertine, se laissa placer à cheval sur la futaille. C'était elle, la malheureuse ! qui semblait donner le vin que chacun allait tirer à la pièce. Ne vous semble-t-il pas que c'était le culte de l'ignoble, de l'intempérance, de la luxure et de tous les péchés capitaux ? La réflexion, jointe à la grâce de Dieu, fit voir à l'infortunée déesse de la plus grande des folies, sa faute, sa grande faute ; elle revint à Dieu de la manière la plus touchante et la plus solide ; elle devint une ferme chrétienne, une vraie pénitente, une mère de famille modèle pour la vertu, l'acomplissement de ses devoirs religieux ; elle persévéra jusqu'à sa mort dans cette vie de réparation et de perfection religieuse. Aussi nous dirons en pensant à elle : « Bienheureux ceux qui meurent dans le Seigneur. » A cette époque de délire révolutionnaire, la tyrannie la plus barbare régnait en maîtresse jusque dans les moindres villages, la loi des suspects et les comités de soi-disant salut public remplissaient chaque jour les prisons. C'étaient les honnêtes gens qui formaient ces contingents de captifs. La France fut changée en un vaste cachot où furent entassés près de deux cent mille Français. En refusant ou de profaner le dimanche par un travail inconnu jusque-là, ou d'observer la décade, ou d'assister aux solennités patriotiques, on ne risquait rien moins que sa fortune, sa liberté et sa vie. C'est ainsi que, par crainte d'être dénoncés par un brigand ou par un bandit comme mauvais patriotes, beaucoup d'habitants sérieux et honnêtes allèrent manger à la gamelle dans l'église, participèrent aux danses et aux fêtes sataniques qui s'y firent. C'était de la faiblesse; mais les circonstances étaient telles, qu'il y a lieu d'avoir une grande indulgence pour ces infortunés complices du mal. On voit que le personnel de ces bacchanales, commandées et imposées par le comité communal de salut public, n'était pas composé de citoyens bien féroces; car l'église n'a conservé aucune trace de ces orgies révolutionnaires. Dans un grand nombre d'autres paroisses, il en a été autrement : les nervures des arceaux, les culs-de-lampes qui portent les statues, les moulures, les frises, les entablements sont déchirés, meurtris, hachés et déformés de mille manières. Dans l'église de Saulx, toutes ces parties importantes et délicates de son architecture ne portent aucune trace des discours qu'elles ont entendus, et des fêtes qu'elles ont abritées.

Au moment où nous venons de raconter les faits et gestes de la quintessence révolutionnaire de Saulx et leur punition de Dieu en ce monde, en attendant celle qui les attend dans l'autre pendant l'éternité, nous lisons dans la *Semaine religieuse du diocèse et de la ville de Versailles* un article intitulé : *Terrible expiation*. Il va si bien à notre sujet, que nous le transcrivons pour nos lecteurs :

« Au sortir de la dernière guerre (1870) un prêtre, étant entré dans une salle d'hôpital, s'approcha d'un malade couché dans son lit, et dont la figure portait l'empreinte d'une grande paix.

— Vous paraissez vous rétablir, mon ami, lui dit-il ; quelle maladie aviez vous ?

— Des blessures bien graves, répond le malade.

— Elles sont alors en voie de guérison, car votre calme annonce que bientôt vous pourrez sortir d'ici.

Le malade sourit.

— Voyez plutôt, dit-il, levez un peu la couverture.

Le prêtre la soulève et frémit en voyant que cet infortuné n'a plus de bras.

— Quoi ! dit le malade, vous reculez pour cela ? levez encore la couverture. Le prêtre la lève. Le blessé n'a plus de jambes.

— Ah ! s'écrie le ministre de Dieu, combien je vous plains !

— Ne me plaignez pas, je n'ai que ce que je mérite ; c'est ainsi que j'ai traité un crucifix. Un jour, mes camarades et moi nous rencontrâmes une Croix portant l'image de Notre-Seigneur crucifié; chacun de nous de l'insulter à l'envi. Excité par ces plaisanteries, je voulus faire plus que les autres ; je grimpai comme je pus contre la Croix, je brisai les bras et les jambes du crucifix : il tomba. A la première décharge de l'ennemi, je fus réduit à l'état où vous me voyez. Dieu punissait ainsi mon sacrilège. Qu'il soit béni, s'il daigne me faire expier mon crime en ce monde et m'épargner en l'autre ! »

(*Semaine religieuse* du 28 novembre 1880.)

CHAPITRE QUINZIÈME

LE CIMETIÈRE

Le cimetière (du grec *coimétérion* qui signifie *dortoir*, lieu où l'on dort) est donc le dortoir des morts. Chaque cercueil, sous la terre, l'herbe ou les fleurs, est comme le lit où gît le corps d'un chrétien endormi. Ouvrons les saintes Écritures, elles ne nous tiennent pas un autre langage sur les habitants de l'autre monde : *Ceux qui dorment dans la poussière*, dit le prophète Daniel, *se réveilleront un jour*. Que dit Job à son tour ? le voici : Au dernier jour *je me réveillerai et je sortirai de la terre où l'on m'aura enseveli; mes membres se recouvriront de leur peau et je verrai Dieu dans ma propre chair*. Le Seigneur lui-même dans l'évangile de saint Jean nous dit: *Je suis la résurrection et la vie ; celui qui vit en moi ne mourra pas pour toujours :* après *qu'il aura été mort, il reviendra à la vie*.

Le champ de la résurrection ! oh ! que cette pensée doit nous inspirer de respect pour cette terre bénite et funèbre où stationnent tant d'objets aimés et chéris ! La résurrection ! Quel espoir elle apporte au cœur affligé qui ne saurait trouver ailleurs qu'au cimetière l'ami qu'il regrette ou le frère qu'il pleure ! Oui, pleurons en accompagnant nos parents au cimetière ; mais ne pleurons pas comme si nous étions sans espérance ; puisque un jour, quand Dieu réveillera tous ces ossements, nous retrouverons et nous verrons ceux que nous avons aimés. C'est Dieu qui nous l'a promis.

On rencontre çà et là des gens qui voudraient bien qu'il n'y eût pas de résurrection ; ce sont les mauvais chrétiens, renégats de la foi qui ont foulé aux pieds, toute leur vie, les promesses de leur baptême et les serments de leur première communion faits à la face du ciel et de la terre. Dans cette classe vous trouverez, en tout temps et tout pays, les assassins, les voleurs, les adultères, les incendiaires, les empoisonneurs, les incrédules, les athées, et les impies de toutes nuances : ceux-là ont des motifs pour désirer l'anéantissement d'eux-mêmes après cette vie. C'est pourquoi on les entend dire : « Il n'y aura pas de résurrection ! Quand on est mort, tout est mort !..... » Oh ! les insensés !..... Le vice et le crime leur ôtent le sens de la vérité. Laissez, laissez parler ces mécréants ! laissez-les se croire semblables aux animaux privés de raison ; ils sont abrutis, puisqu'ils ne savent même plus que, depuis l'origine du monde, l'oiseau fait toujours son nid de la même manière ; que le renard emploie invariablement les mêmes ruses pour saisir sa proie ; que tous les animaux aiment la chaleur du foyer ; mais que pas un d'eux ne pensera ou n'essayera à entretenir le feu ; tandis que l'homme intelligent, raisonnable, image vivante de Dieu par son âme immortelle, marche à pas de géant dans la voie du progrès et qu'il s'avance dans la vie de découverte en découverte. D'un autre côté, l'homme seul, de toutes les créatures de Dieu, est libre. Le soleil est-il libre de se lever au couchant ? non ! Le tigre est-il libre d'avoir la douceur de l'agneau ? non ! C'est que tous les animaux sont soumis à des lois dont ils ne peuvent s'écarter. Ce sont des esclaves. Mais Dieu attend de l'amour et de l'intelligence de l'homme l'acomplissement de la loi qu'il lui a imposée. De là vient son mérite et son droit à une récompense : en un mot, son immortalité et la nécessité de sa résurrection.

Le chrétien a des idées plus justes, plus droites, plus élevées ; il ne se creuse pas le cerveau pour savoir comment celui qui s'est ressuscité lui-même le troisième jour après sa mort s'y prendra pour ressusciter ses disciples ; il croit et il attend plein de confiance. Oh ! vraiment, pourrions-nous craindre de trouver en défaut cette puissance infinie qui *de rien* à fait tout ce que nous voyons !..

Soyons sans inquiétude, celui qui s'enveloppe de la lumière comme d'un vêtement ; celui qui a étendu le ciel comme un vaste pavillon ; celui qui déchaîne les vents, qui forme les nuées, qui marche sur les ailes de la foudre et fait gronder son tonnerre ; celui qui fait sortir d'un œuf un petit poulet ; celui qui avec de la poussière a formé le corps du premier homme, pourra bien encore, quand il le voudra, retirer de la poussière toutes les générations qu'il aura créées dans le temps, pour les faire revivre dans son éternité. Mais une fois arrivées là, ce sera pour toujours !..
— Attention ! la chose en vaut grandement la peine.

L'origine du cimetière de Saulx-lès-Chartreux se perd dans la nuit des temps. La terre de sa surface, sur une contenance de près de trois mille mètres carrés, est tellement mélangée d'ossements humains, jusqu'à une profondeur de trois mètres, qu'il paraît au moins probable que cet antique dortoir religieux n'est pas moins ancien que l'église : alors, disons huit cents ans!!!...

Le cimetière, parfaitement clos de murs en bon état, est accessible par deux portes, une grande et une petite. Il est situé à une vingtaine de mètres du chevet de l'église, sur le bord du chemin du Rocher. Par son extrémité est, il tient au jardin de M. Denis Perrot ; au midi, il longe le sentier de Saulxier ; et au nord, son mur est mitoyen avec le jardin de M. Baillon. Il est divisé en six carrés, séparés par des allées sablées. Des arbustes et des arbrisseaux sont plantés çà et là sur les tombes. Une croix de pierre s'élève au centre de cette vaste nécropole. En sa qualité d'ancien curé de cette paroisse, M. l'abbé Brault a été inhumé aussi près que possible de ce signe auguste de notre rédemption.

Sur une modeste plaque de marbre blanc, attachée à la base de la croix, est gravée cette inscription funèbre :

Beati qui in Domino moriuntur
ICI REPOSE LE CORPS
DE PIERRE-SIMON BRAULT,
CURÉ DE CETTE PAROISSE,
PENDANT 24 ANS,
NÉ A PRUNAY-SOUS-ABLIS,
DÉCÉDÉ LE 15 JUILLET 1866,
DANS SA 61ᵉ ANNÉE

IL FUT LE MODÈLE DE TOUTES LES VERTUS SACERDOTALES QUE SES PAROISSIENS ONT SU APPRÉCIER ; LEURS REGRETS FONT DE LUI LE PLUS PRÉCIEUX ÉLOGE.

Requiescat in pace.

A quatre mètres environ du calvaire, dans la grande allée, se trouve cachée sous le sable la pierre tombale de M. l'abbé Cornu, curé de cette paroisse. Cette tombe incline de gauche à droite, parce que l'allée principale du cimetière a subi une déviation.

Voici l'épitaphe du monument de M. l'abbé Cornu :

CI-GIT
MESSIRE B. CORNU, VIVANT CURÉ DE CE LIEU,
DÉCÉDÉ LE 25 OCTOBRE 1752,
QU'IL AVAIT GOUVERNÉ AVEC ZÈLE ET ÉDIFICATION
PENDANT 26 ANS
AGÉ DE 56 ANS

Requiescat in pace.

Dans les concessions à perpétuité, on lit sur une pierre pyramidale de marbre blanc :

A
JEAN-BAPTISTE-JOSEPH
MÉLAND

IL SERA ACHETÉ PAR MA SUCCESSION UNE INSCRIPTION DE RENTE ANNUELLE ET PERPÉTUELLE DE CINQ CENTS FRANCS, SUR LE GRAND LIVRE DE LA DETTE PUBLIQUE DE FRANCE, EN FAVEUR DE LA COMMUNE DE SAULX-LÈS-CHARTREUX.

CETTE RENTE SERA AFFECTÉE D'ABORD A L'ACHAT, A LA RÉPARATION ET A LA PLANTATION DE MON MONUMENT FUNÈBRE, ET ENSUITE L'EXCÉDANT DE CET ARGENT DEVRA ÊTRE CONSACRÉ AU SOULAGEMENT DES INDIGENTS DE LA COMMUNE. LA DOUBLE DESTI-

NATION DE CETTE FONDATION NE POURRA EN AUCUN CAS ET SOUS AUCUN PRÉTEXTE ÊTRE CHANGÉE.

(Extrait du testament et codicille de M. Méland, gravé sur sa tombe.)

On a trouvé ce brave homme mort dans sa maison, ayant un poignard planté dans le cœur. A côté de ce deuxième coup, il y en avait eu un premier. Non seulement le poignard était resté dans la plaie, mais la redingote du défunt avait été soigneusement boutonnée sur l'instrument du crime, enfoncé jusqu'à la garde. Malgré ces circonstances qui prouvent, on ne peut plus clairement, que ce généreux bienfaiteur du pays a été assassiné, la police du temps a trouvé plus facile, pour en finir promptement avec les formalités compliquées de la justice, de dire : « Il s'est suicidé. » C'est ainsi que, sans mauvaise intention, l'on peut verser l'infamie et le déshonneur sur un homme de bien, surtout quand son cadavre n'est entouré que de mercenaires, n'ayant rien à gagner à empêcher le chat de dormir.

M. Méland n'avait qu'une fille ; elle était religieuse dans un couvent, loin de lui. Il avait laissé percer, dans un entourage intime, dit-on, de trop vieille date, l'intention qu'il avait de fonder à Saulx-lès-Chartreux un hospice avec le revenu et le capital de tous ses biens et de placer sa fille à la tête de cette institution.

Cette indiscrétion fut son arrêt de mort. Quelque temps après il tombait sous la main d'un assassin. Voilà la vérité sur la fin tragique de M. Méland. Mon devoir d'historien m'obligeait à venger l'honneur trop légèrement souillé de ce bienfaiteur des pauvres de notre paroisse.

Au fond du cimetière, en face de la grande allée, a été construit un monument qui encadre un buste de marbre : c'est le tombeau de M. Jacot, ancien architecte de Sa Majesté Nicolas, empereur de toutes les Russies. Ce Français a su mériter la confiance de ce grand souverain qui l'éleva à la dignité d'architecte de ses palais. On lit sur sa tombe :

JACOT

JOSEPH-LOUIS-PAUL

ARCHITECTE

NÉ LE 1ᵉʳ MAI 1798, MORT LE 29 OCTOBRE 1863.

LE DON DE DIEU C'EST LA VIE ÉTERNELLE EN
JÉSUS-CHRIST NOTRE-SEIGNEUR.

(ROM., VI, 23.)

Sur la pierre couchée du même monument on lit ces mots :

JACOT

EDOUARD-LOUIS-PIERRE

ARCHITECTE, MAIRE DE CETTE COMMUNE

DÉCÉDÉ LE 16 OCTOBRE 1837

A L'AGE DE 75 ANS

On avait de lui, à Paris, la construction du grenier d'abondance; mais brûlé, par les incendiaires de la Commune, en 1871, il a été rebâti depuis, sur l'ancien plan modifié.

Nous parlerons ailleurs de l'administration de M. Jacot, mais ici doit trouver place la cause de sa mort.

M. Jacot avait, paraît-il, la prudente et excellente habitude de ne pas sortir le soir sans avoir à la main un falot vraiment magistral. Or, un jour, en rentrant d'une soirée qu'il avait passée chez M. Leroy il aperçut trois individus qui sortaient de chez lui, et au même instant, une énorme pierre vint le frapper très douloureusement dans le côté droit du ventre. En rentrant dans sa maison, il vit que sa chambre à coucher avait été visitée. Plusieurs objets de prix avaient été brisés. Il ne tarda pas à reconnaître que le vol n'avait pas été le mobile de ces dégâts; mais la haine et la vengeance. Un maire de commune est tant exposé sur ce point, surtout aux époques de convulsions sociales, quand le peuple est agité et fiévreux ! M. Ja	 garda en grande partie pour lui le secre	 oup qu'il avait reçu et du sac de sa cham	. Néanmoins, quinze mois plus tard, en revenant du Rocher, où ses fonctions de maire l'avaient appelé, il s'affaissait sur le chemin, mourant entre deux amis, en face de la mairie actuelle. Le dépôt formé dans son corps venait de se déchirer.

Parmi les fosses communes, nous rencontrons la modeste tombe d'un élève du petit séminaire de Versailles. Voici ce que nous lisons sur l'humble pierre qui rappelle le souvenir de ce cher enfant du sanctuaire :

ICI REPOSE LE CORPS
DE ADAM-SIMON MORIN
ÉLÈVE DE QUATRIÈME AU PETIT SÉMINAIRE
DÉCÉDÉ A VERSAILLES DANS SA 18ᵉ ANNÉE
LE 15 JANVIER 1872
NE PLEUREZ PAS SUR MOI
MAIS SUR VOUS-MÊMES

PRIE LA HAUT POUR LA PAROISSE
QUE TU AS ÉDIFIÉE

CONSUMMATUS IN BREVI, EXPLEVIT
TEMPORA MULTA

Au bas de la tombe jumelle de la famille Roux et Henri, nous lisons cette commémoration du souvenir de la bienfaisance multiple et inépuisable de Mᵐᵉ Roux :

LEGS PARTICULIER DE Mᵐᵉ ROUX :
JE DONNE AU BUREAU DE BIENFAISANCE DE SAULX-LÈS-CHARTREUX SIX CENTS FRANCS DE RENTE TROIS POUR CENT, SUR L'ETAT FRANÇAIS, QUI SERONT INSCRITS AU NOM DUDIT BUREAU DE BIENFAISANCE ET QUI LUI APPARTIENDRONT EN TOUTE PROPRIÉTÉ.

Parmi les tombes du cimetière, nous trouvons celle de Barthélemy-Joseph-Fulcran Roger, artiste graveur des plus distingués.

Roger naquit à Lodève le 20 mai 1770 et mourut le 4 mai 1841 à Saulx-lès-Chartreux.

Il a gravé l'œuvre de Proudhon et a laissé d'autres travaux qui lui assurent un rang parmi nos fameux graveurs.

Un entourage en fer placé à l'angle nord-est du cimetière nous rappelle l'occupation du village de Saulx par l'armée allemande victorieuse de l'empereur Napoléon III (1870-71).

Nous lisons sur une plaque de fonte attachée à ce grillage carré :

TOMBES MILITAIRES
LOIS DU 4 AVRIL
1873

Les autres monuments appartiennent à diverses familles de la paroisse. Ils rappellent simplement et chrétiennement le souvenir des personnes défuntes à la mémoire desquelles ils ont été élevés.

Nous aimons à le dire pour que la postérité n'en ignore, le culte des morts n'est pas moins en vénération ici qu'à Paris, où il est si beau et si remarquable. Chaque fosse est enrichie d'une pierre sépulcrale, ou elle est recommandée à la piété des passants par une croix. Des plantes de toutes espèces ornent les tombeaux; elles y sont cultivées, soignées et entretenues avec zèle. Oui, ce champ sacré et bénit du repos éternel est parsemé de monuments funèbres rappelant aux vivants le souvenir de ceux qui ne sont plus sur la terre; mais qui ressusciteront un jour, en corps et en âme, pour vivre, espérons-le, avec les saints dans le paradis, et non avec les démons en enfer.

Le cimetière, c'est le séjour de la vérité toute crue; aussi aimons-nous à rappeler ces paroles de saint Paul aux Romains, que nous avons relevées sur une tombe, les voici :

LE DON DE DIEU, C'EST LA VIE ÉTERNELLE EN JÉSUS-CHRIST NOTRE-SEIGNEUR.

BEATI QUI MORIUNTUR IN DOMINO.

BIENHEUREUX CEUX QUI MEURENT DANS LE SEIGNEUR.

REQUIESCANT IN PACE

Qui dira le nombre de siècles écoulés depuis que ces pieuses paroles retentissent dans le cimetière! Oui, depuis huit siècles au moins, ce souhait de paix et de miséricorde est exprimé, à chaque instant, pour les générations nombreuses qui dorment dans cette terre sainte. Depuis huit cents ans, que d'eau bénite répandue, que de larmes versées sur ces tombes muettes ! Que de fois le drap mortuaire a parcouru les allées funèbres de ce champ du deuil consterné et de l'espérance chrétienne ! Depuis huit cents ans, que de fois la pioche du fossoyeur a résonné parmi ces mornes demeures; que de fosses ouvertes; que de croix plantées, que de familles entières sont là ensevelies, dans ce dortoir des corps inanimés, je veux dire séparés momentanément de leurs âmes !

Il est difficile de visiter un cimetière sans se rappeler cette terrible sentence que Dieu jeta à la face d'Adam prévaricateur : « *Tu es poussière et tu retourneras en poussière.* » C'est la mort qui entre dans ce monde en punition de la désobéissance de notre premier père. Ainsi violez donc la loi de Dieu! faites donc peu de cas de ses commandements, voilà ou ça vous conduit..... Vous comprenez bien, n'est-ce pas, lecteur? que c'est au malheur et à la malédiction éternels.

L'aspect d'un cimetière est sombre; il donne des pensées graves et sérieuses au plus étourdi. N'allez pas les repousser, c'est la miséricorde de Dieu qui parle à votre cœur; ici vous raisonnez juste, tout ce que vous pensez est vrai. Un jour, vous dites-vous, je reposerai moi-même sous cette terre..... Une croix de bois ou une dalle de pierre indiquera ma place et dira mon nom aux passants et leur demandera l'aumône fraternelle et chrétienne d'un *requiescat in pace*..... Un jour qui arrivera plus tôt que je ne pense, on viendra verser des pleurs sur ma fosse....., Tout cela est vrai, tout cela est inévitable et prochain. Gardons ces précieuses pensées, elles nous aideront à suivre le bon chemin : celui de la foi et de la religion, en nous rappelant que nous ne sommes, hélas! qu'un peu de poussière sur cette terre quand notre cœur a cessé de battre..... et que Dieu a rappelé notre âme à lui et l'a jugée pour l'éternité.

CHAPITRE SEIZIÈME

QUELQUES DROITS ET MESURES D'AUTREFOIS

§ I. — Anciens droits féodaux.

Les anciens seigneurs de Saulx-lès-Chartreux avaient droit de *haute, moyenne* et *basse* justice, et exerçaient cette triple juridiction sur toute l'étendue de leurs domaines : comme *Hauts-justiciers*, ils connaissaient de tous les crimes — excepté les cas royaux — commis dans le ressort de leurs seigneuries, soit qu'ils n'emportassent qu'une peine pécuniaire, soit qu'ils méritassent une peine afflictive ou infamante ; les appels de leurs jugements étaient portés devant les baillis et sénéchaux du roi, quand ils relevaient immédiatement de ce dernier ; dans les cas contraires, c'était devant les seigneurs suzerains en matière civile et devant les parlements en matière criminelle. Disons de suite, à la louange du pays et des seigneurs, que les anciens de Saulx-lès-Chartreux n'ont jamais, *de mémoire d'homme*, entendu parler de jugements et d'appels de ce genre. Comme *Moyens-justiciers*, ils connaissaient aussi de toutes les causes civiles ; mais en matière criminelle leur compétence, réglée par un arrêt de la cour du roi, en 1268 (1), ne comprenait que le *sang* et le *larron*, c'est-à-dire les blessures entraînant effusion de sang et le vol non qualifié. Enfin, comme *Bas-justiciers*, ils avaient la connaissance de toutes les affaires personnelles, des différends entre particuliers et des questions relatives aux cens, rentes, transmissions d'héritages, etc. Ces trois degrés de juridiction correspondaient à nos tribunaux actuels de cours d'assises, de tribunaux civils ou correctionnels et de justices de paix.

En réalité, les institutions sont restées les mêmes, la forme et les noms seuls ont varié.

Les seigneurs *Hauts-justiciers* avaient le droit de faire la police dans tous les lieux dépendant de leur juridiction, et de nommer des officiers de justice pour veiller à l'exécution des lois et règlements et au maintien de l'ordre et de la tranquillité. Ces officiers formaient une espèce de tribunal local composé d'un lieutenant exerçant les fonctions de juge, d'un procureur fiscal remplissant celles de ministère public, d'un greffier et d'un sergent faisant fonction d'huissier près la

(1) Extrait de *Olim*, par le comte Beugnot.

justice seigneuriale. Ce tribunal tenait ses audiences dans une dépendance de la Chartreuse qu'on appelait l'*Auditoire*. Des plaids généraux s'y tenaient chaque année, au mois d'octobre, sous la présidence d'un délégué du général de la Chartreuse de Paris ; tous les habitants y assistaient convoqués par les soins du sergent ou huissier ; ceux qui ne s'y rendaient pas étaient passibles d'une amende. Dans ces plaids généraux, après l'appel et le jugement des affaires civiles ou criminelles, on faisait lecture, à tous les habitants assemblés, des lois et règlements de police, en leur enjoignant de s'y conformer, on réformait les abus que l'ignorance ou la prévarication pouvaient avoir introduits dans la société, on s'informait de quelle façon la justice était rendue, on recevait et on examinait les plaintes de ceux qui en avaient à faire, on s'occupait des affaires communales, et les questions pendantes étaient toujours réglées à la satisfaction de tous. C'était là l'idéal de l'administration paternelle et populaire que l'abolition des anciennes coutumes et la centralisation du régime administratif et judiciaire ont fait disparaître de nos mœurs. Nous admirons ce que nous avons, parce que trop souvent nous sommes dans une ignorance complète de ce que nous avons perdu. Malgré tout, nous regrettons ces assemblées générales où la justice était rendue et où les intérêts de la commune étaient discutés en public, sous les yeux de tout le monde. Tel est le régime de liberté, d'égalité et de fraternité sous lequel les ancêtres de ce pays ont vécu.

Banalités. — Sous l'ancien régime, on nommait ainsi les droits qu'avaient les habitants des dépendances du seigneur de faire moudre leur grain à son moulin, de faire cuire leur pain à son four, de pressurer leur vendange à son pressoir, moyennant une faible rétribution ou redevance qu'il fixait ordinairement lui-même. C'étaient là les banalités les plus communes et qui, dans beaucoup d'endroits, ont donné lieu à l'établissement de moulins, de fours et de pressoirs banaux. Le moulin à eau établi sur l'Yvette, un four monté dans la maison de M. Perrot Denis et un pressoir dans les bâtiments de la Chartreuse, étaient à la disposition des habitants de Saulx-lès-Chartreux, pour moudre leur grain, cuire leur pain et pressurer leur vendange. Les rétributions ou redevances perçues indemnisaient à peine le propriétaire des frais qu'il était obligé de faire pour la construction et l'entretien de son moulin, de son four et de son pressoir. Ce triple établissement était un bienfait considérable pour tous les habitants, sans aucune exception. Comme tous les droits féodaux, les droits de banalité furent abolis par l'Assemblée constituante, le 15 mars 1790.

§ II. — Anciennes mesures.

Avant la Révolution, la commune de Saulx-lès-Chartreux n'avait pas de mesures qui lui fussent propres; les habitants, dans leurs transactions, se servaient de celles de Paris pour l'évaluation des longueurs et le mesurage du bois; pour énoncer la contenance des biens ruraux; pour les grains, les légumes et les vins. Voici la nomenclature de ces différentes mesures, avec leur évaluation en mesures métriques.

Mesures de longueur.

La *toise* de 6 pieds.....................	1^m 949^{mm}
Le *pied* de 12 pouces...................	» 325
Le *pouce* de 12 lignes...................	» 0271
La *ligne* de 12 points...................	» 0023

Les tisserands, pour le mesurage de la toile, se servaient de *l'aune de Paris*, de 3 pieds 7 pouces 10 lignes 5/6, valant en mètres 1, 188.

Mesures de surface.

La *toise carrée*.....................	3^m 798743^{mm}
Le *pied carré*.....................	» 105521
Le *pouce carré*.....................	» 000733
La *ligne carrée*.....................	» 000005

Mesures de volume.

La *toise cube* pour le mesurage des moellons avait 12 pieds de longueur, 6 de largeur et 3 de hauteur ; le cube représentait 216 pieds ou 7 mètres cubes 404.

Mesures agraires.

Cette mesure consistait en une *chaîne* de 18 pieds avec laquelle on mesurait les terrains.

	Ares	Cent.
L'*arpent* de 100 perches carrées valait	34	19
Le *demi-arpent* de 50 perches carrées valait	17	9
Le *quartier* de 25 perches	8	55
La quarte de 12 perches 1/2	4	22

Mesures de capacité pour les grains et légumes.

Le *muid de blé*, équivalant à 12 hectolitres 80 litres 9/10, correspondait à 8 septiers du poids de 240 livres.

	litres	cent.
Le *septier* était de douze boisseaux et valait	102	47
Le boisseau contenait	8	54
Le demi-boisseau contenait	4	27
Le quart de boisseau contenait	2	13 50

Les boisseaux se mesuraient *ras* pour les grains et *combles* pour l'avoine, les fruits et les légumes.

Mesures de capacité pour les vins.

Pour les vins, la *pièce* contenait 32 *veltes* équivalant à 228 litres.

	litres	cent.
La *velte* de 8 pintes contenait.............	7	50
La *pinte*...............................		93
La *chopine*............................		47

Mesures pour les bois de construction et de chauffage.

Le bois de construction se vendait à la *solive*. Cette unité représentait une pièce de bois longue de 12 pieds et ayant 6 pouces sur 6 d'équarrissage, laquelle se divisait en 6 pieds qui se nommaient *pieds de solive*, le pied en 12 pouces et le pouce en 12 lignes ; elle équivalait à 3 pieds cubes ou 1 décistère 028.

Le bois de chauffage se mesurait à *la corde* à laquelle on donnait soit 8 pieds de longueur sur 5 de hauteur; soit 16 pieds de couche sur 2 pieds 1/2 de hauteur et en donnant à la bûche 3 pieds 6 pouces de longueur, le cube représentait 140 pieds ou 4 stères 80.

S'il s'agissait du *bois de deux tiers*, ou de 28 pouces de longueur, le cube ne représentait que 93 pièces 1/3, ou 3 stères 20.

Les *copeaux* se vendaient à la toise ou pavillon avec comble, ayant quatre pieds de côté sur chaque face, soit 64 pieds cubes ou 2 stères 10.

Poids et monnaies.

On se servait de la *livre, poids de marc*, qui se divisait en 16 *onces*, l'once en 8 *gros*, et le gros en 72 *grains*. Cette livre valait 489 grammes 51, le gros 3 gr. 82 et le grain 0 gr. 053.

La *livre tournois* se décomposait en 20 *sols*, le sol en 12 *deniers*. Cette livre ne valait que 99 centimes de notre monnaie actuelle ; elle a cessé d'avoir cours légal à partir du 1er vendémiaire an VII (23 sept. 1799).

Ces différentes mesures furent abolies en 1795 et remplacées par des mesures décimales que la Convention nationale, par la loi du 18 germinal an III, rendit obligatoires dans toute la France. Son application, dans le début, rencontra de grandes difficultés, tant dans les habitudes commerciales que dans l'esprit de routine, mais que le temps et l'instruction plus répandue ont complètement aplanies. La loi du 4 juillet 1837, en les rendant de nouveau obligatoires à partir du 1er janvier 1840, a doté définitivement le pays d'un système de mesures, dont le mécanisme et l'ingénieux enchaînement font l'admiration de tous les peuples.

CHAPITRE DIX-SEPTIÈME

ÉCARTS OU HAMEAUX DE SAULX-LÈS-CHARTREUX

§ I. — Ville-Dieu et Saulxier.

Les écarts de Saulx-lès-Chartreux sont les hameaux de la *Ville-Dieu,* plus anciennement la *Ville-Gueux* (cet écart s'est tellement rapproché du bourg principal qu'il se confond aujourd'hui avec lui, au point qu'il n'existe pas entre leurs constructions la moindre solution de continuité), et *Saulxier* dont le nom dénote clairement le *Petit-Saulx.* On l'a écrit diversement : *Sauxiers, Saussières* et *Sauciel. Guillaume de Sainte-Marie,* chanoine de Saint-Martin de Tours, depuis chancelier de France, dit dans son testament, rédigé au mois de janvier 1334, que pour les vingt boursiers dont il projetait l'établissement dans son hôtel de Paris, il lègue sa maison nommée *le Sauciel,* dont il a fait l'acquisition de l'évêque de Lisieux. Ce dignitaire ecclésiastique vivait encore en 1336, année où il traita avec *Jeanne de Breta-*

gne des biens possédés à Sauciel par cette princesse. *Thibault de Bourmont* donna, en 1379, sa terre seigneuriale de Sauciel au prieuré du Val des Ecoliers de Paris pour la fondation d'une chapelle du titre de Saint-Fiacre, dans l'église de leur communauté (1). *Adam de Emis*, curé de Longjumeau, fit don à ce même prieuré d'une maison et de quelques pièces de vigne qu'il possédait à Saussiel (2). Aujourd'hui, on dit et on écrit Saulxier.

Saulxier avec ses chemins creux, ses buissons d'épine blanche et noire, et ses plants d'arbres fruitiers, présente la physionomie d'un bocage vendéen. Ce gracieux hameau, couché au pied d'une colline, est bâti sur le ruisseau d'Amoyard. Trente-sept maisons le composent : vingt sont à droite et dix-sept à gauche de son unique rue, qui se déroule du midi au nord, ayant un lavoir public à chaque bout. Sa population n'est que d'une centaine d'habitants. Le parc de Mont-Huchet, qui le sépare de l'église, lui sert de limite et de point d'appui de ce côté. A trois maisons près, il est aussi large que Saulxier est long. Ce hameau, si pittoresque et si agréable en été, n'est accessible en hiver que par le chemin vicinal n° 7, qui le met en communication avec

---

(1) Le P. Quesnel, *Histoire manuscrite du prieuré*, conservée à la bibliothèque Sainte-Geneviève.
(2) Même ouvrage.

le pavé carré de Saulx à Longjumeau. Quant aux quatre chemins de terre qui rayonnent circulairement à sa base méridionale, allant soit à Saulx, soit au Rocher, à la Ville-du-Bois ou à Ballainvilliers, ils sont d'un accès impossible. Son sol, argileux entre les ruisseaux de Chauffour et d'Amoyard, devient limoneux en tournant vers Longjumeau, sablonneux en montant la colline jusqu'à la route de Paris à Orléans, et graveleux en descendant vers la base du Rocher de Saulx.. Avant la désastreuse gelée des pommiers en 1880, Saulxier ressemblait à un joli nid construit au milieu d'un vaste et riche verger où la verdure, les fleurs et les fruits se succédaient suivant les saisons. Sa distance de Saulx par le chemin vicinal n° 1 est de mille mètres.

Ce hameau a été habité de longues années par M. *Henri Didot,* fils de Didot le jeune, né à Paris en 1765. Il s'y est éteint le 8 juillet 1852, et a été inhumé à Paris. Il suivit la carrière de son père avec non moins d'éclat. Henri Didot a été l'inventeur de la fonderie polyamatype, au moyen de laquelle on peut promptement exécuter des fontes complètes et assorties. Son premier essai, en 1783, fut une *Imitation* in-8°. Elle lui valut une médaille d'or à l'exposition de 1819, et depuis, la croix de la Légion d'Honneur. C'est à ce typographe ingénieux qu'est dû, de concert avec son cousin, *Firmin Didot,* le dessin et la gravure des assignats de la Constituante, de la Législative et de la Convention. Nous ne pouvons oublier de mentionner le bel *Horace* microscopique sorti de ses presses. Il se retira des affaires en 1830, et vécut depuis presque constamment dans son petit manoir de Saussiel, que M. *Gelis-Didot*, banquier à Paris, un de ses petits-enfants, habita après lui et vendit à M. Salé.

Entre les mains de M. Feray, acquéreur de M. Salé, cette propriété resta la même, comme contenance et dimension ; mais elle reçut des améliorations considérables en restauration et en embellissements, en sorte que l'ancien manoir féodal de Guillaume de Vaugrigneuse, au treisième siècle, de Thibault de Bourmont, au quatorzième, et du prieuré du Val-des-Ecoliers, à l'époque de la Révolution, est aujourd'hui, avec une physionomie complètement moderne, une très confortable maison bourgeoise. La maison d'habitation se compose d'un triple corps de bâtiment : c'est un pavillon à un étage au-dessus du rez-de-chaussée, flanqué, à chaque bout, d'une construction à double retour d'équerre, lui donnant la forme d'un double T. Le parc se tient dans les modestes limites d'un grand jardin : il est petit, mais il est joli. Le ruisseau d'Amoyard l'arrose et lui permet d'avoir une grande pièce d'eau, assez profonde et très poissonneuse. En été, cette délicieuse oasis est fraîche et ombragée.

Quelques groupes de beaux arbres, sous la brise venant du haut de nos collines, y balancent souvent leurs cimes élevées. On a établi, dans ces derniers temps, au milieu de ce bosquet, une serre tempérée vraiment remarquable. Cette propriété vient d'être vendue par M. Feray à Mme veuve Max, qui s'y installe présentement.

A l'extrémité nord-est de Saulxier, dans l'angle que le chemin vicinal n° 7 fait avec le sentier de Longjumeau, se trouve un autre manoir bourgeois. Une file de bâtiments ajoutés les uns aux autres à différentes époques, d'inégale hauteur, constitue cette habitation. La salle de billard construite sur une cave, que le propriétaire soigne lui-même avec intelligence, jouit d'une vue splendide sur la vallée de l'Yvette, et sur les coteaux de Palaiseau et de Verrières-le-Buisson. Un vaste potager, une prairie et un verger donnent des fleurs, de l'air, de la verdure et des charmes à cette champêtre demeure.

Là vécurent M. Roux, avocat à Paris, et sa veuve, femme généreuse et bienfaisante: l'église, la commune, le bureau de bienfaisance, les écoles, les pompiers, la fanfare de Saulx gardent avec reconnaissance le souvenir de cette bonne personne.

Depuis dix ans, M. Rivolet, légataire universel de Mme Roux, jouit de cette propriété.

A ce même endroit de Saulxier, presque en face de cette dernière propriété, au bout du parc de Mont-Huchet, se trouve une ferme dite fief de Mont-Huchet. Après avoir appartenu au prieuré du Val-des-Ecoliers de Paris, ce corps de ferme et les quarante-six arpents vingt-cinq perches de terre, prés et bois taillis qui en dépendaient, furent vendus pour la somme de 45.000 fr. à M. de Savalette. On voit dans l'ancien jardin de cette ferme une belle pièce d'eau vive, alimentée par une fontaine construite en pierres de taille. On lit dans le cintre du fronton qui abrite cette source limpide et abondante l'inscription suivante :

CETTE FONTAINE A ÉTÉ ÉTABLIE SUR LA FERME DU FIEF DE MONT-HUCHET, PAR MESSIRE CHARLES-PIERRE DE SAVALETTE, CONSEILLER DU ROI EN SES CONSEILS, GARDE DU TRÉSOR ROYAL, MAITRE DES REQUÊTES HONORAIRE DE SON HOTEL, SEIGNEUR DE SAULXIER, MONT-HUCHET, LA SALLE ET AUTRES LIEUX.
CONSTRUITE AU MOIS DE SEPTEMBRE 1785.

Après la mort du général de Solle en 1829, cette ferme fut vendue par parcelles. M. Victor-Jean Adam, peintre de genre, en acheta de Mme la duchesse de La Rochefoucault d'Estissac, fille unique du général, la partie la plus poétique; c'est-à-dire une espèce de manoir aux murs bordés de lierre et de clématite. C'était un ancien et très vaste colombier en tourelle, muni de bâtiments accessoires, construit sur le bord d'une limpide pièce d'eau vive. Avec ses saules pleureurs, ses trembles, ses noyers séculaires en éventail, ses frênes gigantesques, ses tulipiers de Virginie, ses pins en pyramides, et mille autres espèces d'arbrisseaux, d'arbustes et d'arbres pleins de jeunesse et de vie, cette petite solitude était un ravissant séjour, où le peintre célèbre ébaucha plusieurs de ses plus belles toiles. Il y resta une dizaines d'années. On a de lui une série d'animaux domestiques. Cette partie de l'ancien fief du château de Mont-Huchet lui fit retour plus tard. M. d'Artigues l'acheta de M. Adam vers l'an 1836. et depuis il n'en fut plus distrait.

Il nous reste à parler du château de *Mont-Huchet*. Sa construction n'a rien de remarquable. On y manque de vue. Ce château présente à sa façade principale onze fenêtres de grandes dimensions et quatre sur l'aile en retour d'équerre. L'intérieur de ce vaste bâtiment offre des ressources multiples : pendant longtemps cette maison a été le rendez-vous de la belle société de Paris ; rien n'y manquait, du reste, pour que l'hospitalité qu'on y donnait ne fût des plus confortables et des plus soignées. L'étendue de son parc, ses allées spacieuses, ses pièces d'eau vive, sa surface vallonnée, ses prairies émaillées de fleurs, tous les agréments de la nature et de l'art semblaient s'être réunis dans ce domaine pour en faire un séjour heureux et aimé.

Nous lisons dans le *Mercure-Galant* du mois de mai 1710 (p. 157) : « Maître *Bernard Pinon*, seigneur de Mont-Huchet, conseiller en la grande chambre, vient de mourir. » Cette terre fut alors acquise par un membre de la famille de *Pracontal*. Elle appartint ensuite à M. de *Savalette*. Pendant les événements de la Révolution, M. *Féron* en devint propriétaire; il la vendit sous l'Empire au général de Solle, marquis de la Restauration. Né à Auch, le 3 juillet 1767, il mourut à Mont-Huchet le 14 novembre 1828, et a été inhumé au Père-Lachaise. Sa carrière militaire commença avec la République et finit avec l'Empire. Il se fit remarquer dans toutes les occasions importantes. Louis XVIII le nomma pair de France, ministre d'Etat, major-général des gardes nationales du Royaume, grand cordon de la Légion d'Honneur et chevalier de Saint-Louis. Le général passa les *Cent Jours* dans son château de Mont-Huchet. Lors de la retraite du duc de Richelieu, le roi donna au marquis de Solle le portefeuille des affaires étrangères et la présidence du Conseil des Ministres. Il ne conserva pas longtemps ces hautes fonctions. Il adressa, dans ce court espace de temps, une remarquable circulaire aux ministres près des Cours étrangères (24 septembre 1819). Elle a été imprimée dans les *Mémoires* de Gouvion Saint-Cyr. A la naissance du duc de Bordeaux, le général reçut le cordon du Saint-Esprit. Il n'a laissé qu'une fille, Mme de *La Rochefoucault d'Estissac*, de son mariage avec dame *Anne-Emilie-Marie-Louise Picot de Dampierre*, morte à Paris, le 7 avril 1852, à l'âge de soixante-quatorze ans ; tous deux étaient nobles. Ils ont eu quelquefois pour hôte, à Mont-Huchet, le marquis de Solle, leur oncle, successivement évêque de Digne, puis archevêque de Chambéry, mort à Paris le 31 décembre 1824, dans sa quatre-vingt-unième année.

La terre de Mont-Huchet fut acquise en 1829 par le général *Ruelle*, qui la vendit à M. *Aimé-Gabriel d'Artigues*, chimiste distingué, membre du Conseil général des manufactures, chevalier de la Légion d'Honneur, mort à Paris, le 27 mars 1848, dans sa soixante-seizième année. Après son décès, sa veuve garda la possession de Mont-Huchet jusqu'à son décès, qui arriva en 1869. — Rien ne faisait prévoir cette fin si vivement regrettée par sa famille et ses nombreux amis ; tous les habitants de Saulx, sans exception, s'associèrent largement à ce deuil inattendu. Mme d'Artigues fut frappée subitement, au milieu des apparences de la santé la plus robuste et la plus inaltérable ; mais fervente chrétienne, pratiquant la loi de Dieu pieusement et avec tout le zèle que la foi peut inspirer, la mort, si prompte qu'elle fût, ne put la prendre en défaut; elle était prête à paraître devant le juge qui l'appelait pour la récompenser. En quittant la terre, elle allait au ciel où tant de bonnes œuvres, de toutes sortes, l'avaient précédée, et lui avaient préparé et assuré une place de faveur et des délices bien autrement pures et suaves que celles que Dieu a laissées çà et là dans cette vallée de larmes. Mme d'Artigues avait un cœur d'or ; son plus grand bonheur consistait à répandre l'aisance et à faire des heureux autour d'elle. Aussi, avec cette âme grande et généreuse pour point d'appui, on pouvait tout oser, tout entreprendre en fait d'œuvres pieuses, charitables et même purement civiles, pourvu qu'elles aient un but moral ou seulement honnête. On était sûr de ne jamais rester en chemin. L'église, les pauvres, les ouvriers et la fanfare de Saulx ont connu cette infatigable bienfaisance. Et ce qui prouve que sa mémoire bénie est restée populaire, grande, et toujours fraîche dans ce pays, c'est que je trace ses lignes, à la gloire de l'illustre défunte, sous la dictée de mes paroissiens réunis dans un même concert de louanges. La mort peut visiter les personnes du caractère de Mme d'Artigues; mais elle ne saurait les empêcher de vivre par un souvenir impérissable dans le cœur de ceux qui les ont connues.

Autrefois, le prieuré de la Culture-Sainte-Catherine de Paris était propriétaire de la petite ferme située à l'extrémité méridionale de Saulxier, au bord du lavoir public. Cette ferme a changé de maître. Elle appartient aujourd'hui aux héritiers Houssée Elie, et elle est occupée par M. Tisserand. A cette époque reculée, la plus grande partie de ses terres était vers le Rocher de Saulx, en remontant le cours du ruisseau d'Amoyard.

§ II. — Le moulin, la tuilerie et le Rouillon.

Le moulin.

La connaissance des moulins à vent n'ayant été apportée d'Asie, à la suite des croisades, que sept cents ans après l'origine de Saulx, le moulin à eau était le seul moyen connu pour moudre le blé dans ces temps reculés.

On s'en servait chez les Romains, dès le règne d'Auguste.

C'est cet antique usage et cette unité de moyen qui font que la date de l'établissement du moulin de Saulx se perd dans la nuit des temps. Nous ne craignons nullement de nous tromper en la faisant remonter au xi⁰ siècle ; car à cette époque Saulx avait déjà une agglomération d'habitants qui appelait et nécessitait la construction d'un moulin.

Depuis ce temps jusqu'à la Révolution, il fut et resta propriété seigneuriale; il devint ainsi moulin banal, c'est-à-dire à la disposition de tout le monde, moyennant une faible redevance, qui était rarement suffisante à son entretien. Dans cet état de liberté et d'égalité, il a nourri plus de vingt générations.

Après la Chartreuse dont il fit partie pendant environ six siècles, c'est l'établissement le plus vénérable du pays.

Si nous sommes si froids et si injustes envers le passé, c'est parce que nous ne le connaissons pas, ou que nous le connaissons mal.

Le 4 février 1790, le moulin fut adjugé par le directoire du district de Versailles, avec 29 arpents 85 perches de terre et pré, au sieur Antoine-Christophe Bloceau, ancien et dernier fermier des révérends Pères Chartreux; moyennant une somme de cinquante-un mille francs.

En 1820, M. le marquis de Solle acheta le moulin et l'ajouta à son vaste domaine de Mont-Huchet. Par cette nouvelle acquisition il devint, presque en totalité, propriétaire de l'ancien domaine des Chartreux, dans cette paroisse.

Le 30 juin 1843, Mme la duchesse d'Estissac, seule héritière de M. le marquis de Solle, vendit le moulin et tous ses bâtiments, avec les trois jardins qui l'entourent, ainsi que les prés de la Vanne et de la Pâture, à M. Féron, directeur de la boulangerie des hospices, demeurant à Paris, rue et maison Scipion, moyennant la somme de 65.000 fr. Dans cette somme, la prisée du moulin n'était pas comprise ; car elle n'appartenait pas à Mme la Duchesse ; son père n'en avait jamais été propriétaire. C'était une réserve en faveur d'un tiers, avec lequel M. Féron s'arrangera plus tard.

Quand M. Féron prit le moulin, son manoir consistait en :

Un bâtiment, à gauche en entrant dans la cour principale, servant tant à l'exploitation de l'usine qu'au logement du meunier, ledit bâtiment élevé de deux étages et un comble ;

Un autre bâtiment en retour de celui qui comprend le moulin faisant face à la porte charretière, contenant une laiterie, deux écuries, un premier étage et un grenier au-dessus ;

Un bâtiment à droite contenant toit à porc, pigeonnier, poulailler, autre écurie, grange à foin. (Ce bâtiment aux deux tiers a été converti en maison bourgeoise par M. Féron.)

Basse-cour dans laquelle sont des hangars, une foulerie et une grange à avoine. Ce troisième corps de bâtiment, comme le deuxième, s'avançait jusqu'à la rivière; M. Féron a supprimé aux trois quarts la grange à avoine, pour agrandir et démasquer le jardin de la nouvelle maison bourgeoise.

C'est également M. Féron qui a fait monter le moulin à l'anglaise et en a fait ainsi un des plus beaux moulins de la vallée de l'Yvette. Autrefois il n'avait qu'une paire de meules, maintenant il en a trois et il pourrait en recevoir cinq au besoin.

Monté à l'anglaise en l'année 1834, le moulin de Saulx fut un des premiers, après les moulins de Corbeil, à jouir de cet ingénieux et brillant système. Dans cette transformation, M. Féron agissait comme gérant, puisqu'il ne devint propriétaire du moulin qu'en 1843.

En 1866, le moulin de Saulx-lès-Chartreux changea encore de maître. Les héritiers Féron le vendirent à M. Mathieu, qui en jouit et l'habite présentement avec une grande satisfaction. C'est, du reste, une propriété posée dans un site ravissant, et agréable sous tous les rapports.

La tuilerie.

Ce nom indique la nature de l'origine de ce hameau; c'était une tuilerie autrefois. Une tradition locale affirme que les tuiles qui couvrent le sanctuaire de l'église et celles de la maison de M. Faillot, avec quelques autres vieilles couvertures sont les seules survivantes à la destruction de ce four.

Située entre Saulx et Saulxier, près du chemin de Ballainvillers, sur le versant du vallon formé par le ruisseau de Chauffour, l'ancienne tuilerie est devenue une maison bourgeoise que son propriétaire vient de restaurer à neuf. Le parc planté en bois est clos par une haie vive, il descend jusqu'au bord du ruisseau. On voit par ses dimensions que la tuilerie de Saulx-lès-Chartreux devait avoir jadis une assez grande importance.

Le Rouillon.

Le hameau appelé *Le Rouillon* a été détruit de fond en comble; il n'en reste pas pierre sur pierre. Il était bâti sur le versant méridional du Rocher, en descendant vers le Rouillon, qui lui avait prêté son nom.

Une tradition, très répandue dans Saulx, affirme que le pain bénit y était trois mois de l'année, ce qui ferait supposer une douzaine de feux et une soixantaine d'habitants au moins.

Ce hameau, situé dans la zone militaire de Montlhéry et de Palaiseau, était une position stratégique souvent et vivement disputée; aussi a-t-il fini par être rasé. Son emplacement le condamnait fatalement à cette fin tragique.

Depuis l'ouverture des carrières de grès sur le

Rocher, son plateau et ses pentes se sont parsemées de constructions véritables servant, soit de bureaux pour les entrepreneurs, soit de forges pour les outils des carrières ; mais toutes sont restées sans noms propres, à l'exception d'un cabaret-cantine bâti dans la Vallée-aux-Loups ; on l'appelle : *La Souricière*.

CHAPITRE DXI-HUITIÈME

LE ROCHER DE SAULX

§ I. — Topographie et panorama.

La chaîne du Rocher de Saulx est le dernier et le plus majestueux rempart de la vallée de l'Yvette. C'est un prolongement des coteaux grandis de Chevreuse et d'Orsay. La vallée, un peu étroite jusque-là, est élargie et desserrée par le mouvement tournant des collines vers la Ville-du-Bois et Montlhéry. Elles courent ainsi jusqu'à cent mètres de la route de Paris à Orléans, et c'est là qu'elles finissent sous le nom très populaire de Rocher de Saulx. Sur le territoire de cette commune où ce cavalier de roches souterraines s'accentue avec hardiesse, il s'élève jusqu'à une altitude de cent cinquante-huit mètres au pied du Pavillon-Blanc. Sa longueur totale (plateau et pentes) est de deux mille mètres ; elle est divisée en deux sections cadastrales, F et G. Sa largeur moyenne est de six cents mètres. Il contient 677 parcelles partagées en terres labourables, vignes, vergers, bois taillis et carrières de grès. Son plateau est de niveau, et sans aspérités notables. Ses flancs du côté nord présentent quatre échancrures appelées : le Paradis, le Cul-de-Lampe, la Petite-Vallée, et la Grande-Vallée ou Vallée-aux-Loups. La courbe de son cap vers le levant est si régulière, que l'on dirait qu'elle est le fait de la main de l'homme. Sa face du midi est plus à pic et moins fertile que le versant opposé ; sous ce rapport, il est une miniature des Pyrénées. Son vallonnement s'éteint derrière les jardins de Villejust, où le Rocher tout entier se nivelle avec le plateau de Nozay, Marcoussis et Orsay.

Du côté du bourg de Saulx, le Rocher est accessible par trois grands chemins, et par une route de chasse. Un assez grand nombre de sentiers tracés sous bois, allant dans toutes les directions, et un large chemin circulaire faisant le tour du plateau pour le service des carrières, forment toute la voierie de cette jolie montagne.

Avant l'établissement des télégraphes électriques sur les lignes de chemins de fer, un télégraphe mécanique était établi sur la pointe du Rocher, en face de Ballainvilliers, et mettait Paris en communication avec Marseille et tout le midi de la France. Il correspondait avec Fontenay-aux-Roses et Montlhéry.

Le célèbre Rocher a eu ses fanatiques d'amour ; nous en trouvons une preuve dans un mausolée grossier et rustique élevé au milieu du cul-de-lampe, à la mémoire d'un habitant de Saulx. Cet homme, simple en son vivant, a voulu se singulariser après sa mort. Calme de caractère, aimant la paix et la tranquillité, il a désiré que son corps, en attendant la résurrection générale, reposât et dormît au milieu de ce sable et de ces roches journellement tourmentées et agitées par le salpêtre, la sonde du mineur et le couperet du carrier ; il se nomme Bruxelles ; il fut inhumé à cet endroit, le 24 juin 1849.

Le panorama du Rocher de Saulx embrasse une étendue de trois mille kilomètres carrés au moins. En s'établissant sur les ruines de la tour bâtie sur la pointe de son cap au levant, puis à son extrémité opposée dans les appartements du Pavillon Blanc, et enfin au centre de sa chaîne sur le grand cavalier qui domine la Vallée-aux-Loups, on ne découvre pas moins de cent paroisses. Au nord, à 16 kilomètres de distance, c'est Paris qui montre ses principaux monuments, de leurs bases à leurs sommets. Au nord-est, Brie-Comte-Robert, situé à 40 kilomètres, laisse très bien voir son grand clocher ; et dans cette même direction, ainsi qu'à l'est, au sud-est et au sud jusque par delà les collines de Laferté-Alais, tous les bois, les coteaux, les accidents de terrains, les plateaux, les forêts, les tours, les clochers, les églises, les villages et les hameaux se laissent aisément voir, compter et reconnaître à l'œil nu. Il en est autrement vers le sud-ouest et à l'ouest ; la vue s'arrête à Nozay et à Palaiseau.

§ II. — Géologie.

Le Rocher de Saulx appartient aux terrains tertiaires supercrétacés du globe de l'univers. Son banc de grès est assis entre la molasse de Fontainebleau et l'étage gypseux de Paris. La couche graveleuse, d'une épaisseur de quatre mètres en moyenne, qui couvre la roche de grès, offre tous les éléments des alluvions modernes les plus superficielles et les dernières formées. Aussi y trouvons-nous en abondance, au milieu d'un dépôt argileux, le *silex molaire* (ou pierre meulière) à cassure plate, à texture cellulaire, criblée de cavités irrégulières que remplit en partie une argile rougeâtre. Avec le banc de sablon qui s'interpose entre ces conglomérats et la roche de grès, nous arrivons au niveau de la *molasse* de Fontainebleau ou grès à ciment calcaire, et nous atteignons, après le deuxième lit de sablon placé sous la Roche de Saulx, l'étage parisien gypseux, crétacé et marneux.

L'épaisseur de notre banc de grès varie entre

un et six mètres; peu stratifié au levant, il l'est davantage au couchant; aussi perd-il de sa qualité suivant que ses couches s'amincissent. En général, nos carrières donnent un grès compact, grès blanc siliceux à grain fin, formé de sable granitoïde et de silice gélatineuse. Cette riche qualité se trouve au centre de la Roche. Son écorce, appelée *bouzin* par les carriers, est plus tendre; elle présente un grain moins fin, avec des nuances diverses, qui montrent que la silice, en gelée, cède la place à un ciment calcaire et argileux. Cette composition minérale répond identiquement au premier choix du grès de Fontainebleau. Ici c'est le rebut de la carrière; Fontainebleaunous est donc considérablement inférieur; nous allons plus loin : sous le rapport de la richesse minérale des éléments constitutifs de notre grès, nous ne craignons nullement de revendiquer, à bon droit, le premier rang parmi tous les grès de France, j'allais dire de l'Europe... Oui, j'aurais pu m'avancer ainsi, sans forcer les droits de l'austère vérité.

Le banc de grès de notre célèbre Rocher forme un anneau circulaire, enfoui sous une butte dont la surface constitue un sol végétal de qualités variables, mais généralement fertile.

On désire savoir comment s'est formé ce trésor de grès dans l'écorce du globe terrestre.

L'enveloppe de notre planète, accessible à nos

regards et à nos recherches, dont l'épaisseur de 15 à 25 kilomètres n'est pas la millième partie du rayon de la terre, est formée d'une série de couches déposées successivement, à des époques plus ou moins éloignées et par des voies différentes. Les causes qui ont donné naissance à ces masses minérales peuvent être facilement appréciées, car elles existent encore pour la plupart et continuent à agir, mais avec moins d'énergie qu'autrefois. La géologie reconnaît quatre voies de formation des substances minérales : 1° voie de *formation ignée;* 2° voie de *dissolution aqueuse;* 3° voie de *sédiment;* 4° enfin voie de transport. N'ayant ni volcans, ni hautes montagnes dans notre contrée, notre Rocher ne naquit ni de la première, ni de la quatrième de ces causes génératrices. Il faut que ce soit la deuxième ou la troisième, et peut-être l'une et l'autre alternativement, qui le produisirent. En effet, la voie de dissolution aqueuse et celle de sédiment ont laissé ici des traces marquées de leur action. Examinons ce travail avec d'autant plus d'attention, qu'il se fait dans le silence et dans l'ombre.

On sait que l'eau est le corps le plus dissolvant de la nature. Soit par elle seule, soit grâce au gaz acide carbonique qu'elle rencontre dans l'air, elle peut à la longue attaquer et dissoudre les rochers qui semblent les plus insolubles. Les corps que la chimie appelle insolubles sont ceux dont l'eau dissout en réalité les parties infimes que l'analyse chimique est impuissante à reconnaître. Mettons de l'eau dans une bouteille et secouons-y une pierre; il est certain que nous ne saurons pas trouver en dissolution dans cette eau la moindre trace de la substance de la pierre ou du verre de la bouteille, laquelle n'éprouvera aucune diminution appréciable de poids. Mais que cette pierre ou ce verre restent pendant quelque dix à vingt ans en contact continuel avec cette eau, et l'altération de la matière et du poids deviendra bientôt évidente.

Laissez seulement deux ou trois ans sans réparation aucune les constructions d'une ville, et vous verrez si les pierres à bâtir, les ardoises, les mortiers et les plâtres sont attaquables par la pluie. Attendez dix à vingt ans, et vous aurez ce que sont devenues Babylone, Thèbes, Palmyre, Carthage..., ce qu'on nomme en bon français des ruines.

Eh bien, le granit et toutes les roches plutoniques, sous l'action de la pluie pendant des siècles, finissent par faire comme les villes antiques : leur substance est inégalement rongée, divisée, mise en poudre, en boue ou en fragments; elles tombent en ruines.

L'élément le plus rapidement attaquable des rochers granitiques est le feldspath, parce que le silicate de potasse ou de soude, qui entre dans sa composition, est très soluble dans l'eau, quand il est seul. C'est lui qu'on appelle le verre soluble ou bouillon de cailloux. L'eau de pluie l'enlève peu à peu, isolant en poudre impalpable le silice et l'alumine, et laissant séparés les cristaux de quartz et de mica. En s'écoulant, l'eau courante entraîne en suspension la poussière la plus menue, elle roule les petits fragments dont la chute émousse les angles et arrondit les aspérités. Les gros fragments, isolés et déchaussés, s'écroulent ou s'affaissent, et les eaux d'orage savent les déplacer et les entraîner à leur tour. La grosseur et le poids des matériaux emportés ainsi par l'eau sont, en effet, d'autant plus grands que le courant est plus rapide. Quand le courant diminue de vitesse, il dépose les corps entraînés, en commençant par les plus gros. Il en résulte que les fragments déposés au même endroit sont à peu près de même dimension, et qu'il se forme de vastes amas de cailloux, de gravier, de gros sable, de sable fin, et enfin d'argile.

Ces deux dernières matières, le *sable* et *l'argile*, peuvent êtres regardées comme le produit final de la destruction du granit, après sa destruction complète. Le sable est le résultat des cristaux de quartz désagrégés et roulés; et l'argile est ce qui reste du feldspath, lorsque l'eau courante en a enlevé le silicate alcalin; c'est-à-dire qu'elle est formée par la poudre impalpable du silicate d'alumine, modifié en route par l'action chimique de l'eau; celle-ci s'est substituée à une certaine quantité de silice mise en liberté à l'état de dissolution gélatineuse dans l'eau.

Le *sable* et le *gravier* ou gros sable sont d'une nature plus variable encore que l'argile; ils peuvent être formés de menus fragments de toutes sortes de roches dures. Cependant les petits cristaux de *quartz*, brisés, roulés et triés par ordre de grosseur, forment la plus grande partie du sable plus ou moins fin qui provient des roches granitiques. Le gravier et les cailloux seront les morceaux de la roche incomplètement désagrégés; le transport les arrondit et les transforme en galets. Mais les masses ainsi accumulées en couches plus ou moins épaisses ne restent pas toujours meubles ou fragmentaires; comme elles sont éminemment poreuses, elles sont continuellement traversées par l'écoulement des eaux absorbées par le sol. Or ces eaux contiennent en dissolution des substances dont les moins solubles ne demandent qu'à se solidifier dans les intervalles libres, et finissent par former entre les fragments un ciment plus ou moins tenace, soudant les fragments meubles en une masse résistante.

Les matières qui peuvent ainsi servir de ciment sont nombreuses; mais deux surtout jouent à ce titre un rôle considérable dans la nature; ce sont la *silice* et le *calcaire,* déposés de leur dissolution dans l'eau, c'est-à-dire concrétionnés.

La silice, qui joue le premier rôle dans la constitution des roches ignées, est loin d'avoir le dernier dans celle des roches sédimentaires. Les chimistes la disent insoluble, parce que des cristaux de quartz ne subissent au contact des eaux pures ou acides aucune altération; mais il n'en est pas de même, d'abord, au contact des eaux alcalines : puis le bouillon de cailloux qui contient la combinaison soluble de la silice et de l'alcali, rencontrant un acide, fût-ce le plus faible, fût-ce l'acide carbonique de l'air, perd sa silice, qui se combine avec l'eau pour former une *gelée* transparente, soluble, entraînée par l'eau froide, en suspension au moins, sinon en dissolution. Or, les traces de cette silice en gelée sont partout. Des expériences optiques et chimiques de précision ont montré récemment qu'on ne chauffe pas de l'eau, même distillée, dans un vase de verre, sans qu'elle dissolve une partie de la substance du vase, et contienne ensuite de la silice gélatineuse en suspension.

Toutes les eaux naturelles contiennent donc, en très petites quantités, soit de la silice gélatineuse, soit des silicates solubles qui la produisent. Cette gelée se dépose dans les espaces vides des roches à travers lesquelles l'eau filtre, et, perdant son eau, finit par devenir une matière aussi dure que le quartz, dont elle ne diffère que parce qu'elle n'est pas cristallisée. Cette matière donc, c'est le *silex* ou la pierre à feu, lorsqu'elle est en nodules compactes; c'est la pierre meulière, quand elle est en masses spongieuses.

Quand la gelée siliceuse pénètre dans les roches poreuses, elle y forme des veines dures, ou durcit toute la masse, suivant qu'elle l'a imprégnée plus ou moins uniformément : c'est ainsi que se forment les *calcaires siliceux*.

Toutefois, l'effet le plus apparent de la silice gélatineuse dans les roches est la formation du *grès;* on appelle ainsi les roches formées de sable dont les grains plus ou moins fins sont soudés par un ciment. La silice, étant le plus dur des ciments, fournit les grès les plus résistants, qu'on nomme grès siliceux.

Telles sont et la qualité et la formation du grès de Saulx-lès-Chartreux. En d'autres termes, notre Rocher s'est formé par voie de *dissolution aqueuse* et par voie *de sédiment.*

§ III. — Flore et sources d'eau.

FAMILLES	ESPÈCES	FAMILLES	ESPÈCES
OUSSES	Bryes. Hypnes. Fontinales.	GRAMINÉES	Blé. Seigle. Orge.

FAMILLES	ESPÈCES	FAMILLES	ESPÈCES
Graminées	Avoine. Flouve. Brome. Phléole. Chiendent.	Polygonées	Oseille. Patience. Traînasse.
Joncées	Jonc commun. Jonc marin.	Solanées	Pommes de terr. Morelle. Douce-Amère.
Liliacées	Asperge. Jacinthe. Oignon.	Borraginées	Bourrache. Vipérine. Buglosse.
Amaryllidées	Galanthine. Faux narcisse.	Antirrhinées	Muflier.
		Convolvulacées	Liseron des ch.
Conifères	Sapin. Genévrier.	Plantaginées	Plantain.
Ericacées	Bruyère. Busserolle, raisin d'ours.	Scrofulariées	Gratiole. Véronique. Digitale. Molène.
Cupulifères	Chêne. Châtaignier. Charme. Coudrier.	Labiées	Lamier blanc. Ballote. Bugle. Lierre terrestre. Serpolet.
Bétulinées	Bouleau. Aulne.	Verbenacées	Verveine.
Salicinées	Saule. Peuplier. Tremble. Marsault.	Primulacées	Mouron. Primevère.
Juglandées	Noyer commun.	Campanulacées	Raiponce. Campanule violette.
Urticées	Ortie brûlante. Ortie cotonneuse. Pariétaire.	Dipsacées	Scabieuse. Cardère.
Euphorbiacées	Mercuriale. Buis.	Sambucées	Viorne obier. Sureau noir.
Polygonées	Renouée-Bistorte.	Rubiacées	Gratteron. Aspérule odorante.

FAMILLES	ESPÈCES	FAMILLES	ESPÈCES
YNANTHÉRÉES	Pâquerette. Millefeuilles. Séneçon-Jacobée. Matricaire. Centaurée des montagnes. Bardane cotonneuse. Bluet-casse-lunette. Lampsane. Pissenlit. Laitron. Tussilage pas d'âne.	RIBÉSIACÉES	Groseiller maquereau. Groseiller rouge. Groseiller noir.
		VIOLACÉES	Violette commune
		CRUCIFÈRES	Lunaire. Chou. Raifort. Barbarée.
		FUMARIÉES	Fumeterre.
		PAPAVÉRACÉES	Chélidoine. Coquelicot.
YPÉRICINÉES	Millepertuis.		
APILIONACÉES	Pois. Haricot. Lentille. Fève de marais. Cytise des Alpes. Robinia. Baguenaudier.	RENONCULACÉES	Clématite à grandes fleurs. Aconit Napel. Bouton d'or. Renoncule. Ancolie.
		OLÉINÉES	Frêne. Troëne. Lilas.
IMOSÉES	Acacia floribunda.		
OSACÉES	Aubépine rouge et blanche. Poirier. Eglantier. Fraisier. Benoîte. Prunier. Pommier. Sorbier. Argentine. Quintefeuille. Reine des prés. Cerisier.	ACÉRACÉES	Erable sycomore.
		MALVACÉES	Mauve sauvage.
		VITACÉES	Vigne cultivée.
		CARYOPHYLLÉES	Mignardise. Silène rose du ciel.
		ONAGRARIÉES	Osier fleuri. Onagre odorante.

44 familles et 131 espèces

Ce rocher qui, pendant un nombre incalculable de siècles, s'est formé par voie de *dissolution aqueuse* et de *sédiment,* est autant un lac invisiblement suspendu, qu'une montagne de grès. Que dis-je? Avant cinquante ans, sa masse quartzeuse et siliceuse aura complètement disparu; il n'en restera que quelques fragments de rebut pour attester, aux générations futures, qu'un grand travail eut lieu, à une époque reculée, dans les entrailles de ces collines boisées; mais il en sera autrement des réservoirs d'eau que la montagne cache aux yeux des plus malins. On n'y trouvera pas le moindre changement; ils seront aussi riches alors qu'aujourd'hui.

Depuis l'origine de ce gigantesque amas de minéraux divers, l'eau n'a pas cessé de se promener de cavités en cavités, de fissures en fissures dans toutes les zones de cette masse inerte. Après ce travail séculaire et de tous les instants accompli, elle sort du Rocher par plusieurs issues qu'elle a préparées elle-même, et s'en va gaîment arroser, et les champs cultivés, et les prairies, et les vergers d'alentour. Puis elle porte à boire aux hommes, aux animaux et aux plantes; enfin, elle sert aux lavages de toutes sortes, au commerce et à l'industrie de Saulx-lès Chartreux.

Les eaux des ruisseaux du *Paradis,* du *Préau,* des *Bouillons,* de la *Maçonne,* des *Gaudrais,* des *Aulnes à Cosson,* de *Mademoiselle,* de *Chauffour,* d'*Amoyard* et du *Rouillon,* qui va porter la fraîcheur et la fertilité à la plaine de Ballainvilliers, sont toutes tributaires du Rocher de Saulx. Elles en sortent comme la racine sort du tronc de l'arbre. C'est une merveille comme toutes les autres merveilles qui s'appellent les œuvres de Dieu.

Qu'à lui donc soient gloire, amour, honneur et louange dans les siècles des siècles ! !...

§ IV. — Le Rocher est exploité activement à partir de 1820 : 500 ouvriers y travaillent à la fois pendant plus de 25 ans.

De tout temps, le Rocher a fourni des matériaux de construction à notre village et à ceux des alentours qui en manquaient. Toutefois, il est à noter que, dans ces temps reculés, on cassait seulement les roches saillantes et roulantes à la surface de la butte. Les plus anciennes maisons de Saulx comme les plus modernes viennent de là. Pour bâtir l'église elle-même, il y a neuf cents ans, on a eu recours au grès du Rocher. Nous nous en félicitons comme solidité ; mais nous en gémissons comme température : le grès gèle en hiver, et il se réchauffe difficilement. Il est vrai que l'on peut obvier à cet inconvénient par un calorifère, et la solidité reste toujours un avantage de premier ordre. Néanmoins, puisqu'il y avait choix entre la pierre meulière et le grès, nous l'aurions préférée ; sans être moins dure, elle est réfractaire à la gelée.

Jusqu'à la révolution de 1793, chacun allait, selon ses besoins, ramasser du grès *sur la pente des roches,* moyennant une faible redevance payée au seigneur du lieu, propriétaire de cet immeuble. Pendant des siècles, ces belles collines et leur plateau restèrent en bruyères. C'était un pâturage public moyennant un très minime péage. Tout le monde y était admis, chacun y avait quelques bestiaux; c'était une partie du pain du malheureux. Par là, le Rocher donnait à l'indigent du lait, de la viande, de la laine et de la bruyère, pour nourrir, vêtir et chauffer sa famille. Ces beaux jours sont loin ; à cette heure, le Rocher est partagé en six cent soixante dix-sept parcelles. Tous ceux qui y jouissent d'un petit morceau le tiennent fortement serré. C'est leur droit; il l'ont acheté et payé, il n'y a rien à leur reprocher. La commune elle-même y possède des bois taillis assez nombreux et relativement vastes. Il est bien regrettable que l'on ne prenne pas la charitable habitude de faire, chaque année, une très large part aux indigents sur ces bois, comme cela a lieu dans presque tous les villages qui ont conservé des bois communaux.

Quand les premières carrières s'ouvrirent sur le Rocher, les propriétaires du fonds accordèrent presque gratuitement toute liberté sur leurs terres à ces hommes qui s'imposaient, en disant qu'ils travaillaient pour l'utilité de la ville de Paris. Pendant quelques années, tous les Auvergnats et Limousins, entrepreneurs de pavage à Paris, exploitèrent odieusement, en même temps, et le grès du Rocher et ses propriétaires légitimes. Ils firent des fortunes immenses, à la barbe et sous les yeux des bons paysans de Saulx. Mais à force de tendre la corde, elle se rompit. Un bourgeois du village, nouveau débarqué de Paris, M. Jacot, que les habitants de Saulx eurent le bon génie de faire nommer maire de leur commune, les instruisit de leurs droits, et s'empressa de soumettre à un règlement sévère les charrois du grès sur les chemins de la commune et dans les rues du village. A partir de ce moment (1825), les entrepreneurs des carrières furent obligés d'acheter cher, de chaque propriétaire, le fonds de terre portant banc de grès et cela sans autre atteinte aux droits de propriété de la surface, que la durée de l'extraction du grès, pour lequel un délai était fixé. Ces fonds de carrières se vendaient toujours le double des terres labourables de première qualité. Je consigne ce fait, afin que la postérité n'en ignore un jour; seulement elle devra aussi savoir que tous ces millions de francs sortis du Rocher sont allés dans des mains étrangères au pays. Les Auvergnats et les Limousins en ont particulièrement profité.

Quand on voit un pavé ou une borne au coin d'une rue, on ne se doute pas dans combien de mains ils ont dû passer pour obtenir leur nom. Suivons ce pavé dans toutes ses transformations jusqu'à la voiture qui l'emporte de la carrière, et nous verrons que la profession de carrier est moins simple qu'on ne le suppose.

Nous devrions, peut-être, faire une visite au taillandier qui forge les couperets, les coins, les burins, les ciseaux, les masses, les pinces, les pelles et les pioches ; mais passons : voici le *terrassier,* il découvre le banc, et range la terre, la pierre et le sable de manière à ne laisser aucun encombrement. Cela fait, deux *burineurs* arrivent ; l'un tourne le burin et l'autre frappe dessus. La facilité de ce travail dépend de la dureté du grès. Quoi qu'il en soit de la qualité de la roche, cette opération a considérablement gagné en vitesse depuis l'emploi des burins à quatre carres avec une pointe au milieu. Hier nous avons vu un trou de un mètre quarante centimètres que deux hommes avaient buriné en dix heures. Le trou fait, on le charge de poudre à canon ; voici comment : d'abord on verse la moitié de la poudre nécessaire ; dessus on pose la mèche goudronnée à mine, puis l'on ajoute le reste de la poudre ; on la serre fortement avec un bourroir en bois et on remplit le trou avec de la terre franche ou du plâtre, que l'on pose sur un petit lit de sable. La mèche reste saillante de vingt centimètres au plus, au-dessus de la charge. On met le feu et bientôt..... l'air vibre, la roche tonne et se partage en morceaux que la fumée noircit. Le *mortaiseur* se présente. Il ajuste des coins de fer dans la masse et la partage de nouveau. Le *dédoubleur* s'empare à son tour de ces énormes blocs et les divise au moyen d'un couperet de quarante-cinq livres.

Il faut avouer que cet outil est un drôle de joujou ! Mais il fait beaucoup d'honneur à celui auquel Dieu a donné des muscles assez puissants pour s'en servir.

De cet hercule le grès passe chez le *coupeur*, qui avec un couperet de vingt livres lui donne presque la physionomie qu'il doit conserver dans son espèce: organo (bloc de 1 mètre 20 centimètres, employé dans les ports de mer), pavé, borne, marche, bordure, caniveau, meule, etc. Mais voici le *smilleur* qui avec un couperet de dix à vingt livres, finit la grosse marchandise que nous venons de nommer, dont les dernières limites pour le pavé sont: 0, 23 cent.

Il y a là, me direz-vous, un encombrement d'éclats de toutes sortes. Attendez : voici le *monteur* qui vient avec son crochet sur l'épaule. Tous les débris jadis peu utilisés le sont avec raffinement et minutie aujourd'hui. Cet homme s'en empare et passant sur des plats-bords étroits et flexibles, il les dépose à côté du baquet du *tailleur*. Ce dernier fabrique toute la petite marchandise, comme : pavés de 0, 10 à 0, 20 c., de 0, 13 c. à 0, 20 c., pavés de 0, 8 à 0, 10 c., pavés cubiques de 0, 16 c., panneaux de 0, 10 à 0, 14 c., idem de 0, 16, idem de 0 19 ; pavés de deux et écales.

Ajoutez à ce travail multiple le mouvement de tous les chariots qui sillonnent les bords de la carrière sur un périmètre de près de quatre kilomètres, pour débarder et emporter le grès coupé, taillé, rangé chaque jour par cinq cents ouvriers, vous aurez une image de ce que fut le Rocher de Saulx pendant une période de quarante ans. Ce grand tableau me rappelle le mouvement et l'activité que j'ai admirés dans les arsenaux de Brest, Lorient et Toulon, en France; de Naples en Italie, et de Woolwich en Angleterre.

La gloire du fier Rocher ressemble à celle des hommes : elle s'évanouira comme une vaine fumée. Déjà les détonations de la poudre sont plus rares, et le bruit des couperets se ralentit chaque jour. Le Rocher s'épuise ; les rangs des ouvriers s'éclaircissent considérablement. Depuis vingt ans il n'en reste plus, en moyenne, qu'une soixantaine vraiment fidèles, toute l'année, à la carrière.

Avant cinquante ans, la dernière des carrières du Rocher aura poussé sa détonation extrême ; et, si je n'en écrivais l'histoire, la célèbre Montagne, qui a tant contribué à la propreté et à la salubrité de Paris, serait aussi vite oubliée que le moindre de ses carriers. Voilà comment finissent les grands et les petits, en ce bas monde!...

Avant de clore ce paragraphe, une petite addition, s'il vous plaît ; allons, d'un seul trait, au plus fort de la mêlée et disons : 500 ouvriers, depuis 1820 jusqu'à l'an 1845, ont fait à eux tous 4562500 jours. A 3 francs, en moyenne, par jour pour chacun, cela fait : 1500×4562500 jours $=$ 13.687.500 fr., treize millions six cent quatre-vingt-sept mille cinq cents fr. Ajoutez à cela les frais de transport et les bénéfices considérables des entrepreneurs... Il faudrait dire que, sous la baguette magique de ces hommes venus du Cantal et du Puy-de-Dôme, le Rocher s'est transformé en un lingot d'or.

En voyant ce fier cavalier élever son front superbe, sous sa chevelure ornée de fleurs et luxuriante de verdure, qui penserait que sa poitrine cachât de tels trésors!...

Encore une fois, que Dieu est bon et généreux pour l'homme, sa chétive créature !

§ V. — Vie et mœurs des carriers.

La réputation des carriers a été maltraitée et mutilée, dans tous les temps et dans tous les pays. Cette opinion générale et constante est une présomption fâcheuse et regrettable contre cette classe d'hommes voués à une existence si dure et si menacée. Ce jugement, sévère à outrance, est un tort que je voudrais redresser ; car je trouve que cette classe de travailleurs mérite des égards, des sympathies, des encouragements et de l'estime.

En France, la réputation des carriers a été, pendant des siècles, gravement compromise par les tailleurs de pierre de la Sainte-Baume, en Provence. Tous les corps d'état ayant un compagnonnage devaient aller chercher les couleurs de leur profession au tombeau de sainte Marie-Madeleine. Il était indispensable pour arriver là de passer sous les yeux et encore plus sous les mains des carriers de cette contrée que l'on avait surnommés, dans toutes les villes *du tour de France,* les *Loups* de la Sainte-Baume. C'était une bataille à livrer; heureux celui qui en était quitte pour une rançon à payer ! Plusieurs y ont laissé leur vie. Le titre de compagnon enivrait tellement le cerveau de ces pauvres jeunes gens, qu'ils ne reculaient pas devant le danger de se faire estropier pour la gloire d'attacher quelques rubans à leur canne. De là cette réputation de méchanceté, de férocité et de barbarie répandue dans toute la France contre les carriers. Ils avaient l'habitude de se battre dans toutes les villes où ils avaient des travaux, parce que les autres corps d'état ne manquaient pas de les attaquer par vengeance des coups reçus ou à recevoir un jour en Provence. La police laissait faire. Tout cela n'était pas de la civilisation française et encore moins de la fraternité chrétienne.

Dans cette classe comme dans toutes les autres, il faut distinguer entre les collections et les individus. Nulle part les collections ne sont bonnes, sages, mesurées ; mais, là comme ailleurs, les individus pris isolément sont d'un commerce doux et facile, et de relations honnêtes et très serviables. Que le carrier ait l'écorce du caractère un peu plus revêche que le faquin qui se dandine du matin au soir sur les boulevards de Paris, cela n'a rien d'étonnant. Quelle civilisation voulez-vous qu'il trouve dans ce trou où s'écoulent les trois quarts de sa vie ? Quels rapports d'aménité, quel contact d'urbanité pourrait-il y trouver ? Ses camarades ne sont pas plus des professeurs de haut savoir-vivre que lui. Excusez-les donc, si vous les trouvez un peu grossiers, et insuffisamment polis.

Il faut encore distinguer entre les hommes mariés, pères de famille, ayant un domicile fixe, et les *rouleurs*. Ceux-ci ressemblent aux crapauds ; ils prennent tout le venin des vices pour eux, et le lancent sans motif et sans raison à la figure des passants. Oui, de l'aveu de tous les honnêtes carriers, le rouleur est la plaie, la honte et le déshonneur de la corporation. Mais il en est bien autrement du carrier qui a son ménage, ses meubles, son feu et ses repas chez lui: c'est un homme honorable et respectueux. Vous objectez qu'il y a des exceptions. J'allais dire : tant mieux ! car l'exception suppose la règle ; mais je dis : tant pis ! Oh ! je voudrais tant les voir tous bons, heureux, raisonnables et considérés ! Je vous certifie que je les aime beaucoup, mes carriers ; pauvres gens ! leur vie est si courte et traversée par tant de misères... Ah ! si du moins ils savaient se tourner par la pensée, de temps en temps, vers Dieu, leurs épreuves seraient moins dures et leurs peines moins amères ! Du matin au soir, ils ont sur leurs têtes, sous leurs yeux, dans leurs mains et autour d'eux des millions de preuves palpables et sensibles de l'existence de Dieu, et ils ne s'en doutent pas, et ils n'y réfléchissent pas... Quel malheur ! Quel dommage !... Il y aurait dans une carrière tant de mérites pour le ciel, si on voulait offrir à Dieu toute la sueur que l'on y verse !... Et cette offrande de l'esprit et du cœur ne changerait en rien l'état du porte-monnaie.

On reproche aux carriers de boire avec excès. Oui, c'est une de leurs faiblesses ; mais savez-vous d'où vient cela ? Cette soif excessive se rattache au problème de la brièveté de leur existence. La poussière de grès pénètre le carrier par tous les pores de la peau jusqu'à la moelle des os. Qui pourrait évaluer la quantité de grès qu'il absorbe chaque jour par la bouche, les narines et les oreilles ? Voyez-le sous cette couche de sable impalpable, on dirait un homme pétrifié. Aussi une fièvre de consomption lente s'allume en lui, dès la première année qu'il fréquente la carrière, et ne s'éteint plus qu'à la mort, qui arrive entre quarante et cinquante ans, pour celui qui ne quitte jamais la carrière. On dit à Saulx qu'ils finissent de la poitrine ; ce n'est pas assez dire : ils meurent de consomption.

Le grès est une substance granitoïde dont le contact prolongé finit par exercer une action corrosive et destructive de l'organisme humain. Sous l'influence de l'action dessiccative de cet élément destructeur, les infortunés carriers sont irrésistiblement portés à boire, et c'est ainsi qu'on les voit se jeter sur le vin et sur toutes les liqueurs alcooliques. Ils se font, de la sorte, sans le savoir, les valets complaisants et les aides actifs du grès leur bourreau ; ils abrègent leur vie, creusent leur fosse pour y entrer à courte échéance. Vous qui les aimez, me direz-vous, ne pourriez-vous pas trouver dans les plantes du Rocher un remède, un frein, un adoucissant, un modérateur à ce tourbillon qui les emporte vers la tombe avant l'âge ? Parfaitement ! Je connais la boisson qui leur ferait du bien ; en voici la formule : 30 grammes de chiendent et autant de réglisse en décoction pour un litre d'eau ; en boire à discrétion. Cette boisson délayante et désobstruante, employée entre les repas, serait un précieux lavage du sang et des viscères.

Le travail du carrier est bien rétribué. Son salaire est élevé. C'est justice ; car il doit se donner une nourriture saine et solide, pour réparer ses forces d'abord, et aussi pour neutraliser l'action corrosive de la poussière de silice.

Il ne reste plus que vingt-six carriers établis et chefs de famille dans Saulx-lès-Chartreux. Les bandes si odieuses de rouleurs d'autrefois ont, Dieu merci, complètement disparu. A cette heure tout est bien, et les mœurs des carriers ne sont en rien inférieures à celles des autres corps d'état et des cultivateurs. Malgré cela, je fais, à chaque instant, des vœux pour qu'aucun des enfants qui sont confiés à ma sollicitude pastorale n'embrasse cette trop dangereuse profession. Pourquoi, me direz-vous, puisque les mœurs actuellement n'y sont pas plus mauvaises qu'ailleurs ? C'est la statistique des décès prématurés, des morts violentes, des mutilations sans nombre qui me fait appréhender cet état pour les enfants de Saulx, que je me suis habitué à regarder autrement que des étrangers. Oh ! oui, le danger est là ; il enveloppe du matin au soir cet homme dont la vie se passe entre des blocs qui tombent ou qui glissent comme des éclairs. Et d'ailleurs, on peut dire sans exagération, que chaque vingt-quatre heures passées dans la carrière ôtent six heures de vie à celui qui en a avalé la poussière. Depuis soixante ans, il n'y a pas eu moins de quinze victimes écrasées, broyées sur place. Aussi mon dernier mot est : *Salut et honneur au courage malheureux !...*

CHAPITRE DIX-NEUVIÈME

VUE GÉNÉRALE DU TERRITOIRE ET VOIERIE

§ I. — Topographie.

Le territoire de Saulx s'étend, en largeur, de la route de Paris à Orléans au ruisseau du Paradis près de Villers-sur-Saulx; en longueur, il va de la Morte-Rivière tout près de Champlan jusqu'au Rouillon en face de Nozay; pour atteindre cette limite, il escalade le Rocher au pied du Pavillon-Blanc, et l'enroule tout entier sur toutes ses faces. On dirait qu'il a choisi pour jalon de ses limites les murs des jardins de Longjumeau, de Champlan, de Villebon, de Villers, du Pavillon de Villejust et du Petit Ballinvilliers. Quand il ne s'appuie pas directement sur leurs épaules, il s'en approche assez près pour donner à un enfant la facilité de les atteindre avec une pierre.

Il est ourlé de coteaux plus ou moins saillants, sur tout son périmètre. L'éventail de ses multiples et gracieuses ondulations rayonne du fameux Rocher historique, qui lui sert de base, vers la rivière. Tous ces soulèvements, ces plis, ces creusières et ces ravins sont commandés majestueusement par ce grand cavalier assis sur le grès et coiffé de verdure, qui leur sert de couronnement. Les lignes de ce roi de notre territoire, nettement dessinées, la supériorité de ses formes sur tout ce qui l'entoure, et sa position isolée lui donnent des airs de géant. N'importe où vous soyez dans le territoire, il est là à vos côtés; il vous suit partout jusqu'à quarante kilomètres à la ronde, partout, au nord et au levant. C'est un effet réel de montagne. Et pourtant hélas ! ce n'est ni le Rhin ni le Rhône qui arrosent notre territoire ; non, pas d'illusions, ce n'est que la coquette et joyeuse Yvette. Ici nous sommes dans la banlieue de Paris et non en face du mont Blanc.

De tous les points du territoire, si l'on en excepte le revers méridional du Rocher, le bourg de Saulx, bâti sur une éminence, se laisse voir à l'œil nu. Le hameau de Saulxier, au contraire, est totalement couvert. Son existence n'est révélée que par les grandes futaies du parc de Mont-Huchet qui l'ombragent.

§ II. — Géologie.

La matière meuble qui forme la surface de la terre et dans laquelle les plantes envoient leurs racines est appelée du nom isolé de *terre*. L'expression « terre » éveille à la fois deux idées : celle d'une facile division et d'une certaine fertilité, celle d'une matière à terrassement et d'une matière à végétation.

Pour dissiper cette confusion, remarquons qu'on prend la terre fertile par-dessus et la terre à remblai par-dessous : appelons la seconde *sol minéral* et la première *sol végétal* ou *humus*, la terre sera la superposition ou le mélange de ces deux couches. Entrons dans quelques développements préliminaires, pour bien connaître les divers éléments constitutifs du sol si varié de notre territoire.

Le sol minéral est constitué par un mélange de fragments de toutes les roches superficielles du pays, fendillées par des alternatives de chaleur et de froid, de sécheresse et d'humidité, de gelée et de dégel, décomposées par l'action chimique de l'eau des pluies et des sources, choquées, brisées, pulvérisées, transportées et triées par les eaux courantes, quelquefois par les animaux fouisseurs ou les instruments de l'homme. Réduits en poudre impalpable, ils ne resteraient plus, s'ils étaient secs, à la surface sans être emportés par le moindre vent; mais l'eau des pluies peut alors les agglomérer et en former une *boue*, qui, comprimée et séchée, pourrait reprendre de la consistance et redevenir une roche à son tour.

Le sol est, en général, un mélange de toutes ces sortes de fragments, c'est-à-dire qu'il contient à la fois des cailloux, du gravier, du sable et de la boue. L'élément boue est nécessaire pour retenir l'eau dans ses pores, et l'élément gravier ou sable, pour laisser couler l'excès de cette eau et introduire à sa place l'air dans le sol. L'air et l'eau sont à la fois nécessaires à la vie végétale, et ce mélange irrégulier de petits pores pleins d'eau et de gros pores pleins d'air est précisément le seul milieu convenable aux racines des plantes.

Toutefois ce sol minéral blanc, jaunâtre ou rougeâtre, prend une couleur de plus en plus foncée en s'approchant de la surface; c'est que les racines des végétaux morts et les produits de leurs excrétions, les débris des larves d'insectes et autres petits fouisseurs, plus haut, les débris des herbes, des feuilles, des animaux, en un mot, de tout ce qui a vécu à la surface de la terre, ont subi cette décomposition qu'on nomme fermentation, puis cette demi-combustion qu'on appelle putréfaction; d'où il résulte d'un côté des substances solubles, les matières fertilisantes des engrais, de l'autre des débris solides charbonneux imprégnés de ces matières, qui peuvent arriver à donner au sol végétal une couleur tout à fait noire; la tourbe et le terreau, qui présentent cette couleur, sont presque entièrement constitués par ces débris charbonneux.

Le sol végétal est donc le mélange des matériaux meubles du sol minéral avec les débris organiques putréfiés et carbonisés, plus ou moins arrivés au point de décomposition où le fumier prend le nom de *terreau*.

La matière charbonneuse de la terre végétale augmente par la végétation, au lieu d'être dépensée; car ses éléments sont extraits de l'air par la plante sous l'influence de la lumière. Le charbon que la terre donne à la plante naissante lui est rendu avec usure par la plante adulte. La vie est multipliée par la vie, et la surface primitivement nue des roches, pulvérisée et fécondée par les siècles, se couvre partout, avec le temps, de son riche vêtement de verdure, asile et aliment de la vie animale. C'est ce vêtement et sa doublure de matériaux ameublis qui constituent le sol de notre territoire, dans la variété de ses nuances. En général, la nature du sol végétal du territoire de Saulx est argileuse et sablonneuse. Le dos des ondulations est sablonneux et graveleux, et le fond des dépressions est argileux; donc terre forte en bas et terre légère en haut. Quand ces deux qualités s'associent sur un sous-sol perméable, la terre devient de première qualité: c'est ce qui arrive aux chantiers de la petite et de la grande Couture, ainsi qu'à celui des Palais, tous trois tenant l'espace entre le pavé de Longjumeau et la route de Montlhéry, depuis les jardins du bourg jusqu'au ruisseau de Chauffour. En allant de Saulx à son Rocher, on monte toujours; il faut donc s'attendre à trouver un sol composé des raclures de la montagne emportées par l'eau et le vent des siècles écoulés. Ce sable souvent brun, jaunâtre ou rougeâtre, par les matières argileuses, ferrugineuses et carbonifères qu'il contient, est d'autant plus fertile, que son sous-sol argileux lui conserve une bonne fraîcheur. Le cadastre pour les contributions le place en troisième classe.

L'ourlet qui va, parallèlement à la route d'Orléans, du Rocher à Longjumeau, en passant au-dessus de Saulxier, est une terre graveleuse, mauvaise par places, et quelquefois très fertile; aussi est-elle tantôt de deuxième, tantôt de troisième qualité. Les bords de l'Yvette, comme tous les fonds de vallées, sont argilo-tourbeux, et par conséquent propres à l'arboriculture et au jardinage. C'est la fine fleur de la terre du pays, pour la petite culture.

Le bassin du ruisseau du Paradis, sablonneux et graveleux vers le Rocher, devient purement argileux quand il se donne en totalité à la commune de Saulx; mais reposant sur un sous-sol pierreux, jamais il ne garde à sa surface ni mares, ni flaques d'eau croupissante; là est le secret de sa grande fertilité pour les céréales.

§ III. — Rivière, Sources et Ruisseaux.

A tout seigneur tout honneur ! Salut à l'*Yvette !* Assez large, peu profonde, parsemée d'abîmes, on ne la braverait pas toujours impunément. En sortant du parc de Villebon, elle coule à cinquante-huit mètres d'altitude au-dessus du niveau de la mer. Comme Annibal dans les délices de Capoue, elle semble s'endormir dans notre riche prairie qu'elle arrose, tant elle y multiplie ses gracieux méandres. Elle passe rapidement devant le lavoir public de Saulx pour arriver au moulin qui, depuis des siècles, lui emprunte sa force pour moudre le blé du pays. Cette besogne ne la retarde en rien, elle file comme une flèche vers Longjumeau, qui l'attend pour la prospérité de son moulin et de ses tanneries.

Parallèle à l'Yvette, à l'extrémité opposée du territoire, le *Rouillon* naît, à cent soixante-un mètres au-dessus du niveau de la mer, des infiltrations du plateau de Noazy et vient modestement rafraîchir les plantes du Rocher, en se dirigeant vers l'ancienne maison seigneuriale de Plessis-Saint-Père. C'est aussi des rigoles invisibles du Rocher que le ruisseau du *Paradis* descend, en dessinant la miniature de ses flots successivement sur les territoires de Villejust, Villebon et Saulx-lès-Chartreux. Le *Préau,* qui devient le ruisseau de *la Cressonnière* dans les jardins de Saulx, naît au milieu de la plaine, à la bifurcation que fait l'ancien chemin de Saulx à Villejust avec le chemin des fonds du Paradis. Après avoir alimenté un lavoir public, il cache ses eaux blanches de savon et de graisse animale ou humaine derrière les jardins de Saulx; après avoir fait sa toilette dans les champs voisins, il se présente au Paradis, qui le reçoit avec bonté. La *fontaine de fer* jaillit au bord de Villedieu; c'est d'abord un lavoir public construit en pierre et couvert en tuiles; mais sans s'arrêter aux stupides et coupables médisances de *quelques laveuses,* elle court grossir le ruisseau du Paradis, qui attire tout à lui, on le voit clairement.

La fontaine de *Mademoiselle,* cette fille aînée du Rocher, épouse près de sa source le ruisseau d'*Amoyard,* qui s'en va droit à Saulxier, où il devient une véritable merveille dans le parc de Mme Max. Cent mètres plus loin il reçoit le trop plein de la bonne fontaine du parc de Mont-Huchet, et court rejoindre l'Yvette entre le moulin de Saulx et la ville de Longjumeau. La fontaine des *Aulnes à Cosson* est jaillissante. Chaque poussée de sa source soulève des flots de sable, c'est une preuve que son principal réservoir d'alimentation est placé vers le sommet du Rocher. C'est elle qui est la principale nourrice du ruisseau de Chauffour. Ce trop heureux nourisson boit encore le trop plein de la *Maçonne*, des *Gaudrais* et des *Bouillons;* aussi forme-t-il aisément une vaste pièce d'eau dans le parc du château de Mont-Huchet, avant d'aller s'enfouir sous la vanne du moulin de Saulx. La source des *Bouillons,* qui reçoit celle des *Gaudrais,* s'est laissé détourner de son cours; elle vient à Saulx par des tuyaux souterrains. Là, après s'être reposée dans un vaste réservoir couvert, elle débite son eau douce, bienfaisante, exquise, par une fontaine centrale, d'où elle est distribuée à douze bornes-fontaines qui se partagent toute l'étendue du pays.

Cette distribution d'eau a une histoire : la voici telle que des pièces authentiques, irrécusables nous la montrent :

DONATION FAITE PAR M. PROSPÈRE DE SAINT-PAUL A M. AUGIBOUST ETIENNE FILS

« Je soussigné, propriétaire sur le territoire
« de Saulx-lès-Chartreux, autorise M. Etienne
« Augiboust, mon locataire, à faire drainer à
« ses frais la pièce de terre qui m'appartient,
« chantier des Bouillons, à disposer de l'eau
« comme il l'entendra, à la condition pour moi,
« de n'être en rien responsable des inconvénients

« qui pourraient en résulter pour des tiers et
« dont il s'engage à répondre. »

Paris, le 19 janvier mil huit cent soixante-sept.

P. L. de Saint-Paul.

Par suite de cette donation, l'eau des Bouillons devient la propriété de M. Etienne Augiboust de la manière la plus claire, la plus nette et la plus précise; il en fera ce que bon lui semblera; c'est son droit et son affaire. Un jour M. Riant, maire de Longjumeau et conseiller général du canton à cette époque, veut acheter cette eau pour la donner à sa ville : il en offre six mille francs à M. Augiboust. Six mille francs !!! C'est un beau denier par tout pays et pour tout le monde. Mais dans un milieu où l'argent règne en maître et en tyran, six mille francs, c'est une rude tentation. Le nouveau propriétaire de l'incomparable eau des Bouillons va-t-il subir ce joug de l'argent et priver à jamais les habitants qu'il administre comme maire, de cet immense bienfait ? M. Riant, généreux pour Longjumeau, insiste d'autant plus, qu'une pareille occasion ne se représentera jamais. Avoir de la bonne eau c'est jouir d'un trésor que l'on ne peut pas toujours posséder avec de l'or et de l'argent. Il dit à M. Augiboust que son désintéressement et sa générosité seront vite oubliés.

Malgré ces vérités et cette somme de six mille francs, M. Augiboust reste ferme, généreux et désintéressé en faveur de son pays. Il donne à Saulx-lès-Chartreux, son pays natal, l'eau des Bouillons par un acte légal et authentique. En voici une copie qui a été extraite du registre des délibérations du conseil municipal de cette commune.

DÉPARTEMENT DE SEINE-ET-OISE
ARRONDISSEMENT DE CORBEIL
CANTON DE LONGJUMEAU
COMMUNE DE SAULX-LES-CHARTREUX

« L'an mil huit cent soixante-sept, le dix-sept
« février, le conseil municipal de la commune de
« Saulx-lès-Chartreux étant réuni sous la prési-
« dence de M. le Maire pour la session ordinaire
« du mois de février.

« Présents: MM. Levacher Michel-Gabriel, Del-
« neuf Nicolas-Ambroise, Garouste François-
« Marie, Chartier François-Charles, Fleury Louis-
« François, Perrot André-Didier, Danest Michel-
« Louis-Jean-Baptiste, Guézard, Magne Marie-
« Bertrand, Adjoint, et Augiboust Etienne, Maire.

« Absents : MM. Massy Ambroise-Désiré, et
« Crécy Etienne.

« M. le Président donne lecture au conseil
« d'une donation par laquelle M. de Saint-Paul

« propriétaire d'une pièce de terre au chantier des
« Bouillons, territoire de Saulx-lès-Chartreux,
« l'autorise comme locataire de ladite pièce de
« terre à faire exécuter les travaux de drainage et
« à disposer de l'eau qui s'y trouve comme il l'en-
« tendra, à la charge pour M. Etienne Augiboust
« de payer les frais et d'être responsable des
« inconvénients qui pourraient en résulter pour
« des tiers.

« M. le Maire informe le conseil qu'il cède
« à la commune de Saulx-lès-Chartreux tous les
« droits qui lui sont acquis par la donation de
« M. de Saint-Paul, à la charge par ladite com-
« mune de se conformer aux conditions stipulées
« dans cette donation.

« Le conseil municipal accepte avec reconnais-
« sance la cession qui lui est faite par M. le Maire
« et lui vote à cet effet des remerciments.

« Fait et délibéré les jour, mois et an que des-
« sus. Ont signé au registre : MM. Levacher, Del-
« neuf, Garouste, Chartier, Fleury, Perrot, Da-
« nest, Guezard, Magne Adjoint, et Augiboust
« Maire. »

Nous n'avons rien à ajouter à cette pièce; elle est suffisamment claire et frappante. L'eau douce, de bonne composition chimique, étant l'élément le plus indispensable à l'homme pour les besoins de sa vie et la conservation de sa santé, chacun reconnaîtra que M. Etienne Augiboust est devenu, par le fait de cette donation, le plus grand bienfaiteur de son pays et de ses compatriotes. La postérité honnête et reconnaissante bénira à jamais sa mémoire.

§ IV. — Routes et chemins.

Route !.. Ce substantif est une fantaisie grammaticale que nous empruntons à la route de Paris à Orléans pour la remercier de ce qu'elle daigne écorner notre territoire; car d'aucun côté nous n'atteignons ces hauteurs en fait de voies de communication. Notre point culminant est un chemin *d'intérêt commun* de Longjumeau à Bures. Entre Saulx et Longjumeau, il a été fait en pavés carrés par les révérends Pères Chartreux, avant l'année 1780; car sur le plan de leur domaine, daté de cette même année, il y est figuré sous le nom de chemin neuf. Mais la Révolution viendra bientôt s'emparer violemment, au mépris de tout droit, du domaine des Chartreux; et le chemin, amené jusqu'au bord du village, restera plus d'un siècle sans que personne n'y touche. En effet, ce n'est qu'en 1836 que M. Jacot, ancien architecte à Paris, nommé maire de cette commune, commence le pavage de la grande rue; puis il meurt au début de son œuvre ; mais l'élan est donné. M. Augiboust Denis, son successeur dans les fonctions de maire, conduit le travail entrepris jusqu'à la porte actuelle de M. Eripel. M. Laîné, maire à son tour, termine la partie pavée du chemin de Villejust, puis on s'arrête. Déjà on s'estimait très heureux de pouvoir traverser le village avec une voiture et des chevaux sans danger et sans recourir à la sage précaution de passer chez le notaire pour y faire son testament avant de s'engager dans de tels précipices. Avant ces améliorations, Saulx était inabordable en hiver, à cause de ses mauvais chemins, où l'incurie des habitants avait laissé se creuser des abîmes. Les anciens racontent que, depuis la Toussaint, jusqu'à Pâques, on ne sortait presque plus de Saulx, et que les *étrangers* n'osaient y entrer. Les rues mêmes étaient comme de larges fossés, où s'engloutissaient chevaux et voitures. De hautes berges de chaque côté servaient de passage à ceux des habitants qui avaient à circuler d'une maison à l'autre, et ce n'était pas sans courir le danger, souvent inévitable, de tremper son pied dans la boue et d'en sonder la profondeur.

Ces abîmes, qui semblaient ne pouvoir être comblés par toutes les pierres du département, ôtaient tout espoir de voir jamais devenir praticables des rues et des chemins si affreux.

Mais le siècle qui devait voir des routes s'ouvrir au-dessous, dans les entrailles mêmes des montagnes, et s'établir au-dessus des vallées devant cette vapeur prodigieuse qui emporte des milliers de voyageurs avec une vitesse effrayante; mais le siècle qui devait assister à l'établissement de ces fils tendus dans les airs et au fond des eaux pour porter, rapide comme l'éclair, l'expression de la pensée humaine d'un bout du monde à l'autre; ce siècle voyant la réalisation de ces belles conceptions de l'esprit humain, devait voir aussi les rues et les chemins de Saulx-lès-Chartreux faciles et commodes.

Après l'achèvement du bout de chemin pavé qui fait la sortie du village vers Villejust, la commune s'endormit donc au fond de sa vase. Néanmoins son maire, M. Laîné, était un homme très capable; mais, ancien commerçant de Paris, les besoins de l'agriculture lui étaient tout à fait inconnus. Il sentit son faible, et en magistrat consciencieux il prit les avis et donna sa confiance à un des membres de son conseil pour la partie administrative de ses fonctions de maire. En cela, il ne faisait injure à personne et il agissait en parfait honnête homme. Ce fut M. Etienne Augibroust qu'il choisit pour son inspirateur; il devint ainsi le guide de M. le Maire, dans une foule de choses. M. Laîné lui abandonna tout particulièrement la réparation des chemins. Alors, aidé par la nouvelle loi sur les *corvées obligatoires*, portée en mai 1836,

M. Augiboust Etienne entreprit cette tâche immense. Il attaqua d'abord le chemin de Villebon; c'était le plus difficile. Il chercha la voie la plus économique et la plus expéditive, et il la trouva : donc pas d'entrepreneur, pas d'adjudication, rien que des prestataires; et ce que les prestations ne purent faire, par cause d'épuisement des crédits ouverts au budget, des hommes de cœur pour leur pays, pleins de courage et de bonne volonté, l'achevèrent. Parmi ces généreux citoyens nous trouvons : MM. Augiboust Etienne, Guézard Antoine, Perrot André et quelques autres. Grâce à tous ces braves cultivateurs, en 1861, on avait un bon chemin pour sortir de Saulx vers Palaiseau.

En 1862, M. Augiboust, devenu maire de la commune, organise les prestations pour faire, par économie, un bout du chemin de Montlhéry. Une indemnité qu'il obtient de M. Rigaut, pour avoir déposé des immondices sur un terrain de la commune, vient en aide à son entreprise ; il fait la terrasse et l'empierrement de tout le ruban qui se trouve entre le chemin du Rocher et la fontaine de Mademoiselle. Le reste a été donné en adjudication, en 1864-65.

Le chemin de Villejust fait par adjudication, en 1866-67, a coûté de 12 à 14.000 francs.

La terrasse en remblai du chemin de Champlan à Saulx a été faite gratis en 1860, avec les terres du déblai de la route départementale de Corbeil à Versailles. L'empierrement de ce chemin n'est venu que l'an 1870, deux années après la construction du pont sur la rivière.

L'aîné de tous les chemins vicinaux de Saulx-lès-Chartreux est celui de Saulxier, allant à ce qu'on appelle le *pavé* de Saulx à Longjumeau. Il date de 1854. Son établissement est l'œuvre exclusive des habitants de Saulxier. Chacun a fait des sacrifices pour conduire cette œuvre à bonne fin. M. Fleury, un des plus courageux organisateurs de cette entreprise intelligente et d'utilité publique, a accepté la perte d'un mur valant plus de deux cents francs ; il a, de plus, concédé des terrains qui ne lui ont été remboursés qu'au bout de sept ans, sans intérêt aucun. Mme Leroux, de généreuse mémoire, a contribué par une somme considérable dans les différentes souscriptions qui se sont faites à cet égard.

En outre d'un chemin d'intérêt commun et de cinq chemins vicinaux, il y a trente chemins de terre, qui découpent en tous sens le territoire et qui tous convergent ou vers le bourg de Saulx ou vers ses hameaux.

CHAPITRE VINGTIÈME

LES BIENFAITS ET LES ABUS DE LA CIVILISATION

§ I. — Mœurs et vie sociale.

Chapitre délicat !... et d'autant plus difficile à traiter que, sous beaucoup de rapports, Saulx-lès-Chartreux est un pays exceptionnel.

Ici, on vit au grand air, en pleine campagne, au milieu de la verdure, des fleurs et des bosquets; mais les gens, en général, passent la moitié de leur existence à la ville, particulièrement à Paris. De là des oppositions et des contradictions nombreuses dans leur caractère, dans leurs manières de parler et d'agir. Par leur naissance et le milieu où ils grandissent, ils sont portés vers les mœurs simples, douces et paisibles; mais par leurs fréquentations, ils sont exposés à glisser vers des mœurs rudes, excentriques et peu honorables.

Agriculteur chez lui et commerçant sous les halles à Paris, l'habitant de Saulx se trouve placé entre l'éducation séculaire de la loyauté, de l'honnêteté, de la franchise et l'inspirateur éhonté du mensonge, de la friponnerie, de la mauvaise foi et de la dernière des indélicatesses. Cette appréciation un peu verte des mœurs actuelles de certains genres de commerce d'aujourd'hui n'est pas de moi : je ne fréquente jamais les foires, ni les marchés; elle est de mes paroissiens eux-mêmes : je les entends souvent se plaindre de la malhonnêteté du commerce de notre époque. Et Dieu sait s'ils savent ce qu'ils disent !...

A cause du contact continuel de l'habitant de Saulx avec ce qu'il y a de fangeux à Paris, on pourrait croire que ce village est totalement gangréné et pourri par les vices les plus bas et les plus pestilentiels. Eh bien, chose étonnante ! c'est juste le contraire qui existe. Il y a ici, comme partout ailleurs, hélas ! quelques grandes faiblesses morales; mais elles sont excessivement rares. C'est pour cela que ces misères humaines froissent et indignent si violemment la population honnête qu'elle les montre au doigt, quand elles s'étalent au grand jour. Il y a aussi, par-ci par-là, des égarements parmi les domestiques étrangers des deux sexes qui sont nombreux dans le village. J'ai fait la part du feu de l'obscénité et de la débauche. Maintenant je suis heureux et fier de dire : Tout le reste marche droit; oui, à Saulx les ménages sont très unis; l'homme et la femme se respectent; les époux vivent en bonne intelligence; ils s'honorent mutuellement et passent ensemble des jours heureux.

S'il y a en France un pays sur lequel le luxe de Paris, ainsi que les aberrations politiques et les turpitudes de ses faubourgs restent sans influence, c'est Saulx-lès-Chartreux. Nous avons des marchandes riches, en grand nombre, qui ont fréquenté régulièrement deux fois par semaine, pendant quarante ans de leur vie, les marchés de la capitale, sans éprouver aucunement le besoin de modifier leur coiffure deux fois séculaire. Ce fait est considérable et contient à lui seul la matière d'une solide étude de mœurs. Je dois avouer, toutefois, que, depuis quelques années, la mode, en reine de ce monde qu'elle est, étend son empire dans les rangs de nos jeunes filles. Elles se coiffent en cheveux et bonnets de ville, ou en chapeaux.

Chaque fois que des barricades se sont élevées dans Paris, les artisans de l'insurrection ont travaillé, crié, agité l'air, les rues, les têtes et les esprits, sous les yeux des habitants de Saulx; mais, toujours paisibles et indifférents, ceux-ci, sans perdre volontairement un seul instant, sont rentrés à leur village pour y vivre en dehors des agitations politiques et dans le respect des lois, auxquelles ils ont la sagesse de se soumettre.

Paris est tout à la fois la fortune et le supplice de Saulx-lès-Chartreux. Le commerce que l'on y fait donne de gros bénéfices. Mais chaque fois que l'on y va (cinq fois par semaine), tous, sans exception, n'y restent que juste le temps de vendre leur marchandise. Le grand souvenir que Paris laisse dans cette localité, c'est celui des nuits blanches passées, par tous les temps, en voiture pour y aller. C'est encore la mémoire toujours fraîche, des tracasseries, des discussions, des reproches injustes ou fondés que chaque marchand doit subir. Paris n'offre que dégoût et amertume aux habitants de Saulx.

Cette fatigue affreuse qu'ils sont obligés d'accepter, pour arriver à l'aisance, a produit dans le pays un vice bien regrettable et bien terrible; car celui-là réduit l'homme au dernier des esclavages, et le prive, après une vie de dur travail, de la jouissance de tous ses biens. C'est l'avarice !... cet amour désordonné de la terre et de l'argent léfait l'homme, le rapetisse, racornit son cœur, raccourcit ses vues et ses idées en toutes choses, le conduit quelquefois jusqu'à l'injustice, et le courbe si bas, qu'à la place d'un homme digne de ce nom, souvent il ne reste plus qu'un misérable de la pire espèce; je veux dire un misérable disputant à outrance le salaire de l'ouvrier et mourant de faim et de soif, couché sur des billets de banque, à côté d'un coffre-fort rempli d'or, d'argent et de valeurs en portefeuille.

Pendant des siècles, les mœurs de Saulx-lès-Chartreux ont été douces et bonnes, résistant à tous les chocs et commotions du dehors : personne ne pensait à porter envie à la place, ni au bien de son voisin. C'était trop beau; cet état de félicité et de paix publiques devait tôt ou tard troubler la tête des jaloux, des orgueilleux et des ambitieux. Aussi, à partir de l'exposition de 1867, on a vu certains esprits se déranger et chercher à en détraquer d'autres. — Que font tous les jours ces orgueilleux, ces ambitieux ? Ils creusent une mine sous leurs enfants et sous leurs petits-enfants. En travaillant de toutes leurs forces à la démoralisation des populations, et en attaquant follement la religion, qui seule est capable de sauver leur bourse et leur vie, ils tirent sur leurs propres pigeons, ils préparent des verges pour se faire fouetter, eux et leurs enfants. Un jour ils sauront que quiconque sème la foudre récolte le tonnerre. On voit déjà tous les jours les fruits amers de l'athéisme et de l'irréligion qu'ils essaient d'implanter parmi nous par les détestables exemples d'impiété qu'ils donnent à la jeunesse.

Voici un fruit tout frais cueilli, par un journal de Cambrai, sur l'arbre de leur prétendu progrès; il est intitulé :

La logique d'un écolier en 1881.

Polberville, un enfant de quatorze ans (c'était le premier de l'école), en a assassiné un autre de douze ans, pour lui prendre sa casquette, qui était toute neuve. Le hasard a fait qu'un garde, couché non loin de là, a été témoin du crime. Le jeune meurtrier a été amené devant le juge, et voici un extrait de l'interrogatoire :

Le juge. — Pourquoi avez-vous commis ce crime abominable ?

L'accusé. — Je voulais avoir sa casquette et il ne voulait pas me la donner.

Le juge. — Vous n'avez pas eu honte de frapper votre camarade pour un tel motif ?

L'accusé. — Pourquoi aurais-je eu honte, puisque personne ne me voyait ?

Le juge. — Vous n'avez pas craint les remords de votre conscience ?

L'accusé. — Ma conscience !... je ne l'ai jamais vue. On m'a dit quelquefois qu'il y en avait une, mais on ne me l'a jamais montrée ; et un monsieur inspecteur, qui venait de Paris, a dit devant nous tous, à l'école, qu'il ne fallait croire qu'à ce qu'on voyait et à ce qu'on touchait, et que ceux qu'on appelle cléricaux et qu'on chasse de partout à présent, sont des ennemis de la science, parce qu'ils croient le contraire.

Le juge (embarrassé). — Mais ne vous a-t-on pas dit, à l'école, que l'assassinat et le vol sont condamnés par la morale, que c'est un devoir de respecter la vie et la propriété, et que ce respect est la vraie religion ?

L'accusé. — C'est vrai, Monsieur le Juge. Mais on ne m'a jamais dit pourquoi c'était un devoir, et comment il y a encore une religion, maintenant qu'il n'y a plus de bon Dieu; et je n'ai jamais pu comprendre pourquoi le maître d'école, à qui je l'ai demandé, n'a pas pu me le dire. Un monsieur clérical, ancien percepteur destitué, s'est offert à me l'expliquer; mais je n'ai pas voulu l'écouter, parce qu'on m'a dit que, si j'allais avec lui, je ne pourrais pas avoir mon certificat d'études et plus tard mon brevet d'instituteur.

Je me permettrai en outre de vous rappeler, Monsieur le Juge, que nous célébrons à l'école le 21 janvier, anniversaire de la mort de Louis XVI, et qu'on nous cite avec éloge les noms d'Orsini, de Passanante et de je ne sais combien d'autres qui ont tué des rois. On nous fait aussi tous les jours l'éloge de M. le ministre C., de M. le préfet S., de M. le procureur général L., parce qu'ils ont chassé de leurs couvents tous les Jésuites, tous les Capucins, tous les Barnabites et tous les religieux du département, en envoyant des commissaires avec des haches et des serruriers avec des crochets pour forcer leurs portes. J'en ai conclu, à part moi, que ce n'est pas toujours un devoir de respecter la vie et la propriété des autres, qu'il fallait les respecter quand on n'avait pas d'intérêt à les leur prendre, ou qu'on craignait quelque inconvénient pour soi, mais qu'on pouvait le faire toutes les fois qu'on y trouvait son intérêt et qu'on n'avait rien à craindre de personne.

Moi, j'ai pris la vie de mon camarade pour avoir sa casquette, dont j'avais besoin, et je croyais n'avoir rien à craindre.

Le juge (à part). — Méchant drôle! je vois bien qu'un clérical l'a soufflé! (Haut). Assez raisonné comme cela; vous avez commis un crime qui mérite la peine de mort. Malheureusement, vous êtes trop jeune pour qu'on vous l'applique.

L'accusé (cyniquement). — La mort! ça ferait tout à fait mon affaire! J'avais un oncle qui s'est pendu et un frère qui s'est brûlé la cervelle, parce qu'ils n'avaient plus d'argent pour s'amuser et qu'ils trouvaient la vie ennuyeuse. Si vous me mettez en prison pour trop longtemps, je ferai comme eux. Qu'est-ce que j'y perdrai? On m'a dit à l'école qu'il n'y a plus que les cléricaux qui croient que tout n'est pas fini après la mort; mais moi, je sais bien que quand je serai mort je ne souffrirai pas plus que la vache de ma mère, qui vient de crever.

Le juge. — Taisez-vous, méchant drôle, et n'aggravez pas votre culpabilité devant la société.

L'accusé. — La société ! Qu'est-ce que ça me fait à moi, la société ? je ne lui dois rien. D'abord, je ne sais pas ce que c'est... Ah ! mais, peut-être bien que si !... j'en connais même plusieurs dont l'instituteur m'a parlé : il y a la *Société des libres-penseurs*, il y a la *Société des francs-maçons*. Ce sont justement des grands messieurs de cette société-là, un nommé Jules Ferry, un nommé Hovelacque, qui enseignent que le catéchisme c'est des bêtises, que les hommes sont immortels de la même manière que les animaux et les plantes, mais pas autrement. C'est ainsi que la vache de ma mère, qui est crevée, est immortelle par son veau qui vit encore, et que mon oncle, qui s'est pendu, est immortel dans son mauvais garnement de fils, qui est mon cousin. C'est ça, m'a dit M. l'instituteur, qui est dans les livres de cette société des libres-penseurs. Mais moi j'ai lu tout ça, arrangé plus drôlement, dans un journal que j'ai chipé dans le pupitre de l'instituteur, un jour qu'il m'avait enfermé seul dans la classe, pour un *pensum* : ce journal, sauf votre respect, s'appelait *Le Cochon*. Oh ! il y avait de bien jolies gravures !

Le juge. — Gendarmes, emmenez le prévenu. (A part). Pourtant le catéchisme avait du bon !

Telles sont les causes les plus ordinaires que

les tribunaux auront à juger dans un avenir prochain. Hélas ! oui, déjà ces quelques riches d'argent, mais pauvres d'idées, qui crachent en l'air, depuis quelques années, ont produit un mal profond dans leur pays natal. Avant cette campagne de renversement de l'ordre moral et religieux entreprise par eux, la vie sociale était florissante dans Saulx. C'était dans la vie de ce bas-monde une station de frères et d'amis : pas de scènes dans les familles, ni entre les individus ; pas de jalousie, pas d'égoïsme. Un ouvrier avait-il un charroi à faire ? l'un et l'autre lui disaient : « Prends mon cheval et ma voiture, ne te gêne pas. » La fête patronale arrivait-elle ? tous les jeunes gens se réunissaient en société, mettaient chacun un franc entre les mains du *maître garçon du pays*, les plus jeunes respectaient les vétérans, et tous ensemble s'amusaient honnêtement sous les yeux de leurs parents joyeux. La voix du maître garçon, le plus âgé, était écoutée pour terminer les différends.

Après la messe, les hommes, qui ne manquaient guère d'y assister avec leurs garçons chaque dimanche, se réunissaient au cabaret pour causer un instant des travaux de la semaine et des nouvelles qui en valaient la peine ; puis chacun rentrait chez soi, où la soupe attendait sur la table la famille qui se réunissait alentour. Un mariage entre jeunes gens du pays amenait presque des réjouissances publiques. Les voisins et amis se faisaient un devoir impérieux d'aller saluer les jeunes mariés le soir de leurs noces, et tous ceux qui étaient valides passaient ainsi en société respectable quelques heures à danser avec une simplicité, une cordialité et une honorabilité inconnues aujourd'hui.

De cette vie sociale si précieuse pour le bien public, si salutaire à tous, jeunes et vieux, riches et pauvres, il ne reste plus que le souvenir. Les chasseurs de pigeons dont nous parlons plus haut l'ont tuée. Quel bénéfice en ont-ils, les pauvres ânes ? Ce n'est pas nous qui voulons entrer en compte avec eux; non, non, nous serions de trop douce composition. Leurs propres élèves se chargeront bientôt de cette liquidation. Du reste, n'est-il pas juste qu'ils liquident eux-mêmes plutôt que leurs pauvres enfants une situation sociale horrible qu'ils ont bêtement et stupidement aidé à faire ? En vérité, ces ennemis de la religion et par conséquent de l'ordre social (l'un ne va pas sans l'autre) sont des êtres ineptes, incapables de raisonnements et de réflexions. Quand le pays vivait paisible, heureux sous l'égide de la religion, ils ne se connaissaient pas un seul ennemi. Les temps sont bien changés; depuis qu'ils ont bouleversé cet état de choses, ils comptent par centaines les gens qui les détestent, et ce qu'il y a de plus dangereux dans leur succès, c'est que les armes dont ils se sont servi, pour ruiner l'ordre social, se retourneront contre eux avec violence. Au premier signal de la liquidation sociale, ceux qu'ils ont démoralisés les prieront poliment d'ouvrir leur portemonnaie pour solder, à bons deniers, tous les votes dont ils ont accepté livraison déjà depuis longtemps. Voilà un petit commencement; attendez !... une fois ce premier versement usé, leurs bons amis leur demanderont des comptes plus sérieux. Ce sera le partage en frères par portions égales........ Oh ! alors ils verront ce qu'ils auront gagné, au juste, à la démoralisation de cette société qui était si heureuse d'avoir ces petites réunions, d'abord à l'église tous les dimanches, pour les continuer après en famille; et la famille, dans ces temps d'union et de vraie fraternité, c'était la paroisse tout entière.

Aujourd'hui, à la place de la vie sociale détruite, il y a : jalousie, haine, rancune, égoïsme, vol et incendie; viendront après assassinat, galères et guillotine. On se rencontre dans les cabarets pour y boire en ivrognes et s'y battre en bêtes fauves. Avant d'y entrer, on ferait bien de numéroter ses os; car il est rare qu'on en sorte sans avoir les abatis plus ou moins broyés ou disloqués. Voilà ce qu'ils ont donné à Saulx-lès-Chartreux, à la place de ce qu'ils lui ont pris !... Ah ! les malheureux !... Mais le mal se retourne toujours contre celui qui le fait. Mieux vaut encore expier ses fautes en ce monde qu'en l'autre ; car, ici-bas, la douleur a une fin, tandis que là-haut c'est pour l'éternité.

§ II. — Instruction et langage.

Instruction. — Sauix a été habité par de grandes capacités, habiles dans les sciences, les lettres, les arts, l'industrie et le commerce. De leur côté, la religion, la noblesse, la magistrature et l'armée y ont été également fort bien représentées par les révérends Pères Chartreux, maître Bernard Pignon, M. de Savalette, et le général marquis Dessole. A cause de cela, n'allez pas croire qu'il y ait ici une pépinière d'académiciens. Hélas ! non, bien loin de là ; l'instruction est très médiocre dans ce village. Pendant une période de vingt ans, c'est au plus si le maximum des efforts de nos deux écoles a obtenu en moyenne par année une nomination et un certificat d'études élémentaires. C'est beaucoup mieux que rien ; mais je voudrais davantage. Pour être complet, il est indispensable d'ajouter que nous avons, à côté de ces rares lauréats, un trop grand nombre d'enfants qui savent à peine lire couramment. L'orthographe et l'arithmétique sont devenues une chose de luxe que le grand nombre dédaigne. Non, le développement de plus en plus actif de l'enseignement élémentaire n'a produit aucune merveille dans cette commune. Malgré son importance relative, il lui serait difficile de soutenir, sous le rapport de l'instruction, la comparaison avec les petites communes de son voisinage. Saulx-lès-Chartreux a toujours eu des instituteurs zélés et intelligents, qui se sont honorablement acquittés de leur mission, ses institutrices de même; et cependant, depuis un temps immémorial, il n'est sorti de cette paroisse ni un prêtre, ni un religieux, ni une religieuse, ni un instituteur, ni une institutrice. Toutefois Mme Bellangé, ancienne institutrice de Saulx, a donné un prêtre à l'Eglise et une institutrice à l'Université. Son fils est actuellement vicaire à Beaugency (Loiret), et sa fille est institutrice-adjointe à Paris. Nous avons à peine le droit de revendiquer ces deux sujets d'élite; ils ont été élevés ici, mais ils n'y sont pas nés.

Avec ses deux enfants, Mme Bellangé, institutrice très capable, a fait quelques bonnes élèves dans cette commune. Ce sont des exceptions. Néanmoins nous ne voulons pas omettre que nous avons trouvé dans le cimetière la tombe de Simon Morin, élève de quatrième au petit séminaire de Versailles.

A cause de cette pénurie de gens instruits,

n'allez pas vous figurer, lecteur, que nous sommes en face d'une race d'idiots; les enfants, au contraire, ont l'intelligence vive et l'esprit précoce. Vous comprenez de moins en moins où est niché l'ennemi qui empêche la lumière de se répandre sur les enfants de Saulx-lès-Chartreux. Il y a là une énigme pour vous, n'est-ce pas ? Et pourtant, c'est simple comme bonjour : on reste ignorant parce qu'on ne va pas à l'école, voilà tout le mystère dévoilé ! Pour beaucoup de parents, l'école n'est pas une préoccupation, c'est à peine s'ils y pensent. L'enfant arrive tard en classe, il y manque la moitié du temps, reste des semaines entières sans s'y montrer; tant pis ! tant pis ! on ne veut pas en faire un notaire; pourvu qu'il sache bien compter, c'est assez à la grande rigueur. Dans une pareille situation de *savoir*, on ne devrait également devenir orgueilleux qu'*à la grande rigueur*. Mais, toujours et partout, ce sont les savants et les érudits qui sont humbles et modestes.

Les irrégularités de l'enfant dans sa fréquentation de l'école ne sont pas toujours imputables aux parents. Malheureusement, à Saulx, les enfants s'élèvent un peu eux-mêmes, sans direction, ni surveillance bien consciencieuse. Le père et la mère sont partis à Paris, au milieu de la nuit; l'enfant, abandonné à la surveillance d'une domestique ou de personne, se lève le matin quand il est las de dormir, et va à l'école si le cœur lui en dit. Cette liberté d'allures existe pour chaque enfant quatre jours environ par semaine. Comprenez-vous maintenant où le bât blesse l'âne qui ne sait rien? C'est le défaut d'assiduité à l'école. Oui, sans l'assiduité il est impossible d'obtenir le moindre résultat en matière d'instruction.

Les parents, bien souvent, se font les complices complaisants de cette indifférence scolaire des enfants. Nous l'avons dit plus haut: le vice dominant du pays, sa plaie vive, c'est une hideuse avarice, c'est une soif inextinguible d'argent; or, la tentation d'utiliser lucrativement les tout jeunes enfants se présente à chaque instant; comment y résister? Saulx fourmille de petites industries productives à la portée du plus jeune âge. En manquant l'école, un enfant de dix ans pourrait presque faire vivre rentiers son père et sa mère, pendant la moitié de l'année. Cet enfant que l'on escompte comme une valeur, dès l'époque de sa vie qui est réservée pour l'école partout ailleurs, va au mouron en hiver; le printemps lui montre l'oseille, les pissenlits, les fleurs des prés qu'il doit cueillir, sans compter les nids dont on vend les œufs et les petits oiseaux au marché; la violette et les fraises sont aussi de son ressort; l'été et l'automne le clouent du matin au soir à l'écossage des pois et des haricots, sans parler de la part que lui réservent les groseilles à cueillir, les pommes de terre à ramasser ; il sera encore sur pied pour les vendanges et la cueillette des fruits.

Reconnaissez-vous maintenant que Saulx, par son industrie et son commerce, est un pays exceptionnel et que, pour y prendre l'école au sérieux, il faut fermer les yeux à tous ces travaux que l'enfant peut faire dès sa dixième année ? En d'autres termes, il faut que chaque père de famille ait de l'esprit comme quatre, pour comprendre que, si l'instruction n'est pas la plus grande des richesses, elle est sans aucun doute le plus beau et le plus précieux de tous les trésors de la terre, après la santé que Dieu seul peut nous assurer, et nous rendre quand nous l'avons perdue.

Langage. — Le langage de Saulx-lès-Chartreux est une importation de Paris. C'est une question de larynx, et non un fruit de l'intelligence, ni d'aucune étude grammaticale ; cela n'empêche nullement la correction, la facilité, l'aisance et la volubilité ; car ces quatre qualités se trouvent dans la conversation des habitants de ce village.

Une classe de personnes qui parlent un bon français de routine et d'usage à Paris, c'est la gent domestique en livrée. Le valet de chambre copie *Monsieur*, la camériste imite *Madame* jusque dans ses inflexions de voix les plus difficiles, et la cuisinière parle à l'unisson de Julie et de Madame. Tous ces nobles domestiques se répandent sur les marchés de Paris, chaque matin, où ils emploient naturellement leur vocabulaire d'emprunt le plus riche; et mes chers paroissiens, à leur tour, font gratis emplette de beau langage, tout en servant la pratique. Mais, dès l'âge de huit à neuf ans, l'écolier buissonnier est là, auprès de sa mère; il écoute attentivement, sans cesser de se rendre utile, en débitant les petits articles, tels que le mouron, la violette, l'oseille, les bouquets à dix centimes la pièce, etc., etc. Cette méthode d'enseignement lui convient mieux que celle de l'instituteur de son village. A l'école, on ne parle jamais deux à la fois; sous les halles, l'exercice de la parole est libre, et pendant les huit heures que dure chaque marché il a entendu sans interruption plus de deux cents maîtres de la parole; quelle abondante récolte de mots il a pu faire! C'est ainsi que, rapportant de chaque marché dix ou quinze mots nouveaux, arrivé à l'âge de quinze ans, il parle avec justesse, sûreté et aplomb un excellent français de cuisine. C'est même un causeur facile et agréable.

Mais la facilité d'élocution dépasse tout ce que l'on en pourrait dire : ce sont des robinets toujours ouverts, qui coulent avec une abondance prodigieuse. Il y a Saulx-lès-Chartreux des marchaudes en grand nombre, qui, les jours de marché, parlent honnêtement et poliment, sans interruption du matin au soir, jusqu'à extinction de voix. Il y a tant à dire ! Ne faut-il pas vanter et faire valoir la marchandise; engager celui-ci; répondre à une critique de celui-là; attirer de nouveaux clients; adresser finement des compliments et des politesses à tout le monde; enfin, dire un mot d'intimité et d'épanchement aux anciennes pratiques sur l'entrain ou sur la langueur de la vente ?

Aussi, ces pauvres femmes amassent-elles souvent des enrouements tenaces, qui font peine à voir. C'est un rude métier. Il en résulte qu'avec des apparences de force et de bonne constitution l est rare qu'elles jo uissent d'une santé constante et d'une vieillesse heureuse.

§ III. — Industrie, Agriculture et Commerce.

Industrie. — L'exploitation des carrières de grès ouvertes sur le Rocher appartient à ce paragraphe. Mais les habitants de ce village ont été si peu les héros et les bénéficiaires de cette vaste entreprise, que j'ose à peine la considérer comme une industrie de notre loc… ; je n'en parle donc que pour mémoire de la c .

En 1830, alors que le célèbre médecin Broussais faisait triompher, en France, son système de traitement *antiphlogistique*, les sangsues devinrent l'arme quasi unique des médecins contre toutes les maladies. Saulx-lès-Chartreux fut vanté pour la qualité de ces buveuses de sang humain. La renommée lui en est restée, à tel point qu'il y a seulement quelques années on lisait encore dans le Dictionnaire de Bottin : « Saulx-lès-Chartreux ; grand commerce de sang- « sues. *Loni, Catel* et *Blondel*. » Ces trois auxiliaires zélés du grand Broussais dorment comme lui, depuis longtemps, dans la poussière du tombeau, en attendant la résurrection générale. Il n'en est pas moins certain que la pêche, la culture et la vente des sangsues ont constitué une industrie fort lucrative, dans Saulx-lès-Chartreux, pendant plusieurs siècles. Quand le fameux novateur, par la puissance de sa parole et de son génie, eut implanté dans l'école l'emploi obligatoire des sangsues, les marais de France ne suffirent plus ; il devint difficile de s'en procurer. Les habitants de Saulx, après avoir épuisé les vallées de la *Juine*, de l'*Essonne* et de la *Sologne*, s'en allèrent à la chasse de ces vers aquatiques en Prusse et en Hongrie, pour le compte de M. Gallois, pharmacien à Paris.

Grâce à Dieu, l'illustre Récamier arrêta cette hémorragie nationale. Il était temps, la France n'avait plus de sang. Broussais vit que son confrère était dans le vrai, mais l'orgueil lui fit soutenir sa mauvaise doctrine jusqu'à sa mort. Ses anciens adeptes l'abandonnèrent, il vit la fin de sa gloire avant la fin de sa vie. Les sangsues, de leur côté, touchaient à la destruction complète de leur espèce. Depuis cinquante ans, la médecine a totalement viré de bord : elle condamne les émissions sanguines comme un crime. Il paraît que les Français, de pléthoriques qu'ils étaient supposés jadis, sont regardés maintenant comme des anémiques, des chlorotiques et des mollassons. Voilà les incertitudes, les fluctuations, et l'ennui de la science des hommes : ce qui est vrai aujourd'hui sera faux demain, tandis que la science de Dieu ne peut ni se tromper, ni nous tromper. De là vient la supériorité infinie des Livres saints et de l'Evangile sur tous les autres livres, même les plus sérieux, les plus vrais, les plus honnêtes et les plus moraux.

A une époque plus reculée encore, dans ces temps de modération dans les désirs et de longue vie, dont parlent les chroniques du siècle dernier, une autre industrie florissait à Saulx-lès-Chartreux : c'était celle du cresson, qui a engendré celle si importante du mouron. Oui, il y a un siècle, des escouades d'hommes de Saulx parcouraient, la hotte sur le dos, les vallées, à vingt lieues à la ronde, pour cueillir du cresson, qu'ils vendaient à Paris. C'était une récolte gratis. Elle n'était pas toujours facile à faire : souvent elle obligeait ses moissonneurs à entrer jusqu'aux genoux dans l'eau glacée. Mais les hommes de Saulx étaient tellement pétris, charpentés et blindés, dans ces temps de tempérance, de sagesse et de bonne conduite, que les intempéries des saisons étaient sans empire sur leurs corps coulés en bronze ou taillés dans le granit de leur rocher.

Ces braves gens, aux habitudes simples et modestes, élevaient honorablement leurs nombreuses familles, au moyen de quelques petits trafics de ce genre ajoutés à la culture de leurs terres, et par là ils inauguraient le grand commerce que devaient faire un jour leurs descendants. Ils gagnaient moins que ces derniers, mais ils vivaient beaucoup plus longtemps. Leur travail était mesuré à leurs forces et les dépassait rarement. Ils savaient que c'est Dieu, la science infinie, qui a créé l'homme et fixé son travail à six jours consécutivement. Ils respectaient cet ordre établi et ne manquaient jamais de se reposer le septième jour, en le sanctifiant par l'assistance aux saints offices de la paroisse. Ainsi faisant, leur vie s'écoulait paisiblement vers une vieillesse saine, verte et presque toujours exempte de ces infirmités souvent atroces pour ceux qu'une mort précoce épargne aujourd'hui.

En 1792, les hommes ont voulu se mêler de

déterminer la mesure du travail humain : ils avaient décidé, dans leur *sagesse*, que désormais la semaine serait de *dix jours*, neuf pour travailler et le dixième pour se reposer. Hélas ! tout savants qu'ils étaient, ils ignoraient cet oracle : « Je détruirai la sagesse des sages, et je rejetterai « la science des savants. » Et ils ne réussirent point ! Ce n'est pas surprenant, ils avaient contre eux non seulement la parole éternelle, qui pouvait à elle seule briser ce *monde* où ils formaient des semaines d'un mauvais goût, mais ils avaient encore contre eux tous les peuples de l'univers; car tous les peuples de la terre travaillent six jours et se reposent le septième, et ainsi depuis le commencement. Ce qui a fait dire à un savant : « La semaine, depuis la plus haute « antiquité, circule à travers les siècles: il est très « remarquable qu'elle se trouve la même par toute « la terre. » — Quand même nous ne l'eussions pas appris, le bon sens tout seul ne nous dirait-il pas qu'il n'appartient qu'à Dieu de fixer la mesure du travail ? — Pourquoi ? — parce que Dieu seul connaît la force et la vie qu'il fait circuler dans nos membres. — *Tu travailleras six jours* (1)..... Voilà la mesure. Dieu l'a ainsi établie et observée le premier dans le grand œuvre de la création.

---

(1) Sex diebus operaberis.....

Maître souverain du temps, tous les jours sont les siens, il pouvait donc les garder tous. Mais sur *sept*, il nous en accorde six. Il est bien juste et bien raisonnable que nous lui donnions le septième, puisqu'il est à lui, qu'il le demande et le veut. « Septimo die cessabis. » (Exod., XXIII, 2.)

Du reste, les six jours de la semaine nous sont donnés pour subvenir aux besoins de notre corps; le dimanche, pour sanctifier notre âme, qui doit tôt ou tard retourner à Dieu. Car le corps, ce n'est pas tout; vous savez, lecteur, qu'il y a en nous quelque chose qui ne meurt point, et ne s'endort même jamais.

Quand vous êtes plongé dans un profond sommeil, vos yeux ne voient plus, vos oreilles n'entendent plus, tous vos membres sont en repos, vous êtes comme mort : cependant vous avez des rêves, vous allez, vous venez, vous rencontrez vos parents, vos amis, vous conversez avec eux, vous voyagez; en un mot, il semble que vous agissez comme si vous ne dormiez pas. Comment expliquer cela ? vous le savez bien, c'est que l'esprit, l'âme, ne s'endort jamais; toujours elle est en activité. Créée à l'image de Dieu, elle participe à son éternité, en ce qu'elle existera aussi longtemps que Dieu, c'est-à-dire toujours, toujours !

Agriculture. — Jusque vers le milieu du règne de Louis XVI, personne à Saulx-lès-Chartreux n'avait osé essayer de l'usage d'une voiture. Les chemins étaient tels, que cette crainte était fondée et fort excusable ; aussi, quand vers l'an 1780 on vit apparaître la première charrette, chacun disait que son conducteur allait se faire casser le cou. On s'y habitua et l'agriculture y gagna énormément. La grande culture jusque-là se faisait avec des bêtes de somme pour le transport des engrais et la rentrée des récoltes. Les moindres propriétaires charriaient tout avec des hottes et des crochets. La brouette, inventée sous Louis XIV par le savant Auvergnat Pascal, était encore un objet de luxe.

Avec cet outillage tout primitif, il était impossible de fatiguer la terre par des récoltes multiples, comme cela arrive aujourd'hui. Elle se reposait régulièrement après chaque récolte, et de là il arrivait qu'elle répondait exactement aux vœux des cultivateurs, qui ne faisaient pour elle que très peu de frais en engrais et en labour. Le prix de location des terres était insignifiant, les impôts étaient presque nuls et se payaient généralement en nature ; si on avait peu, on donnait peu ; quand on ne récoltait rien, on ne donnait rien ; c'était de la sorte toujours à la portée des cultivateurs. On donnait aux hommes, quand on avait reçu de Dieu ; dans le cas contraire, on ne devait rien ; d'où est venu ce proverbe : *On ne peut pas peigner un diable qui n'a pas de cheveux.* Toutefois, il faut distinguer entre ne *pas payer* et ne *pas devoir*. A cette époque, on ne devait rien à l'Etat et à aucun des décimateurs, quand on ne récoltait pas. Mais cela n'ôtait pas les droits de justice du créancier contre son débiteur pour toute autre chose ; par exemple : Pierre avait acheté un cheval à Nicolas ; tant qu'il ne le lui avait pas payé, il le lui devait ; la récolte, bonne ou mauvaise, n'était pour rien dans cette affaire.

En pensant que vos ancêtres n'avaient, pour tout attirail de labour, que des bêtes de somme et des hottes, n'allez pas croire que la moitié du territoire qu'ils vous ont laissé en héritage restait inculte. Peut-être n'est-il pas inutile ici que j'évoque les souvenirs de mes nombreux voyages à travers l'Europe pour vous les communiquer. Eh bien, sans parler de la Suisse, ni de l'Allemagne, ni de l'Italie, ni de l'Espagne, sachez que dans notre France, en plein XIX° siècle, en l'année 1881, la culture du quart de son territoire n'est faite, en grande partie, qu'à l'aide des moyens dont se servaient vos vieux parents. Avez-vous visité les Pyrénées, les Alpes, les Cévennes, l'Auvergne, le Morvan, la Côte-d'Or, la Franche-Comté, la Savoie, le Jura, les Vosges, les Ardennes, le Finistère, le Calvados, le Morbihan et le Bocage de la Vendée ? Eh bien, dites-moi, en dehors de la hotte et des bêtes de somme, comment voulez-vous aborder les aspérités, les flancs éraillés, les dents aiguës, les arêtes et les ravins de ces terrains, tous cultivés à peu d'exceptions près ? Après réflexion, vous reconnaissez donc que la culture de votre territoire, relativement bien nivelé, n'était qu'un jeu doux et commode, en comparaison de ce qui existera dans certains pays jusqu'à la fin du monde, en dépit et malgré tous les progrès des malins. Et, drôle de chose! quand on visite ces contrées, à l'air calme et satisfait de leurs habitants, on comprend qu'il y a dans ces montagnards plus de vrai bonheur que dans l'âme tourmentée, ambitieuse, envieuse et jalouse du matador de la banlieue de Paris. Ils se plaignent même de la civilisation plus affamée d'argent que de vertu, que les chemins de fer leur apportent de Paris.

Je les trouve dans les mêmes conditions de bien-être que les habitants de Saulx-lès-Chartreux sous le règne de Louis XVI. Oh! que ces hommes de Saulx savaient bien conduire leurs travaux d'agriculture selon les moyens d'action dont ils disposaient et particulièrement d'après les besoins de leurs familles! Que faut-il pour entretenir une famille dans l'aisance? Du pain, du vin, de la viande, des fruits, des légumes, de l'huile, du miel, du laitage, du bois, du chanvre, de la plume et de la laine. Tout cela se trouvait dans chaque famille, sans recourir au marché, ni au voisin; toute la culture et l'élevage des bestiaux et de la volaille étaient dirigés de manière à atteindre ce but infailliblement chaque année.

Si vous teniez, habitants de Saulx, à vous faire une idée juste et complète des coutumes de vos ancêtres, je vous dirais : Allez en Alsace, vallée plate, et dans n'importe quel pays de montagnes ; tout ce qui se faisait ici, il y a un siècle, s'y fait encore aujourd'hui. Là chaque maison est bourrée de provisions pour toutes les saisons de l'année. Si ce n'était le sel de cuisine, ils pourraient vivre seuls, sans le secours d'aucun étranger ; on dirait un régiment de soldats dans un arsenal, ayant son approvisionnement de guerre.

Avec leur progrès, les voisins de la capitale de la France sont loin d'avoir une telle indépendance. A notre époque, l'agriculture soigne et s'attache à la denrée qui rapporte le plus; et, pour le reste des besoins de la vie, elle compte sur tout le monde. Jadis chaque cultivateur classait ses terres, il y en avait: qui pour le pain; qui pour le vin; qui pour le feu; qui pour les bestiaux et la volaille donnant la viande, le laitage, la laine et la plume; qui pour les légumes; qui pour l'installation d'un rucher donnant le miel; qui pour l'huile; qui pour le chanvre donnant la toile; qui pour les fruits de toutes saisons. Le superflu était porté et vendu aux Parisiens. Cet argent servait à doter les enfants. Dans ces vieux temps, on leur donnait en mariage des vertus, des terres et des écus. Aujourd'hui, hélas! on leur donne beaucoup d'or avec l'art diabolique de n'en pas profiter. C'est une dérision de la fortune, l'avarice fait mourir les gens sur un lit d'écus de cinq francs, au milieu de toutes les misères les moins dignes de pitié et de compassion. L'avare est le dernier des êtres qui vivent sous le soleil.

Les plus pauvres du pays étaient toute l'année occupés chez les révérends Pères Chartreux et ils y vivaient heureux.

Un jour M. Thiers, le célèbre historien, disait à M. de Montalembert, le grand orateur : « Quand « j'entre dans un village, je considère avec satis- « faction le presbytère, et je pense qu'il y a là un « homme honnête et charitable, qui me serait se- « courable si j'éprouvais un accident. » Si on peut parler ainsi d'un simple petit presbytère, que ne pourrait-on pas dire d'un couvent de Chartreux? Leur charité ne s'est jamais démentie dans aucun temps, ni dans aucun siècle. Hier je lisais dans le journal *Le Pèlerin*, n° du 12 mars 1881 : « Une demi-douzaine de maisons ont été la proie « des flammes à Saint-Hilaire-du-Touvet (Isère). « Les PP. Chartreux se sont engagés à recon- « struire les bâtiments. M. R..., préfet de l'Isère,

« a envoyé aux six propriétaires incendiés *vingt-cinq francs...* » Quand ces bons religieux habitaient Saulx, ils étaient la meilleure, la plus économique et la plus sûre des assurances contre l'incendie.

Commerce. — Parmi les communes rurales du département de Seine-et-Oise, Saulx-lès-Chartreux, sous le rapport commercial, tient assurément le premier rang. Pour réclamer cette préséance en sa faveur, nous ne pensons pas avoir besoin de mettre en ligne les sommes d'argent produites journellement par ses carrières de grès, ni celles venant de la grande culture, mais seulement celles ramassées chaque semaine, sur les marchés et aux Halles centrales de Paris. La statistique nous donnera, avec autant d'exactitude que la matière en comporte, l'étendue et les détails de ce négoce; commençons. Environ trois cents personnes, accompagnant cent vingt voitures, sont chaque semaine sur les différents marchés de Paris. Ils y apportent en moyenne :

Par semaine.

3.000 kilos de beurre à 3 fr. le kilo (moyenne) = 9.000 fr. Par an, total :	468.000 fr.
6.000 douzaines d'œufs à 1 fr. la douzaine (moyenne) = 6.000 fr. Par an, total :	312.000
Total...	780.000

Report	780,000
Haricots filets 10.000 kilos à 40 cent. le kilo (moyenne) = 4.000 fr. Par an, total :	48.000
Haricots verts écossés, 10.000 litres à 30 cent. le litre (moyenne) = 3.000 fr. Par an, total :	40.000

Par an.

Mouron pour les oiseaux : minimum	5.000
Fraises	20.000
Oseille	10.000
Fruits divers, en moyenne	125.000
Total	1.028.000 fr.

Nous passons sous silence les asperges, les épinards, la salade, les choux, les pommes de terre et les bouquets ; néanmoins chacune de ces denrées a une valeur réelle dans cette bourgade de Saulx-lès-Chartreux. C'est une Colifornie où la moindre des plantes renferme de la poussière d'or. Trouvez donc en France un second village dont les habitants détaillent, comptent et pèsent pour un million trente-huit mille francs de menues marchandises par an !..... Pour cela, me répondrez-vous, il faut avoir un Paris pour client. Vous avez parfaitement raison.

CHAPITRE VINGT-UNIÈME

RICHESSES DIVERSES DE LA COMMUNE

§ I. — Cadastre et contribution.

Cadastre. — Les lois de 23 septembre 1791 et 5 septembre 1807, relatives à l'établissement du cadastre dans toutes les communes de France, ont été mises à exécution dans celle de Saulx le 15 mars 1811. Le travail de cette utile et magnifique opération a été confié à M. Louis-Primislas L'Allement, ingénieur géomètre de première classe, assisté de M. le Contrôleur des contributions, M. le comte de Gavre étant préfet de Versailles et M. Couvret maire de Saulx-lès-Chartreux.

Le territoire a été divisé en seize sections :

1°	La section	A	dite de la Prairie,	comp. 144	parcelles.
2°	—	B	— des Thiborades	— 452	—
3°	—	C	— du Terrain	— 529	—
4°	—	D	— des Camomènes	— 271	—
5°	—	E	— de la Bâte	— 521	—
6°	—	F	— du Grand Banc	— 202	—

À reporter 2119

				Report	2.119	parcelles
7°	—	G	—	du Rocher	—	475	—
8°	—	H	—	du Couloir	—	778	—
9°	—	J	—	des Paradis	—	410	—
10°	—	K	—	des Glaises	—	752	—
11°	—	L	—	des Graviers	—	96	—
12°	—	M	—	du Mont-Huchet	—	64	—
13°	—	N	—	de la Tuilerie	—	265	—
14°	—	O	—	des Grands Bois	—	559	—
15°	—	P	—	de la grande Rue	—	628	—
16°	—	Q	—	du Village	—	945	—
				Total...		7.091	parcelles

La contenance totale a été trouvé de 766 hectares, 82 ares 99 centiares, dont le revenu imposable a été fixé a 58.713 fr, 87 cent.

Cette contenance et ce revenu se décomposent ainsi :

1° Matière imposable :

NAT. DES MATIÈRES IMPOSABLES	HECT.	ARES	CENTIARES	REVENU
Terres labourables	389	34	22	28.027 fr. 17
Pâtures	29	07	00	174 42
Prés	84	92	42	13.085 95
Vignes	27	88	10	1.988 90
Bois taillis	88	67	54	5.315 75
Terres plantées	73	84	96	6.140 39
Jardins potagers	15	23	45	1.939 05
Friche unique	5	78	25	34 69
Objet d'agrément unique	3	54	95	390 45
Pépinière unique		38	50	42 35
Carrières	2	30	85	13 25
Murget		04	76	02
Mares		95	50	13
Sol des propriétés bâties	6	04	70	605 17
	718	05	19	58.213 87

2° *Matière non imposable :*

Eglise, cimetière
Maison communale
Chemins, rue et places publiques
Ruisseaux et fossés
Ravins et rigoles
} 37 · 87 80

Total pareil... 756 82 99

représentant la contenance exacte du territoire, dont le périmètre est de 11.900 mètres.

Contributions, Dépenses communales, Chemins vicinaux.

Année 1880.

Recettes ordinaires. Fr. 16.895 33) Fr. 22.489 23
— extraordin. » 5.593 90)
Dépenses ordinaires Fr. 22.018 76) Fr. 29.059 17
— extraord. » 7.040 41)
Excédent de dépenses . . . . . Fr. 6.569 94
Il y avait de reliquat des années
   précédentes . . . . Fr. 19.485 54
Reste donc en excédant . . . . » 12.915 60
   qui aideront un peu à payer la dépense énorme faite pour le chemin de Champlan.

§ II. — Bureau de Bienfaisance et archives communales.

Le Bureau de Bienfaisance. — Le bureau de bienfaisance, dû à l'initiative charitable et zélée de M. l'abbé Grondard, curé de cette paroisse, a commencé à fonctionner vers 1834. Pendant plusieurs années, il resta sans titre légal. C'était une œuvre de charité publique et paroissiale. Il n'y avait pas de budget proprement dit; on faisait des souscriptions dans le village et des quêtes à l'église suivant les besoins des indigents. L'établissement modeste et mineur n'ayant pas de titre officiel, n'avait pas de registre non plus, ses comptes s'inscrivaient régulièrement et minutieusement sur des feuilles volantes. Les délibérations se prenaient en famille, sans écrit; et leur exécution était confiée à M. le Curé, qui s'en acquittait avec toute la délicatesse de conscience qu'un bon prêtre met dans toutes ses fonctions.

En 1838 apparaît le premier registre, les comptes sont établis en recette et en dépense, les délibérations sont écrites. Le 9 avril de la présente année, le conseil établit le tronc des pauvres dans l'église, nomme douze quêteuses chargées de faire les souscriptions dans le village et les quêtes à l'église.

Recette totale : souscriptions, quêtes
et tronc.............................. 320 fr.
Dépense........................... 270
Reste en caisse la somme de........ 50 fr.

Voilà le bureau de bienfaisance, œuvre pastorale à ses débuts. Plus tard, la commune elle-même vota un secours ; et l'institution obtint de la préfecture son titre légal de *Bureau de bienfaisance*, avec l'organisation totale que lui donnent la loi et les règlements dans l'espèce. Ainsi constitué, il eut, — ce que, du reste, il avait déjà, — son budget, ses comptes, ses élections, ses réunions et ses séances régulières. M. le Curé et M. le Maire en étaient membres de droit. Une loi de la République, en date de 1879, a enlevé ce privilège au curé de la paroisse ; ce qui a fait que, par une politique des plus maladroites dans ce pays, M. le Curé a été éliminé du bureau de bienfaisance. Cela parut inexplicable aux habitants de Saulx, parce que chacun était sûr du dévouement, de la capacité, de la sagesse et de la clairvoyance de M. le Curé dans l'administration du bureau de bienfaisance.

Vers 1839, les revenus du bureau de bienfaisance se composaient :

1° D'un crédit facultatif ouvert au budget communal.

2° Du tiers dans le prix de vente des concessions de terrain dans le cimetière.

3° Des dons et legs particuliers.

Ces trois sources, réduites à deux, la commune ne votant plus rien, suffisent pour assurer au bureau de bienfaisance un revenu relativement grand à bref délai.

En 1840, après la liquidation complète de la succession de M. Méland, le bureau de bienfaisance eut un revenu fixe de 500 fr. provenant d'un codicille dudit M. Méland.

En 1871, Mme veuve Roux fit à son tour une rente annuelle et perpétuelle de 600 fr. au bureau de bienfaisance.

M. Lainné, ancien maire de la commune, laisse au même établissement une somme de 1.400 fr. dont 79 fr. de rente annuelle, à la condition que la commune fera placer au-dessus de la pompe attenant au jardin du presbytère l'inscription suivante :

L'AN 1860, M. ANTOINE LAINNÉ, MAIRE DE CETTE COMMUNE, A FAIT VENIR A SES FRAIS L'EAU DE LA MAÇONNE, QUE CETTE POMPE DISTRIBUE A TOUS LES HABITANTS.

Dès l'année 1875, l'œuvre charitable fondée par M. l'abbé Grondard, curé de Saulx, arrive donc à un revenu fixe et irréductible de 1.179 fr.

D'une autre part, dans cette période de 1840 à 1881, il fut demandé des concessions de terrain à perpétuité dans le cimetière, en grand nombre.

On a beau dire, pour s'étourdir et se mentir à soi-même, que quand on est mort tout est mort, ce besoin de vie, d'éternité et de résurrection qui est inné en nous, comme une vérité qui ne peut nous tromper, se fait sentir jusque dans le cimetière. On achète un terrain à perpétuité.

— Pourquoi cela ?

— Parce qu'on veut vivre et durer dans son tombeau aussi longtemps que possible ; l'homme a tellement besoin, et tellement l'instinct, le sentiment d'une vie sans fin, de la vie éternelle, qu'il la cherche à son insu, sans y penser, dans l'acquisition d'un terrain à perpétuité au cimetière. Et, chose digne de remarque ! les plus fanfarons avec la croyance en l'autre vie, pendant qu'ils sont jeunes et en bonne santé, sont les plus pressés à se préparer une demeure stable au cimetière par l'acquisition d'un terrain à perpétuité.

— Ce sont de pauvres ignorants que leurs actes mettent, à chaque instant, en contradiction avec leur bavardage impie et avec leur orgueil de bas étage ; que voulez-vous ?

— N'importe ! cette peur du néant fait prendre des concessions à perpétuité dans le cimetière, et le bureau de bienfaisance en profite.

C'est ainsi qu'en cette année 1881 cet établissement a vu son revenu atteindre la somme de 1.655 fr. au moyen de laquelle trente-trois personnes ont été inscrites pour les soins médicaux et la gratuité des médicaments; ce soin des malades constitue annuellement une grande dépense, mais c'est un secours de premier ordre qui a toujours eu mes sympathies, pendant environ trente ans, que j'ai fait partie des bureaux de bienfaisance dans les paroisses qui m'ont été confiées. Oui, aimons les indigents; mais intéressons-nous vivement aux malades, à tous ceux qui souffrent; et n'oublions jamais que la vieillesse est une sorte de maladie, et la plus digne d'attention et de pitié.

En cette même année, sur cette somme de 1.655 fr. quinze personnes ont été secourues pour le pain et la viande, et onze ont reçu du bois pendant l'hiver.

D'où il résulte le compte suivant :

En recette...................... 1.655 fr. 73
En dépense..................... 1.313 fr. 60
D'où il résulte un excédant de.. 337 fr. 13

— Les femmes veuves, les orphelins, les malades indigents, les ouvriers chargés de famille peuvent donc aller frapper à la porte du bureau de bienfaisance avec la certitude d'y trouver du soulagement et des secours prompts et abondants.

— Un bureau de bienfaisance ne doit pas avoir d'autre manie que celle d'adoucir le sort et les souffrances des malheureux, et non celle d'augmenter ses revenus par des économies qui pourraient être des cruautés escomptées sur la veuve, l'orphelin et le vieillard nécessiteux.

Archives communales. Etat civil. — Les archives communales de Saulx-lès-Chartreux se composent des registres de l'état civil, dont les plus anciens remontent à 1692; des collections complètes du Bulletin des lois, du Recueil des actes de la préfecture de Seine-et-Oise, de l'Annuaire départemental et du Moniteur des Communes; d'un Atlas cadastral avec états de section, matrices et autres documents relatifs à l'assiette de l'impôt; de plans et dossiers concernant les chemins vicinaux; de plusieurs registres des délibérations du conseil municipal et de divers ouvrages et publications périodiques ayant rapport à l'administration communale. Le tout conservé dans une armoire placée dans la salle des archives.

Avant la Révolution, les registres de l'état civil de cette commune étaient tenus par MM. les Curés, en vertu d'une ordonnance de François Ier, leur enjoignant de dresser des registres de baptême qui, chaque année, devaient être déposés chez le greffier du bailliage; il n'était pas alors question des mariages, ni des décès ; ce ne fut qu'en 1579 qu'une ordonnance de Henri III, datée de Blois, prescrivit aux pasteurs des paroisses de les constater sur les mêmes registres qui, à partir de cette époque, furent tenus en double, dont l'un devait rester à la paroisse et l'autre déposé au greffe du bailliage. L'Assemblée législative, par une loi du 20 septembre 1792, distingua la société civile de la société religieuse, et décida que les actes de naissance, de mariage et de décès seraient inscrits sur des registres spéciaux tenus par un des membres du conseil municipal de la commune, désigné à cet effet. Mais une loi du 28 pluviôse an VII (7 février 1790) conféra, dans chaque commune, cette mission aux maires et adjoints qui, dans la circonstance, prennent le titre d'officier de l'état civil. Le livre Ier, titre II du code civil adopta cette disposition, qui est encore en vigueur aujourd'hui.

Depuis la Révolution, les registres de l'état civil de Saulx-lès-Chartreux ont été tenus par les instituteurs, qui tous, jusqu'à ce jour, ont exercé, conjointement avec leurs fonctions, l'emploi de secrétaire de la mairie.

CHAPITRE VINGT-DEUXIÈME

ADMINISTRATEURS CIVILS DE LA COMMUNE

§ I — Maires et adjoints.

An II de la République. — 22 août 1793.

Maire : Fauchier. Adjoint : Pesnon.

13 nivôse an II. — 2 janvier 1794.

Maire : Thomas, Maurice. — Adjoint : Descôtes, Simon.

2 germinal an III. — 22 mars 1795.

Maire : Couvret, André-Pierre. — Adjoint : Blouaut.

16 pluviôse an XII. — 6 février 1804.

Maire : Blouaut. — Adjoint : Josset, instituteur.

1ᵉʳ mai 1809.

Maire : Couvret, André-Pierre. — Adjoint : Josset.

14 mai 1815.

Maire : Dujat, Jean-Baptiste-Marin. — Adjoint : Delalande, Jacques-Ambroise.

3 septembre 1821.

Maire : le marquis Dessolle, lieutenant général. — Adjoint : Crecy, chevalier de la Légion d'Honneur.

29 avril 1838.

Maire : Augiboust. — Adjoint :

22 août 1843.

Maire : Lainné. — Adjoints : Magne et Durand, Jean-Baptiste.

3 septembre 1862.

Maire : Augiboust, Etienne-Jean-Baptiste. — Adjoint : Magne.

13 mai 1871.

Maire :

13 mai 1874.

Maire : Augiboust, Etienne-Jean-Baptiste. — Adjoint : Billaut, fils.

8 octobre 1876.

Maire :

§ II. — **Instituteurs et Institutrices.**

20 vendémiaire an III. — 11 octobre 1794.

Dosnon, instituteur.
Mme Dosnon, institutrice.

4 prairial an VIII. — 24 mai 1800.

Josset, instituteur.

28 mai 1826.

Durget, instituteur.

1831.

Carré, instituteur.

1838.

Proust, Jean-Michel, instituteur.

16 septembre 1840.

Leroy, instituteur.

1ᵉʳ juillet 1852.

Chopart, instituteur.

1ᵉʳ juillet 1852.

Mlle Chopart, institutrice.

1ᵉʳ septembre 1857.

Mme veuve Bellangé, institutrice.

15 avril 1866.

Coulbaux, instituteur.

1ᵉʳ mai 1878.

Mme Coulbaux, institutrice.

15 octobre 1880.

Mlle Laurent, institutrice.

CHAPITRE VINGT-TROISIÈME

ASSOCIATIONS RELIGIEUSES ET AUTRES

§ I. — **Confrérie de la très sainte Vierge.**

L'origine de la confrérie de Saulx-lès-Chartreux se perd dans la nuit des temps. En vain je me suis avancé aussi loin que possible, dans mes explorations paléographiques, pour remonter jusqu'à la source de cette association pieuse de premier ordre. J'ai eu beau fouiller et regarder à gauche, à droite, devant moi, partout, je n'en ai vu le commencement nulle part, à aucune date. En remontant le cours des siècles j'ai rencontré, sur mon chemin, des révolutions horribles ; j'ai vu les capitales de l'Europe souillées de boue et de sang, remplies de cadavres livides, en proie à l'incendie ; des sceptres brisés, des trônes renversés, des couronnes souillées étaient là pêle-mêle entassés par la main frémissante d'un peuple débordé, en délire et affreusement abusé et trompé ; j'ai entendu proclamer la déchéance de plusieurs dynasties d'empereurs et de rois.

Et la confrérie de Saulx était debout à côté de ces ruines majestueuses et royales.

En face de tant de désastres, l'inconstance des hommes m'a paru aussi grande que celle des baromètres, et leur mobilité plus girouette encore que celle du vent. Aussi, les ai-je vus sans cesse préoccupés de changer la forme du gouvernement. Comme des gens sans principe, sans justice et sans moralité, ils n'ont qu'une passion; on dirait presque un mauvais instinct : renverser, démolir, pour renverser et démolir encore ce qu'on aura mis à la place des premiers renversements et des premières démolitions.

Il semble qu'avec un tel peuple toutes les institutions, sans distinction, devraient être fragiles et de courte durée. Je comptais donc trouver, au milieu de toutes ces ruines célèbres de l'histoire, le jour où les habitants de Saulx-lès-Chartreux se sont associés en confrérie pour honorer la sainte Vierge, Mère de Dieu, et pour trouver auprès de cette bonne Mère un refuge assuré contre les tempêtes de la vie présente, si féconde en naufrages. Eh bien, non! cette vieille confrérie, malgré l'orage et les vents contraires, a traversé les siècles ; seule debout sur les ruines des hommes et du temps, elle cache opiniâtrément son origine. Mais par là ne nous apprend-elle pas que les paroissiens de Saulx l'ont toujours aimée et vénérée? Ne nous affirme-t-elle pas de la manière la plus éloquente que les révolutions politiques, l'inconstance de l'espèce humaine, les suggestions de Satan, les mauvaises passions et l'esprit du mal se sont en vain usé les dents sur ses antiques assises ? Nous en concluons et nous devons rigoureusement en inférer que sa fondation se mêle à celle de la paroisse elle-même, ou du moins qu'elle remonte au jour béni où les habitants de Saulx ont placé leur église sous le vocable et le patronage de la très auguste Vierge Marie, dans son assomption glorieuse. Rien n'est plus vraisemblable que cette assertion. A défaut de preuves certaines, nous avons en faveur de notre opinion la règle ordinaire de conduite des enfants d'Adam ; c'est l'amour du nouveau, joint à l'esprit religieux, inné en nous. Ainsi on bâtit une église, tout le monde s'y prête, l'enthousiasme gagne les indifférents, et parvient vite à son comble ; le sentiment religieux, qui a tout engendré, alimente jusqu'au bout l'action générale, et l'œuvre s'achève aux applaudissements de toute la paroisse et de tous les villages d'alentour.

Il s'agit de consacrer à Dieu et de dédier à Marie la nouvelle église. On organise une grande cérémonie, que Mgr l'Evêque préside en personne ; l'assistance est considérable ; la paroisse tout entière et ses voisines sont sur pied. En ce jour, l'incomparable patronne choisie est bénie, honorée, exaltée dans tous les cœurs. Des chants à sa gloire retentissent, sans relâche, de ferventes prières sortant de toutes les bouches, la journée se termine par une magnifique procession aux flambeaux. Voilà un modeste aperçu de ce qui se passe dans une paroisse, le jour de la consécration et de la dédicace d'une église nouvelle. Et toujours, sur-le-champ, se forme une confrérie en l'honneur du saint patron choisi pour protecteur et modèle du pays. Tel est aussi l'acte de naissance de la confrérie de la sainte Vierge dans la paroisse de Saulx-lès-Chartreux. Elle a donc neuf cents ans d'existence. Si quelqu'un lui connaît une origine plus récente, qu'il le dise et surtout qu'il le prouve !....

Avant d'écrire cet article, j'ai consulté plusieurs vieillards âgés de plus de quatre-vingts ans, sur la date de leur entrée dans la confrérie de la sainte Vierge ; tous m'ont répondu : « Nous sommes de « la confrérie de la sainte Vierge depuis notre bap-« tême ; dans notre jeune temps, nos parents ne « mettaient pas plus de retard à nous faire entrer « dans la confrérie qu'à nous faire baptiser. » Et plus on remonte les siècles passés, plus la ferveur était grande et vive. Voilà comment autrefois la confrérie de la très sainte Vierge ne connaissait d'autres limites, en fait de nombre, que celles de la population elle-même du village. Aussi, malgré le protestantisme, le jansénisme et le philosophisme des siècles derniers, elle n'a rien perdu de la fraîcheur de son origine. Nos ancêtres, avec leur solide droiture d'esprit, ont passé à côté de toutes ces erreurs, filles de l'ambition pour les unes et des plus honteuses passions pour les autres, sans daigner même leur accorder l'attention que l'on refuse rarement à un charlatan de carrefour. La preuve qu'ils furent sans défaillance, c'est que la confrérie de la sainte Vierge resta compacte comme en ses plus beaux jours.

Quant aux convulsions sociales qui ont si terriblement éprouvé nos campagnes elles-mêmes, depuis un siècle, elles n'ont produit qu'une salutaire épuration des listes ; c'est la divine bergère qui a fait le triage de ses brebis ; c'est le grand agriculteur des temps et de l'éternité qui, le van à la main, sépare l'ivraie du bon grain. Alors on a vu à l'écart les indifférents, les poltrons, les lâches qui, par respect humain, n'ont plus osé marcher sous les plis de la bannière séculaire de la paroisse *Notre-Dame de Saulx-lès-Chartreux*. Ils ont ainsi méconnu et renié cet étendard que leurs ancêtres ont porté et suivi pendant neuf cents ans dans les pèlerinages des temps antiques, comme aussi à travers leurs champs et leur village pour obtenir les bénédictions précieuses et assurées de leur toute-puissante patronne.

Aujourd'hui, la confrérie de Saulx compte encore cinq cents membres, hommes, femmes et enfants.

Quant à l'esprit de la confrérie, c'est l'amour et la confiance en Notre-Dame de Saulx-lès-Chartreux. Il se trouve fortement exprimé dans une coutume qui s'est, pour ainsi dire, pétrifiée dans les mœurs du pays. De nombreux essais pour faire cesser cet usage ont prouvé qu'il est indestructible. C'est, du reste, une confiance en Marie qui va du temps à l'éternité, qui se manifeste pendant la vie et que la mort n'arrête pas sur la fosse qu'elle ouvre pour chaque défunt de la confrérie. Voici en quoi consiste cette antique coutume. Chaque membre de la confrérie, après l'office de ses funérailles terminées au chœur de l'église, est conduit, bannière en tête, et présenté à la Reine du ciel et de la terre, dans sa chapelle. Son cercueil, avant de descendre dans la terre, va stationner quelques instants devant l'autel de sa mère du ciel. Le chant joyeux de l'espérance et de l'amour retentit, on entonne l'*Ave Maris stella*. Après cette pause et ces pieuses invocations, on rentre avec empressement dans la belle liturgie de l'Église, et il semble que les paroles de consolation et d'espoir qu'elle met sur les lèvres des chantres ont plus de douceur et de suavité encore; les voici : « Que les anges vous conduisent « en Paradis, *membres de la confrérie de Marie;* « qu'à votre arrivée les martyrs vous reçoivent,

« et vous introduisent dans Jérusalem, la sainte
« cité (le paradis). Que le chœur des anges vous
« accueille et que vous jouissiez du repos éternel
« avec Lazare, qui fut pauvre pendant sa vie. »

Oh! qu'il est bon d'avoir été un fidèle enfant de Marie, depuis le Baptême jusqu'à la mort !... La dernière heure est douce alors, et la terre du cimetière sera légère pour les enfants de la bonne Vierge. Non, non, mille fois non ! nous n'avons rien à craindre et tout à espérer, en ajoutant à notre confiance et à notre amour pour Marie, l'accomplissement des commandements de Dieu et de l'Eglise.

Ceux qui se sont faits les suppôts du démon seraient bien fous et bien idiots de compter sur autre chose que ce que Satan leur maître possède, je veux dire le mal et la souffrance éternels...

§ II. — Les chantres du lutrin.

Avant la Révolution, l'instruction primaire était plus développée à Saulx-lès-Chartreux qu'aujourd'hui. Nous en avons une preuve entre mille dans le nombre des chantres qui composaient le lutrin. Ils étaient vingt chantres de première classe et autant de second ordre. Voilà des hommes qui savaient lire le latin et à plus forte raison le français. A notre époque de prétendu progrès, il nous serait absolument impossible de trouver dans la paroisse autant d'hommes versés dans ces deux lectures.

Cette instruction complète de la jeunesse des anciens jours était un des nombreux bienfaits des révérends Pères Chartreux. Et puis, l'esprit des masses était resté assez sain, alors, pour comprendre et interpréter dignement la grandeur, la gravité et la noblesse du plain-chant. Les heures passées à l'église étaient non seulement les meilleures et les plus avantageuses de la vie dans l'ordre du salut, mais aussi les plus agréables dans l'ordre temporel. Figurez-vous vingt chantres d'élite exécutant une messe à quatre parties ; quelle ampleur de mouvement ! quelle puissance de mélodie !... quelle élévation de sentiments !... C'était comme les échos lointains du paradis.

Le plain-chant a toujours été la passion des âmes transcendantes et des cœurs religieux. Voyez nos rois les plus illustres : Charlemagne, Robert le Pieux, saint Louis et plusieurs autres avaient des écoles de plain-chant dans leurs palais. Ils présidaient eux-mêmes les classes de chant, et enseignaient souvent en personne cette partie du programme des études faites sous leurs yeux. Le pape saint Grégoire le Grand en faisait autant à Rome ; idem saint Ambroise à Milan ; idem Fulbert à Chartres.

Ce célèbre évêque, ami du roi Robert, fut très remarquable par ses compositions liturgiques. Le roi Robert fit des hymnes en grand nombre ; cependant, c'est à tort qu'on lui attribue le *Veni Creator*, qui est de Charlemagne. Une mélodie rêveuse et quelque peu champêtre, mais d'une grande douceur, fait le caractère principal des compositions du roi Robert; ce monarque portait chape, chaque jour, à la grand'messe, dans la chapelle de son palais. C'est vers cette époque (XIe siècle) que Guy d'Arrezo simplifia l'enseignement du chant en fixant l'usage de la portée musicale, composée désormais de quatre lignes parallèles superposées sur lesquelles il échelonna les notes. Sa méthode soulageait beaucoup l'œil et la mémoire, et fit tomber toutes les autres. C'est elle qui a formé les chantres du lutrin de Saulx-lès-Chartreux.

N'allez pas croire que, pour faire un bon chantre, il suffit de trouver une voix puissante. Autant vaudrait dire que pour devenir musicien il suffirait de se payer un instrument sonore. Non; il faut autre chose que l'organe. Dans le chantre il y a donc deux choses: 1° la science du chant, 2° la justesse, la souplesse et la puissance de la voix. Ces deux valeurs réunies font le chantre supérieur ou de premier ordre.

Saulx-lès-Chartreux a tellement possédé de ces grandes capacités chorales, qu'il en est

résulté un proverbe qui existe toujours ; on dit :
« *La belle église de Longjumeau, les belles cloches de Palaiseau, et les bons chantres de Saulx-lès-Chartreux.* »

Les chantres de notre village ont subi victorieusement l'épreuve de cette flatteuse renommée. Quelques semaines avant la captivité du roi Louis XVI au Temple, il avait été établi un concours pour deux places de chantre dans la chapelle royale du palais de Versailles. Les chantres de Saulx sont reçus à cet examen et deux d'entre eux sont admis ; mais peu de jours après, le service divin ayant été supprimé dans la chapelle du roi, les héros de Versailles restèrent à Saulx, où ils moururent en y laissant une renommée glorieuse, que leurs descendants soutiennent courageusement.

Un jour un riche seigneur, des environs, passait dans les rues de Saulx au moment où la procession rentrait à l'église. En entendant la mélodie entraînante de ce chant alterné et fortement cadencé, il ordonne à son cocher d'arrêter ses chevaux. La puissance de ces voix amples, soumises, dirigées avec aisance et simplicité le retient, il descend de voiture et se met dans les rangs de la procession ; le charme le saisit de plus en plus ; il reste à la messe. L'office terminé, il se rend plein d'enthousiasme à la sacristie pour féliciter les nombreux choristes qui la remplissent et les prie de recevoir, à titre de remerciement et d'encouragement de sa part, chacun un louis de vingt francs. L'un d'eux le remercie de sa générosité en lui disant : « Faites-nous l'honneur, Monseigneur, de venir nous entendre tous les dimanches, nous vous promettons de mieux chanter encore. » Celui-là s'appelait, dit-on, Louis Beaumont. Ses descendants habitent toujours Saulx ; je désire qu'ils y soutiennent l'héritage de gloire qu'il leur a laissé sous le rapport du chant.

On voit que, pour être un bon choriste, il faut être bien autre chose que le premier venu et que celui qui arrive à l'exercice convenable de cette fonction laisse loin, bien loin, considérablement loin derrière lui, le commun des électeurs de son village.

En l'année 1881, le clergé de Saulx-lès-Chartreux est ainsi composé :

M. l'abbé Chaudé, 58 ans d'âge, curé de Saulx depuis le 1er mai 1877.

M. Thomas Siméon, doyen d'âge, 63 ans, au chœur depuis 1831 et ophicléide depuis 1836.

M. Augiboust Etienne-Jean-Baptiste, 58 ans d'âge, ancien conseiller d'arrondissement et ancien maire de Saulx, au chœur depuis 1841.

M. Breton Joseph, 45 ans d'âge, enfant de chœur et bedeau depuis 1843 (il y a une interruption de 12 ans environ).

M. Guézard, 35 ans d'âge, au chœur depuis 1858.

M. Hordesseaux, Désiré, 33 ans d'âge, au chœur depuis 1866. Il joue de la contre-basse.

M. Hauquelin Ernest, 36 ans d'âge, au chœur depuis 1867.

M. Châtelain, 2ᵉ ophicléide, 25 ans d'âge, au chœur depuis 1866.

M. Dramard, 23 ans d'âge, au chœur depuis 1866.

M. Beaumont, 23 ans d'âge, au chœur depuis 1866.

M. Jules Henry, 27 ans d'âge, au chœur depuis 1866.

M. Seigneur, 20 ans d'âge, au chœur depuis 1867.

Hauquelin Alphonse, 14 ans d'âge, se met à l'orgue cette année.

§ III. — Le Conseil de fabrique.

MM. Fleury, président du conseil.
Eripel, secrétaire.
Augiboust, président du bureau.
Glé, secrétaire.
Crécy, Louis, trésorier.
Le Curé et le Maire en font partie *de droit*.

§ IV. — Le Conseil municipal.

MM. Charles Ch...
Jacques Guéz...
Siméon Th...
Étienne Crée...
Ambroise Dela...
Ambroise Deln...
Louis Hous...
Rémi Bret...
Louis Dan..,
Antoine Gucz...
Frédéric Mas...
Célestin Per...

Pour peu que l'on réfléchisse sur ces diverses fonctions que je viens d'énumérer, on comprendra facilement que l'homme ne doit pas se regarder seulement comme individu isolé, mais qu'il doit se considérer comme membre d'un grand corps qu'on appelle *la société*. D'où il suit que nous avons des devoirs à remplir envers nous-mêmes et envers nos *semblables*.

Quand vous êtes choisi par vos concitoyens pour remplir une fonction quelconque, et que vous en acceptez la charge, dès lors vous êtes lié et vous ne pouvez à votre gré la remplir ou ne pas la remplir ; non, car ce serait manquer à votre parole d'honneur, ce serait faire peu de cas et vous jouer de la confiance de vos concitoyens, ce serait méconnaître votre devoir d'homme honnête et loyal.

Vous êtes élu, vous avez accepté ; vous devez donc vous rendre à la voix qui vous appelle à remplir vos fonctions. L'heure à laquelle vous êtes appelé vous est-elle désagréable ? faudrait-il quitter votre ouvrage, faire cesser votre occupation ? Oui, lecteur, car l'intérêt commun doit passer avant votre propre intérêt, et vous devez être présent à l'heure fixée. — Si vous n'y êtes pas, on vous attend ; sans vous, on ne peut rien faire. Vous ne voulez point perdre de temps, dites-vous ; mais vous ne pensez donc pas que vos collègues en perdent en vous attendant ? « *Ne faites pas aux autres ce que vous ne voudriez pas qui vous fût fait à vous-même.* » Sachez donc que si l'on voulait chercher l'heure qui fût agréable à tous, on ne la trouverait pas dans un siècle, et souvenez-vous que l'exactitude est la politesse des rois. Ceci s'adresse à tous les fonctionnaires, en général ; mais nous allons dire un mot qui regarde spécialement les *Conseils* dont nous avons fait mention.

Il me semble que généralement on n'attache pas assez d'importance à la qualité que l'on a de membre d'un *Conseil*; cependant un *conseil*, ne fût-il composé que de *douze,* de *dix* et même de *sept* ou de *cinq* membres, a toujours une grande importance relative, puisque toujours il y est question d'intérêts communs. Si vous aviez assisté, il y a quelques années, à une séance de députés ou de sénateurs, sans doute vous auriez été frappés de la majesté de ces hommes discutant avec gravité les intérêts de la nation. Eh bien, mes amis, vous êtes *en petit,* pour votre commune, ce que ces hauts personnages sont *en grand* pour la France. Ayez donc une haute idée de votre qualité de membre d'un *Conseil* quelconque, et tenez à honneur d'en bien remplir les fonctions toujours importantes, graves et sérieuses. Soyez justes, honnêtes, consciencieux, impartiaux, indépendants et libres, dans toutes les affaires qui sont présentées à vos délibérations. Telle chose ne vous plaît pas, ne la signez pas.

§ V. — La Fanfare.

L'idée de créer une fanfare dans un village comme le nôtre, où les gens se condamnent eux-mêmes aux travaux forcés à perpétuité ; où un fol amour de l'argent remplit l'existence affairée et sans bonheur du plus grand nombre ; cette idée, dis-je, révèle des hommes solidement trempés dans l'amour de leur pays natal. Oui, il y a là des âmes fortes et des cœurs qui battent avec énergie pour la gloire et l'honneur du clocher qui les a vus naître.

Apprendre la musique n'est pas une affaire ordinaire ; non, ce n'est pas là une de ces petites choses à la portée du plus stupide de nos électeurs modernes. Ne vous en déplaise ! la musique fait partie des arts libéraux ; c'est une sorte de noblesse, qui tient un rang élevé dans les études de ce que l'on appelle la *haute école* en Allemagne. Pour faire un bon musicien, il faut, sachez-le bien, plus que de l'intelligence. Que faut-il donc ? me direz-vous. Le voici : à une solide cervelle, il doit joindre un instinct particulier, le sens de l'harmonie, la sensibilité, l'amour du beau et le discernement le plus fin et le plus délicat des nuances.

Eh bien, voilà ce qu'en 1864 MM. Guéraud, Thomas Siméon, et Bourgeois demandèrent avec confiance aux cultivateurs, aux vignerons, aux carriers et aux beurriers de leur village. Quel courage !... Mais que ne peuvent pas des cœurs où brûle le feu sacré, qui ont foi en leur étoile et confiance dans le succès de leur projet ! Le zèle ardent ! c'est le pilotis sur lequel nos trois entrepreneurs de fanfare vont élever leur édifice.

L'instinct du succès les conduisit chez M. Denis Perrot ; choix parfait, ce candidat était par le cœur et par la tête à la hauteur de l'entreprise.

Il accepta le professorat qui lui était demandé, en posant des conditions qui ont été admises. Ils commencèrent donc entre quatre... C'est le grain de sénevé qui deviendra un grand arbre où les oiseaux du ciel viendront faire leurs nids, pour entendre un jour des musiciens vingt fois couronnés dans nos principales villes de France.

Jusque-là, les accents de la civilisation ne s'étaient fait entendre que dans l'Eglise. Aujourd'hui (nous sommes en 1864), ils sortent du temple de Dieu pour charmer par des douceurs inconnues les jours de repos d'une population qui tendait à s'abrutir moitié au cabaret, moitié dans les excès d'un travail de forçat et de galérien.

Dès ses débuts, la musique de la jeune fanfare fut bonne. Voici pourquoi : M. Thomas Siméon était instrumentiste à l'église depuis plus de vingt-cinq ans. M. Guéraud, formé au plain-chant et à la musique par M. l'abbé Brault, curé de Saulx, alla compléter son instruction musicale à Paris, où il fit partie successivement de plusieurs fanfares. M. Perrot, le professeur de la nouvelle société, était un des meilleurs chantres de l'église — ce n'est pas peu dire — puis cornet à piston, également à l'église.

Avec de tels éléments à sa base, un édifice a de l'avenir. En effet, la fanfare n'avait pas encore l'âge où la dentition commence chez les enfants des rois et des bergers, qu'elle marchait seule sous les yeux de ses fondateurs joyeux et satisfaits. Particulièrement toute la jeunesse ouvrière et pauvre, mais intelligente et courageuse du village, s'était enrôlée sous la bannière de sainte Cécile. En ce jour, la Société philharmonique de Saulx-lès-Chartreux était fondée. Sachant que toute société tombe dans l'anarchie et va vite à sa ruine, si elle reste sans chef et sans administrateurs qui la gouvernent, elle s'organise avec sagesse. M. Guéraud est nommé amiablement Directeur de l'intéressante et joyeuse Enfant; M. Perrot joint à ses fonctions de professeur celles de Sous-Directeur; M. Thomas Siméon accepte la gestion du trésor, facile à compter et à changer de place. Au bout d'un an, il résigne ses fonctions en faveur de M. Baillon, fils, qui depuis est resté jusqu'à ce jour le trésorier de la Société. A partir de ce moment, l'étude de la musique se poursuit avec acharnement. M. Perrot, je dois le dire à sa louange, attaque et renverse toutes les difficultés avec la vigueur d'un véritable athlète; il prépare ses classes, copie de la musique avec une ardeur fiévreuse, donne cinq répétitions par semaine, et des répétitions de détails aux élèves qui suivent difficilement leurs collègues; mais le professeur gratis est encouragé par les progrès rapides de ses élèves, il est récompensé par les applaudissements qui accompagnent partout la fanfare de

Saulx-lès-Chartreux. Elle est appelée à prêter son concours gracieux à toutes les solennités religieuses et civiles des environs. A la pose de la première pierre et à la consécration de l'église Saint-Michel, elle reçoit les félicitations de Mgr l'Evêque de Versailles et de M. le Sous-Préfet de Corbeil. Elle doit ainsi se multiplier en tous sens, parce qu'elle est l'aînée de toutes les fanfares que son initiative fera éclore plus tard à Antony, à Longjumeau, à Palaiseau, à Orsay, à la Ville-du-Bois et ailleurs.

En 1868, elle s'avance courageusement jusqu'à Chartres, pour mesurer ses forces avec les fanfares des villes, et elle en rapporte une médaille de vermeil. Voilà une récompense vraiment glorieuse pour le professeur intrépide qui avait donné jusque-là son temps, sa santé, sa maison, sa lumière et souvent des rafraîchissements à ses nombreux élèves. M. Perrot traitait ses jeunes musiciens en père de famille. Il possède un don très rare : celui d'une démonstration enjouée, claire, nette et facile. Il domine tellement son sujet, qu'en un clin d'œil il le présente sous toutes ses faces. Avant la fin de cette même année 1868, la fille de M. Perrot va se faire couronner au concours philharmonique de Levallois-Perret, où elle reçoit une médaille d'argent. En 1869, le 8 août, elle remportera le premier prix et une médaille de vermeil au concours d'Antony, puis deux médailles d'argent quelques mois après à celui de Houdan. En 1870, le 29 mai, elle reçoit à Blois une médaille d'argent. C'est, comme on le voit, une marche triomphale à travers l'empire français. Mais la chute de l'empereur, l'invasion de la France, les désastres et les malheurs qui s'ensuivent arrêtent tout court ce beau progrès. L'établissement d'un gouvernement qui rappelle des souvenirs sinistres glace les cœurs. Les incendies s'allument dans Paris pétrolé, le sang y coule à flots ; comment la fanfare de Saulx n'aurait-elle pas suspendu ses instruments de musique aux branches des saules pleureurs des bords de l'Yvette ?

Les excursions fréquentes de la fanfare, me direz-vous, lui suscitaient des dépenses, il fallait de l'argent ; où en prenait-elle ? Dès le commencement, la Société philharmonique de Saulx avait à son service trois providences pour une : d'abord la plus sûre, celle de Dieu, puis Mme d'Artigues et Mme Roux ; cette dernière donna la bannière, qui est assez riche. C'étaient deux sources à jet continu, dont M. Perrot avait à peu près le libre emploi. A chacune des requêtes, il était répondu généreusement. L'excellente famille Jullemier prêtait aussi un large appui à la jeune société. M. le docteur Roumier, médecin de Mme d'Artigues, M. Perrot lui-même, M. Augiboust Etienne, et M. Péchard, curé de la paroisse, méritent aussi d'être mis au rang des bienfaiteurs de la fanfare.

Plus tard, après la mort de Mme Roux et de Mme d'Artigues, véritables fondatrices pécuniaires de l'Œuvre, M. Georges Hector et M. Boueil offrirent à la fanfare des sympathies et des encouragements. En effet, pendant l'occupation prussienne, plusieurs des instruments restés à la mairie ayant disparu, M. Georges Hector les remplaça à ses frais, et fit d'autres sacrifices assez grands pour la régénération de la société disloquée, surtout par les événements désastreux que Paris venait de subir, et par les crimes de toutes sortes dont l'avaient abreuvée des Français indignes de ce nom, mais que l'histoire désigne sous les noms méprisables de *socialistes* et de *communards*. Quand Paris pleure, Saulx-lès-Chartreux partage son chagrin. La vie de Saulx dépend de celle de Paris.

Cependant la fanfare quitta le deuil que M. Perrot voulait prolonger jusqu'à l'évacuation du territoire français. L'ennemi était encore sur les bords de la Seine; mais la jeunesse de nos jours ne peut pas pleurer longtemps. Et, coïncidence étonnante, ce fut le fils d'un de ses fondateurs qui sonna le signal du réveil. M. Isaïe Thomas fit la première convocation ; puis une seconde sous la direction des anciens maîtres : ce jour-là finit le rôle de M. Perrot. Des élections qu'il avait suscitées lui-même lui furent désagréables, sans pourtant l'amoindrir en rien. Le résultat n'ayant pas répondu à ses désirs, il donna sa démission inconsidérément. Ce fut une perte d'autant plus sensible, que jusque-là la fanfare était sa fille vraiment légitime. Mais comme toujours, quand des époux, faits pour vivre ensemble, divorcent, il y a des torts plus ou moins grands de part et d'autre. Après réflexion, M. Perrot mieux inspiré pensa qu'il fallait passer l'éponge sur cette crise que la société venait de traverser, il alla reprendre ses fonctions de professeur. C'était agir en homme d'esprit.

Mais, dans chaque pays, il y a des méchants qui sont toujours sur pied, toujours en éveil pour faire le mal, semer la discorde, pousser les faibles à l'oubli de leurs devoirs, amener la guerre et l'anarchie là où règnent la paix et la tranquillité; et dans toutes les sociétés, il y a des niais pour écouter ces perturbateurs et se laisser conduire et dominer comme des esclaves par ces mauvais sujets. C'est ainsi que M. Perrot eut à subir une sourde hostilité et des vexations de la part de certains jeunes gens, *peu nombreux*, qui lui devaient de la reconnaissance. Oui, de la reconnaissance; car si un jour le sort de la conscription les appelait sous les drapeaux, ils avaient, grâce à leur professeur, la ressource d'entrer dans la musique de leur régiment ; c'était une immense douceur !... M. Perrot et son fils se retirèrent de la fanfare pour toujours. . . . . . .

M. Guéraud, jeune homme calme, doux, intelligent et modeste, Directeur de la Société depuis sa fondation, mais domicilié à Paris, vit son fardeau s'augmenter par la retraite du Sous-Directeur professeur. En homme de tact, il sentit bien que la Société traversait un orage qui pouvait l'écraser. Aussi comprit-il qu'il fallait, avant tout, cicatriser la plaie que l'indiscipline lui avait faite. Le principe d'autorité avait été affaibli par cette malencontreuse élection provoquée par M. Perrot qu'un vertige de gloire avait aveuglé, après dix ans d'un travail dévoué, modeste et glorieux. Le musicien qui avait pesé son supérieur dans un suffrage qu'il était libre de lui refuser, se croyait son égal en talent et en mérite et le regardait comme son débiteur et son très obligé. L'autorité et le respect étaient bien près de devenir des mots vides de sens ; puis il y eut des défections dans les membres exécutants et parmi les membres honoraires. La Société était vraiment malade. M. Guéraud eut le mérite, et la gloire de la guérir ; car aujourd'hui elle est parfaitement disciplinée et prospère. Pour atteindre ce but, il lui a fallu du tact, de la patience, du courage et de la persévérance. Combien de voyages de Paris, à ses frais ! Combien de petites industries employées avec esprit pour tenir au complet les cadres de la Société, pour réunir ses membres, pour les amener aux répétitions officielles qui devaient les préparer aux succès de l'avenir, dans les concours généraux !

On peut dire à la louange de M. Guéraud qu'il a été tout à la fois le fondateur et le régénérateur de la fanfare de Saulx-lès-Chartreux.

Il eut aussi, sans la moindre interruption, un mérite dont il se serait passé avec bonheur, c'est celui de n'avoir jamais été gâté par le budget communal. Cependant il faut être juste, et mon devoir de fidèle historien m'oblige à le dire : la fanfare reçoit de la commune annuellement et difficilement un traitement qui varie entre 20 et 40 francs, en remerciement d'une dépense de *cinquante francs* que lui occasionne la retraite aux flambeaux du soir de la fête patronale. Qu'en dites-vous, lecteur ?

— Je dis que c'est vraiment dommage que l'on ne trouve pas dans votre belle commune de Saulx-lès-Chartreux cette largeur de vues, ce tact administratif qui savent reconnaître le mérite, le récompenser et l'encourager. C'est par cette justice distributive qu'on relève le caractère général d'un pays; qu'on adoucit ses mœurs; qu'on lui infuse des sentiments délicats, nobles, généreux et élevés.

En entrant dans un village, il suffit d'un coup d'œil pour se rendre compte de l'esprit, de la capacité, de la valeur et de la moralité de son administration : si le clocher est découvert, la toiture de l'église en mauvais état, le presbytère mal entretenu, les écoles et la mairie négligées, les rues malpropres, les bords des chemins envahis par l'herbe en été et la boue en hiver et le cimetière mal clos, abandonné comme un terrain inhabité, on sait tout de suite à quoi s'en tenir sur le sort qui doit être fait dans ce village aux fonctionnaires publics, et à tous ceux qui s'élèvent par l'éducation et l'instruction au-dessus de l'ornière commune.

— Vos tableaux ne sont pas gais ; mais ils sont exacts : oui, les lésineries, les défectuosités, les platitudes et les pauvretés de toute administration sont un grand mal pour un pays : elles le vouent à la médiocrité ; les hommes capables n'y trouvent pas l'air qui leur convient pour y vivre..... ce pays restera un désert hanté par des infériorités.....

Pendant que nous nous livrons à la tristesse en parlant des mauvaises administrations en général, M. Guéraud a mis ses vaillants hommes sur le pied de combat le plus complet : bonne discipline et instruction soignée. Nous allons retourner sur nos pas jusqu'au mois de juillet 1872. La fanfare alerte et joyeuse part pour Melun, d'où elle rapportera de nouveaux lauriers et une médaille d'argent. Onze mois plus tard, nous la suivrons à Etampes (18 juin 1878) ; là encore, les musiciens de Saulx-lès-Chartreux vont enrichir leur bannière d'une nouvelle médaille d'argent et leur société d'une gloire croissante.

Mais on ne peut plus les suivre ! Voyez donc: Longjumeau, Argenteuil, Meaux, Mennecy, Fontainebleau, Orsay, Dieppe, Dourdan, Montlhéry, Bourges, encore Longjumeau et Calais les acclament, les couronnent, et chamarrent leur bannière de riches et brillantes médailles.

Une seule chose m'étonne, c'est que le fondateur et directeur de cette belle fanfare, première du nom et de naissance à cent kilomètres à la ronde dans nos villages de campagne, ne soit pas encore décoré de la Légion d'Honneur. C'est un bien regrettable oubli, qu'une bonne justice distributive doit se hâter de réparer. Nous recommandons aussi M. Guéraud à l'attention de la *Société d'encouragement au bien* fondée à Paris. Il est digne des honneurs et des encouragements qu'elle décerne au mérite modeste, au travail persévérant et opiniâtre en faveur du bien public.

M. Baillon fils peut être regardé comme la seconde cheville ouvrière de la Société ; trésorier depuis l'origine, il s'est toujours montré plein de zèle et d'énergie pour les intérêts de la fanfare, et pour le bien-être des musiciens dans leurs nombreuses sorties.

Oui, nous félicitons M. Baillon, il exerce les fonctions de fourrier, d'intendant et de comptable de notre fanfare avec un succès et des soins qui ne laissent rien à désirer ; aussi j'aime, en finissant, à lui porter ce toast littéraire : Soyez le trésorier de la fanfare à perpétuité !!!.....

M. Ragot et M. Ernest Manant resteront toujours chers dans les meilleurs souvenirs de la fanfare et méritent une place dans l'histoire de Saulx-lès-Chartreux pour la part très grande et fortement désintéressée qu'ils ont prise dans les premiers succès de nos concours, à Chartres, Antony, Blois, etc... Aussi disons-nous, de tout cœur, à nos amis Ragot et Manant : Merci ! gratitude et reconnaissance !... au nom de notre pays et de ses habitants...

§ VI. — Sainte Cécile,
patronne des musiciens et des chantres, vierge et martyre.
(22 novembre, an 232.)

A la musique et au chant, qui ne sont pas des arts de moyen mérite, il fallait une patronne hors ligne sous tous les rapports. Voilà pourquoi les vocalistes et les instrumentistes ont déposé leur requête d'adoption aux pieds de sainte Cécile. En elle, tout est grand, tout est beau, sublime, héroïque : par sa naissance, elle appartient à la plus ancienne, à la plus noble comme à la plus illustre famille de Rome : elle est de la *gens* Cæcilia, qui fournit à la nation romaine, pendant des siècles, des sénateurs, des consuls, des capitaines sans reproche et sans peur, et des femmes qui ont partagé la couronne du vaste empire avec plusieurs souverains.

La brillante éducation de la jeune Cécile s'explique par l'immense fortune de son père et par ses facultés intellectuelles transcendantes.

Elle était aussi vertueuse, pieuse et austère qu'elle était bonne, aimable et belle. Chrétienne, douée d'un coup d'œil juste, et d'un jugement droit et solide, toute jeune elle comprit le néant de la fortune, des honneurs et des plaisirs de ce monde. Ce dédain pour les choses fragiles de cette courte et pénible vie était fortement raisonné en elle ; aussi, sans en prévenir personne, elle se donne à Dieu, en consacrant sa virginité à Jésus-Christ.

Cécile devait payer de son sang l'honneur d'avoir été préférée par l'époux divin ; aussi prenait-elle ses sûretés envers elle. Sous les habits somptueux qu'elle portait par obéissance, elle cachait un rude cilice qui meurtrissait sa chair innocente, et comme David elle affaiblissait encore cette chair par des jeûnes rigoureux ; elle émoussait par la souffrance volontaire l'attrait du plaisir qui tyrannise les enfants d'Eve, qui révèle trop souvent à l'âme inattentive et imprudente les abimes du cœur de l'homme. Ces austérités intrépides étaient rendues plus efficaces encore par la prière ardente et continuelle qui s'échappait de son cœur. C'est dans ces moments d'épanchement extatique envers Jésus-Christ, l'époux béni de son âme, que Cécile se livrait à toute la puissance de son inspiration mélodieuse; et toujours, suivant le conseil du Psalmiste, elle accompagnait de musique les louanges qu'elle adressait à Dieu : inspiration, composition, exécution, tout en elle était facile et sublime ; c'est ainsi que les siècles et le monde entier l'ont proclamée la *Reine de l'harmonie*.

Dans toutes les nations de l'Europe, même dans la protestante Angleterre, la poésie, la musique, la peinture et la statuaire ont célébré à l'envi la vierge martyre, dont l'âme et le cœur avaient de si généreux élans envers l'auteur de tout don parfait, Notre-Seigneur Jésus-Christ. En France, c'est le poème tragique si remarquable de M. le comte Anatole de Ségur, intitulé : *Sainte Cécile*, publié en 1868. En Allemagne, c'est l'œuvre poétique publiée à Münster, en 1868, par J. Weissbrodt, sous ce titre : *Cæcilia, tragédie historique*. En Angleterre, c'est le drame composé, en 1870, par le P. Albany en l'honneur de sainte Cécile.

Mais qui dira jamais les strophes cadencées, les séquences, les motets, les partitions, les symphonies, les hymnes, les odes, composés dans tous les siècles et harmonisés à la gloire de la vierge romaine et patricienne qui, dit Godescard, « en chantant les louanges de Dieu joignait « souvent la musique instrumentale à la mu- « sique vocale ! »

La fanfare de Saulx-lès-Chartreux célèbre la fête de sainte Cécile en assistant à la messe, où elle fait entendre ses meilleurs morceaux. Le soir, un banquet joyeux réunit une société d'élite; tout s'y passe en famille, de la manière la plus honorable et la plus convenable, du commencement à la fin.

La peinture n'est pas demeurée en retard avec l'illustre fille des *Metelli Romani*. Un jour, dans un de mes voyages en Italie, il m'a été donné de contempler la sainte Cécile de Bologne, et les fresques si brillantes peintes par le *Dominiquin*, qui ornent une chapelle de l'église Saint-Louis des Français à Rome. Ces peintures embrassent la vie entière de la vierge : l'ange du Seigneur couronnant les deux époux ; Cécile distribuant aux pauvres ses richesses, après le martyre de Valérien ; les fureurs d'Almachius sur son tribunal ; et l'attitude noble et imposante de Cécile qui refuse l'encens aux idoles ; enfin, et surtout, l'entrevue d'Urbain et de la martyre expirante : cette salle de bain inondée d'un sang généreux que des pieuses femmes s'empressent de recueillir ; ces pauvres assistant aux derniers moments de leur fidèle protectrice ; l'émotion des traits du saint évêque à la vue d'un si sublime sacrifice ; Cécile défaillante, et rappelant un reste de vie pour disposer de cette maison qu'elle va quitter dans peu d'instants pour le ciel ; tout cet ensemble complété par un plafond sur lequel le Dominiquin a peint sainte Cécile enlevée au ciel par les anges, fait de cette chapelle un monument splendide à la gloire de la vierge romaine.

La chapelle de Saint-Louis des Français à Rome et l'insigne et triomphante cathédrale d'Albi en France, ne sont que la miniature de tout ce qui a été fait en l'honneur de sainte Cécile. Tous les plus grands peintres ont consacré leurs efforts à chercher l'idéal de notre héroïne. En tête de cette phalange d'artistes, on voit : Raphaël, Murillo, Guido Reni, Paul Véronèse, Garafalo, Procaccini Guerchin, Tempesto, Salimbeni, et même Carlo Dolie ; aussi, partout ai-je trouvé dans les églises et musées de France, d'Italie, d'Espagne, de Belgique, d'Allemagne et même dans l'abbaye de Westminster à Londres des tableaux représentant le portrait ou des épisodes de la vie de sainte Cécile. L'église de

Saint-Vincent-de-Paul à Paris a aussi une sainte Cécile peinte par Flandrin.

La statuaire est venue à son tour graver sur le marbre les traits de la patronne des chantres et des musiciens. Nous avons trouvé une de ses statues dans la célèbre cathédrale de Tolède, en Espagne.

Ce concours de louanges soutenu pendant dix-sept siècles par tous les arts libéraux est une auréole lumineuse et brillante qui nous invite à donner toute notre confiance à sainte Cécile; elle a converti à Jésus-Christ son mari Valérien et son beau-frère Tiburce, puis Maxime le greffier du tribunal; pourquoi tant d'autres ne seraient-ils du nombre privilégié de ceux qu'elle a ramenés à Dieu, après avoir erré longtemps dans les chemins tortueux de l'irréligion et de l'infidélité?

Ne pouvant, à cause des limites restreintes de cet ouvrage, vous faire assister à l'entretien théologique, philosophique, magistral et pathétique qu'elle a eu avec Tiburce et d'où il sortit pour aller recevoir le baptême de Jésus-Christ, je vais vous faire entendre son interrogatoire au tribunal d'Almachius, afin que vous puissiez la connaître un peu par ses actes. Voici les paroles de la martyre et d'Almachius telles qu'elles furent recueillies par les greffiers du tribunal, comme on avait coutume de le faire, et la providence divine a veillé sur la conservation d'un document d'un si haut intérêt.

Almachius frémit à la vue de sa victime, si douce et si fière. Cherchant à se donner de l'assurance, il feignit de ne pas reconnaître l'héritière des Cæcilii, et il osa ouvrir ainsi l'interrogatoire :

Almachius. — Jeune fille, quel est ton nom ?

Cécile. — Cæcilia.

Almachius. — Quelle est ta condition ?

Cécile. — Libre, noble, clarissime.

Almachius. — C'est sur ta religion que je t'interroge.

Cécile. — Ton interrogation n'était donc pas précise, si elle donnait lieu à deux réponses.

Almachius. — D'où te vient cette assurance ?

Cécile (se servant d'un texte de saint Paul). — D'une conscience pure et d'une foi sans déguisement. » (Tim., I.)

Almachius. — Ignores-tu quel est mon pouvoir ?

Cécile. — C'est toi-même qui ignores ce qu'est ton pouvoir. S'il te plaît de m'interroger à ce sujet, je puis te montrer la vérité avec évidence.

Almachius. — Eh bien, parle ; je serai enchanté de t'entendre.

Cécile. — La puissance de l'homme est semblable à une outre remplie de vent ; qu'on vienne à percer l'outre avec une simple aiguille, soudain elle s'affaisse, et tout ce qu'elle semblait avoir de consistance a disparu.

Almachius. — Tu as débuté par l'injure et tu continues sur le même ton.

Cécile. — Il n'y a d'injure que lorsqu'on allègue des choses qui n'ont pas de fondement. Démontre que j'ai dit une fausseté, je conviendrai alors de l'injure ; autrement, le reproche que tu m'adresses est une calomnie.

Almachius changea de discours, et s'adressant à Cécile :

— Ignores-tu donc, lui dit-il, que nos maîtres, les invincibles empereurs, ont ordonné que ceux qui ne voudraient pas nier qu'ils sont chrétiens soient punis, et que ceux qui consentiraient à le nier soient acquittés ?..

Cécile. — Vos empereurs se trompent et Ton Excellence avec eux. L'ordre que tu attestes, toi-même, avoir été porté par eux prouve seulement que vous êtes cruels, et que nous sommes innocents. Si le nom de chrétien était un crime, ce serait à nous de nier, et à vous à nous obliger par les tourments à le confesser.

Almachius. — Mais c'est dans leur clémence que les empereurs ont statué cette disposition ; ils ont voulu par là vous assurer un moyen de sauver votre vie.

Cécile. — Est-il une conduite plus impie et plus funeste aux innocents que la vôtre ? Vous employez les tortures pour faire avouer aux malfaiteurs la qualité de leur délit, le lieu, le temps, les complices; s'agit-il de nous, tout notre crime est dans notre nom; car vous savez que nous sommes innocents. Mais nous connaissons toute la grandeur de ce nom sacré, et nous ne pouvons en aucune façon le renier. Mieux vaut donc mourir pour être heureux, que de vivre pour être misérables. Vous voudriez nous extorquer un mensonge; mais, en proclamant la vérité, c'est nous qui vous infligeons la plus cruelle torture.

Almachius. — Choisis l'un de ces deux partis! ou sacrifie aux dieux, ou nie simplement que tu sois chrétienne, et tu pourras te retirer.

A cette proposition, un sourire de compassion parut sur les lèvres de Cécile. Quelle humiliante situation pour un magistrat! dit-elle; il veut que je renie un nom qui témoigne de mon innocence, et que je me rende coupable d'un mensonge. Il consent à m'épargner, et il est prêt à sévir contre moi; il semble ne rien voir, et rien n'est plus précis que son regard. Si tu as envie de condamner, pourquoi exhortes-tu à nier le délit? Si ton intention est d'absoudre, pourquoi ne te donnes-tu pas la peine de t'enquérir?

Almachius. — Mais voici les accusateurs; ils déposent que tu es chrétienne. Nie-le seulement, et toute l'accusation est mise à néant; mais si tu persistes, tu reconnaîtras ta folie, lorsque tu auras à subir la sentence.

Cécile. — Une telle accusation était l'objet de

mes vœux, et la peine que tu me réserves sera ma victoire. Ne me taxe pas de folie; fais-toi plutôt ce reproche, pour avoir pu croire que tu me ferais renier le Christ.

Almachius. — Malheureuse femme, ignores-tu donc que le pouvoir de vie et de mort m'a été confié par les invincibles princes? Comment oses-tu me parler avec orgueil ?

Cécile. — Autre chose est l'orgueil, autre chose est la fermeté; j'ai parlé avec fermeté, non avec orgueil; car nous avons ce vice en horreur. Si tu ne craignais pas d'entendre encore une vérité, je te montrerais que ce que tu viens de dire est faux.

Almachius. — Voyons, qu'ai-je dit de faux ?

Cécile. — Tu as prononcé une fausseté, quand tu as dit que tes princes t'avaient conféré le pouvoir de vie et de mort.

Almachius. — Comment ai-je menti en disant cela ?

Cécile. — Oui, et si tu me l'ordonnes, je prouverai que tu as menti contre l'évidence même.

Almachius. — Alors, explique-toi.

Cécile. — N'as-tu pas dit que les princes t'ont conféré le pouvoir de vie et de mort ? Tu sais bien cependant que tu n'as que le seul pouvoir de mort. Tu peux ôter la vie à ceux qui en jouissent, j'en conviens; mais tu ne saurais la rendre à ceux qui sont morts. Dis donc que tes empereurs ont fait de toi un ministre de mort, et rien de plus.

Si tu ajoutes autre chose, c'est mentir et mentir en vain.

Almachius. — Assez d'audace ; sacrifie aux dieux. Et en prononçant ces paroles, le juge désignait les statues qui remplissaient le prétoire.

Cécile. — Je ne sais vraiment ce qui est arrivé à tes yeux, où et comment tu en as perdu l'usage. Les dieux dont tu parles, moi et tous ceux qui, ici, ont la vue saine, nous ne voyons en eux que de la pierre, de l'airain et du plomb.

Almachius. — En philosophe, j'ai dédaigné tes injures, quand elles n'avaient que moi pour but; mais l'injure contre les dieux je ne la puis supporter.

Cécile. — Depuis que tu as ouvert la bouche, tu n'as pas dit une parole dont je n'aie fait voir l'injustice, la déraison, la nullité; mais maintenant, afin que rien n'y manque, te voilà convaincu d'avoir perdu la vue. Tu appelles des dieux les objets que nous voyons tous n'être que pierres, et des pierres inutiles. Palpe-les plutôt toi-même, tu sentiras ce qu'il en est. Pourquoi t'exposer ainsi à la risée du peuple ? Tout le monde sait que Dieu est au ciel. Quant à ces statues de pierre, elles feraient meilleur service si on les jetait dans une fournaise pour les convertir en chaux. Elles s'usent dans leur oisiveté, et sont impuissantes à se défendre des flammes, aussi bien qu'à t'arracher toi-même à ta perte.

Le Christ seul sauve de la mort, seul il délivre du feu l'homme coupable.

Ce furent les dernières paroles de Cécile devant l'homme qui représentait la puissance païenne. Elle voulut flétrir publiquement le grossier fétichisme qui, depuis si longtemps, asservissait le monde racheté du sang d'un Dieu.

Almachius fit enfermer Cécile dans la salle des bains de son palais, que les Romains appelaient le *Caldarium;* il pensait que la vierge aspirerait la mort avec la vapeur embrasée, sans qu'il fût besoin de l'épée d'un licteur pour l'immoler.

Mais une si grande martyre ne pouvait être immolée sans l'effusion de son sang, et le stratagème dont s'applaudissait le politique n'était pas appelé à réussir. Cécile, enfermée dans le *Caldarium,* y passa le reste du jour et la nuit suivante, sans que l'atmosphère enflammée qu'elle respirait eût seulement fait distiller à ses membres la plus légère moiteur. Le miracle de saint Laurent et des trois enfants dans la fournaise de Babylone se renouvelait pour elle.

Ce prodige renversa l'espoir qu'on avait conçu de ne pas en venir jusqu'à verser le sang d'une illustre dame; mais il n'était plus possible de s'arrêter dans la voie funeste où l'on s'était engagé. Un licteur fut envoyé avec ordre de trancher la tête de Cécile, dans ce lieu même où elle se jouait avec la mort. Le licteur brandit son glaive avec vigueur ; mais son bras mal assuré n'a pu, après trois coups, abattre encore la tête de Cécile. Il laisse étendue à terre et baignée dans son sang la vierge sur laquelle la mort semble craindre d'exercer son empire, et il se retire avec terreur. Une loi défendait au bourreau qui, après trois coups, n'avait pas achevé sa victime, de la frapper davantage.

Sainte Cécile dura trois jours encore : c'était le délai qu'elle avait demandé à Dieu pour voir le pape Urbain, qui du reste était caché dans sa maison.

Urbain pénétra dans la salle de bain, et ses regards attendris s'arrêtèrent sur Cécile étendue comme l'agneau du sacrifice sur l'autel inondé de son sang.

La vierge tourna vers lui son œil mourant, où se peignait encore la douceur et la fermeté de son âme : « Père, lui dit-elle, j'ai demandé au Seigneur ce délai de trois jours, afin de remettre entre vos mains et les pauvres que je nourrissais, et cette maison pour être consacrée en église à jamais. »

Après ces paroles une dernière défaillance annonça les approches du trépas. Elle était couchée sur le côté droit, les genoux réunis avec modestie. Au moment suprême, ses bras s'affaissèrent l'un sur l'autre ; et, comme si elle eût voulu garder le secret du dernier soupir qu'elle envoyait au divin objet de son unique amour, elle tourna contre terre sa tête sillonnée par le glaive, et son âme se détacha doucement de son corps. On était au 16 des calendes d'octobre (16 septembre).

L'année dernière (1880, dernière moitié d'avril), j'ai eu le bonheur et la joie d'offrir trois fois l'auguste sacrifice de la messe, dans ce palais même de sainte Cécile, transformé en basilique, sur le maître-autel qui couvre le corps de la vierge martyre, couché, comme il vient d'être dit, dans une châsse d'or, d'argent et de cristal. J'ai également eu la faveur de dire la sainte messe dans l'ancienne salle de bain où ses bourreaux ont vainement essayé de l'étouffer par la vapeur brûlante.

Maintenant, lecteur, vous savez ce que vous devez penser de ces gens mal élevés, grossiers buveurs d'absinthe, ou piètres *épeleurs* de sales romans et de journaux orduriers, qui font métier d'attaquer le Dieu qui les fait vivre, la religion qui les protège contre les fléaux, à leur insu, et leurs saints patrons qui prient pour eux dans le ciel.

Que de fois ne vous ont-ils pas dit : « Les « Saints ne sont que des esprits rétrécis, des gens « à petites vues, des hommes sans influence ! »

Aujourd'hui que vous connaissez sainte Cécile, vous pouvez leur répondre : Vous n'êtes que des ignorants, des menteurs, des blasphémateurs et de pauvres égarés par Satan et par tous ceux que vous faites vivre à vos frais, en achetant leurs livres et leurs journaux pétris dans le vice pour vous allécher.

S'ils vous répondent : « Sainte Cécile fait « exception. »

— Mais, direz-vous, et les Agnès, les Agathe, les Catherine, les Praxède, les Anastasie, les Pétronille, les Nathalie, les Félicité, les Symphorose, les Barbe, sans parler des hommes qui ont donné à nos autels des papes, des évêques, des abbés, des rois, des empereurs, des magistrats, des guerriers et des artistes en tous genres !

Se voyant battus du côté de l'esprit, de la capacité, de la haute intelligence et de la distinction dans les Saints, ils vous diront : « Oui, la « pratique de la religion, la fréquentation des « églises, c'est bon pour les riches et pour ceux « qui se vouent à Dieu dans l'état religieux ; bon « encore pour ceux qui n'ont pas de passions et « qui ne sont pas obligés de vivre au milieu des « sollicitudes de la famille, des affaires ou des « besoins, ou au milieu des dangers du monde... « Mais pour des gens comme nous, c'est une folie « que d'essayer à devenir des Saints. »

— Vous leur répondrez de nouveau avec vérité et fermeté : Vous mentez encore et vous blasphémez ; car il y a eu des Saints dans tous les états, dans tous les âges, dans toutes les conditions : il y en a eu partout, depuis le trône jusqu'à la chaumière, et depuis le jeune homme jusqu'au vieillard... et sous le diadème des rois et sous les haillons des pauvres.

Sur le trône, au milieu des embarras des affaires et des séductions des grandeurs, c'est saint Louis, c'est saint Henri, qui au diadème des rois unissent la couronne des Saints.

A l'autre extrémité de l'échelle sociale, saint Joseph se sanctifie en exerçant l'humble profession de charpentier... en maniant la scie et le rabot; saint Isidore, en cultivant la terre (il était laboureur) ; sainte Zite n'était qu'une pauvre servante, une modeste cuisinière. Saint Benoît Labre, que le pape Léon XIII canonise en ce moment, était un pèlerin mendiant, sans feu, sans lieu et sans asile. Sainte Germaine Cousin de Pibrac près de Toulouse, canonisée par Pie IX, n'était qu'une bergère. Paralysée d'un bras et couverte de plaies dès sa naissance, sous prétexte d'éviter la contagion de ses infirmités sa belle-mère l'envoyait garder les troupeaux et, le soir, la reléguait dans une étable où elle n'avait pour lit que quelques sarments. La pauvre enfant ainsi délaissée et repoussée s'attacha à Jésus et à son auguste Mère, la douce consolatrice des affligés. Pendant qu'elle allait chercher des consolations à l'église, son troupeau restait groupé autour de sa houlette. Elle devint une Sainte, pour répondre à ceux qui disent que l'entrée du ciel est fermée aux pauvres.

Oui, la vertu est possible à tous, dans tous les âges et dans toutes les conditions. Dieu n'a maudit aucune de ses créatures. La sainteté est possible à tous. Pour cela que faut-il faire ? Restez chez vous, faites ce que vous faites, faites-le un peu mieux, et voilà tout. Offrez à Dieu votre travail, vos peines, vos malheurs, et puis remplissez les devoirs du chrétien... faites de tout des degrés pour arriver au ciel... élevez-vous sur les joies, les douleurs, les succès, sur la prospérité et sur l'adversité, pour de là vous élancer au ciel... où vous deviendrez l'ami, le frère ou la sœur, de l'illustre sainte Cécile vierge et martyre.

§ VII. — Les pompiers.

Quelques années après la révolution de 1830, il y eut à la fois une série nombreuse d'incendies dans plusieurs provinces de France. C'était un des effets naturels de la violence mise à la place du droit et de la haine insurrectionnelle admise comme le plus saint des devoirs. Le département de Seine-et-Oise donnant asile à la capitale, c'est-à-dire au foyer de toutes les mauvaises passions et au centre de toutes les vertus, fut particulièrement éprouvé : personne ne dormait plus tranquille. Chaque nuit, dans certains villages, le tocsin d'alarme, la *générale* ou la trompette de rappel mettaient les populations sur pied. Ce n'était pas un seul incendie, mais souvent deux et trois, en même temps. La garde nationale, dans plusieurs localités, en armes jour et nuit, comme en temps de siège à la barbe de l'ennemi, faisait continuellement des rondes et des factions. Eh bien, derrière elle, comme par dérision, le feu s'allumait, et pendant que l'on portait secours d'un côté le feu prenait à l'extrémité opposée. Chaque soir on se couchait presque sur un volcan qui menaçait sinon de vous faire sauter, du moins de vous brûler vif.

Devant cette situation, que la police vigilante se déclarait impuissante à conjurer, l'organisation des compagnies de pompiers fut reconnue indispensable et déclarée d'urgente nécessité.

Les premiers services de pompiers s'organisèrent dans chaque canton et les communes rurales vinrent en aide en fournissant un contingent de pompiers supplémentaires. C'est ainsi que d'abord trois pompiers de Saulx-lès-Chartreux allèrent apprendre la manœuvre à Longjumeau. Cette demi-mesure ne tarda pas beaucoup sans se compléter par l'acquisition d'une pompe et par l'organisation d'une compagnie entière de solides pompiers.

La première pompe date de 1842, elle a coûté 800 francs.

Depuis cette époque, les cadres de la compagnie des pompiers ont toujours été au complet. Mais dans ces dernières années quelques pompiers, ennuyés par les paroles blessantes et les railleries grossières de ces hommes de désunion comme il y en a dans chaque village, ont donné leur démission. Ils ont trouvé des imitateurs cette année, car en ce moment où j'allais écrire la liste nominative des pompiers, on me fit remarquer qu'il était trop tard. Découragés de plus en plus par l'ingratitude de ces gens qui, bas et rampants comme des vers de terre, seraient vite à leurs genoux, si le feu était chez eux, ils se sont retirés.

C'est une bonne et utile institution de perdue. Je la regrette beaucoup.

— Oui, mais il faut aussi convenir que la dignité et la fierté de tant d'hommes qui se respectent n'étaient pas suffisamment ménagées dans ces hommes de dévouement: on leur votait un pourboire annuel de quatre francs par homme... environ...

— Oh! alors....; je ne dis plus rien.....

— Les quatre messiers, chargés chaque année de veiller à la garde des fruits à l'époque de leur maturité, sont tombés par le même motif.

— Notre époque n'offre que des ruines à l'histoire, c'est bien triste !

Noms des communes et hameaux secourus par les pompiers de Saulx.	*Récompenses obtenues.*
Villers-lès-Saulx. L'Auberge-à-Bessin. Saulxier. Saulx. Les Granges-Palaiseau. Villarseaulx. Villejust. La Ville-du-Bois. Ballainvilliers. Chilly-Mazarin. Champlan. Longjumeau.	Une médaille de vermeil leur a été décernée dans un concours tenu à Montlhéry, en 1875. Un diplôme d'honneur a été accordé à M. Garouste François-Louis pour ses anciens et bons services par M. le Ministre de l'Intérieur, au nom du président de la république française, en date du 1er décembre 1880.

L'équipement de la compagnie ne laisse rien à désirer : elle a deux pompes avec tous leurs accessoires. La deuxième avec son avant-train a été offerte gracieusement à la compagnie des pompiers par M. Georges Hector, elle a coûté 1.000 francs. On en a connu le prix, parce que c'est le maire de la commune qui a été chargé de la choisir.

Après l'émigration générale occasionnée par l'entrée des Prussiens dans notre village en

1870, les pompiers ne trouvèrent pas un bouton du bel uniforme (grande et petite tenue) payé par Mme Roux. L'ennemi se l'était adjugé à bon compte. L'équipement complet d'un pompier, grande et petite tenue, est une dépense relativement onéreuse. Comment faire ? M. Georges Hector intervient de nouveau et habille en tenue de feu dix-sept pompiers pour une somme de 1.100 francs. Nous tenons ce renseignement du tailleur.

Jadis on était toujours joyeux chaque fois que les pompiers, en grande tenue, assistaient à la messe. Cela arrivait à toutes les cérémonies solennelles de la paroisse. Tous les cœurs vibraient patriotiquement en entendant résonner sur les dalles de l'église ces pas mesurés et cadencés au son du clairon et du tambour répété par les voûtes du lieu saint. A l'élévation de la sainte hostie, le commandement de : Portez... armes !. Présentez... armes !.. Genou... terre !!... allait au fond des cœurs. Tous les fronts s'inclinaient ; les armes et les mains prenaient la pose du salut militaire et les tambours battaient aux champs. Ce moment d'adoration générale et solennelle touchait profondément les âmes ; c'était vraiment majestueux.

Oh ! comme ces haies de milice paroissiale étaient bien à leur place dans le chœur et dans le sanctuaire de leur église !...

L'office divin terminé, l'officier, en élevant son

sabre, s'écriait : « Par file à droite, par file à gauche... Marche! Les tambours battant le pas accéléré sous les voûtes retentissantes ouvraient la marche à ce bataillon pacifique. On sortait de l'église en bon ordre pour aller rompre les rangs devant la mairie.

Tout le monde était gai, heureux, content. Ce dimanche avait été pour le village un jour d'union, de cordialité; en un mot, un jour de vrai bonheur dans la vie. Maintenant ces jours-là deviennent de plus en plus rares, parce que l'on oublie l'église qui seule a le pouvoir de rallier les cœurs et de bénir les familles. Dieu nous punit. Aussi, et c'est facile à voir, la haine, la jalousie, la désunion, l'égoïsme remplacent la cordialité, l'amitié et la fraternité d'autrefois.

Sainte Barbe,
patronne des pompiers et des artilleurs, vierge et martyre.
(An 240.)

Sainte Barbe naquit de parents très riches, à Nicomédie en Bithynie (Asie Mineure). Dioclétien affectionnait cette ville et l'embellit beaucoup. Annibal y mourut.

Dioscore, le père de sainte Barbe, homme féroce et cruel, était avec cela un païen et un idolâtre exalté au delà de toute expression. Ayant appris que sa fille avait refusé de se marier, parce qu'elle avait voué sa virginité à Jésus-Christ, il la battit à coups de pied et à coups de poing; et évanouie, il la traîna par les cheveux jusqu'à une maisonnette assez éloignée, où il l'enferma. Puis il alla lui-même la dénoncer comme chrétienne et fit jurer au juge Marcien de la traiter avec la plus grande rigueur, en lui faisant endurer les plus atroces tortures.

Ce père, qui n'était plus digne de ce nom, voulait se baigner dans le sang de son enfant.

Le juge, après avoir essayé vainement de la douceur et de l'hypocrisie pour faire apostasier Barbe, appela la cruauté et la barbarie à son secours. Il fit déshabiller en public et fouetter avec des nerfs de bœuf la pauvre jeune fille; puis il ordonna de frotter ses plaies avec un rude cilice; de sorte que son sang ruisselait de tous côtés. On la ramena en prison, où Jésus-Christ lui apparut en personne, la consola, la fortifia et la guérit de tous ses coups, au point qu'on n'aurait jamais dit qu'elle avait été si mutilée; il ne lui en restait pas trace sur le corps. Aussi, était-elle plus résolue que jamais à endurer tous les tourments qu'on lui voudrait infliger.

Ce miracle aurait dû éclairer et attendrir son juge et son père; mais il y a pour les méchants un degré de perversité où rien ne les éclaire plus:

la vérité, la vertu, ce qui est évident pour tous, au lieu de les adoucir, de les ramener au bien, les irrite et les endurcit. Ils sont alors tout à fait possédés du diable, sans qu'ils s'en doutent.

C'est ainsi que, dès le lendemain, Marcien furieux de la guérison évidente, miraculeuse de Barbe, commanda à deux puissants bourreaux de lui gratter les flancs avec des peignes de fer; et après qu'ils furent entr'ouverts, il les fit brûler avec des torches ardentes, et lui fit frapper la tête à coups de marteau. — Sa cruauté alla bien plus loin : car il lui fit couper les seins avec des rasoirs, et, pour épouvanter les autres filles chrétiennes par son exemple, commanda qu'on la traînât toute nue par les rues, la châtiant à coups de fouet.

Dieu, qui sait tirer le bien du mal et se jouer des méchants comme il lui plaît, profita de ce nouveau supplice pour montrer sa puissance et faire éclater sa gloire. Voici le nouveau miracle! Pendant que l'on préparait cette cruelle et ignominieuse exécution, sainte Barbe leva les yeux au ciel en disant : « *Mon Seigneur qui couvrez le* « *ciel de nuages, et la terre de l'obscurité de la nuit,* « *cachez, s'il vous plaît, la nudité de mon corps, de* « *peur que les yeux infidèles la voyant n'aient sujet* « *de blasphémer votre saint nom.* » Sa prière fut exaucée aussitôt; car Notre-Seigneur couvrit si bien le corps de la pure vierge depuis les pieds jusqu'à la tête d'une merveilleuse clarté en forme de longue robe, que les païens ne la purent voir. On la ramena devant Marcien qui, après tant d'épreuves de sa constance, la condamna à être décapitée.

Dioscore, son père, qui jusque-là s'était baigné comme un tigre dans le sang de sa fille, demanda comme une faveur d'être son bourreau et de la tuer de sa main. On la mena hors de la ville sur une montagne, où sainte Barbe s'agenouillant fit une dévote prière à Dieu. Et la pauvre enfant, douce comme une brebis, tendit le col à son père, qui le lui coupa de son épée.

Une telle férocité passe toutes les limites de la malice humaine, le démon seul peut en être l'auteur; ce père était possédé du diable.

Mais la justice de Dieu ne fit pas attendre longtemps son arrêt contre l'impie Dioscore, indigne du nom de père de sainte Barbe; il fut tué par un coup de tonnerre à l'instant où, descendant de la montagne, il allait rentrer dans son palais. Il en arriva autant au président Marcien.

Sainte Barbe est particulièrement invoquée contre le tonnerre et la foudre, dont Notre-Seigneur punit le juge et son père, qui la condamna et la fit mourir. Un prêtre nommé Théodore rapporte un miracle insigne qui s'accomplit sous ses yeux l'an 1448, dans la ville de Gorgue en Hollande, et dont Surius fait mention. Il y avait en ce pays un homme qui était très dévot à sainte Barbe, à cause qu'il avait entendu dire que tous ceux qui l'honoraient durant leur vie ne mouraient jamais sans être munis des sacrements de l'Eglise. Cet homme, nommé Henri, se trouva surpris du feu, sans qu'il pût sortir de la maison où il était caché; et se voyant environné de tous côtés de flammes, et son corps qui brûlait au milieu, il avait plus de regret de mourir sans sacrement, que d'être brûlé vif. Il se souvint de sainte Barbe, l'invoqua et implora son aide, non pour être préservé de la mort, mais afin qu'il ne mourût pas sans recevoir les sacrements de l'Eglise. Sainte Barbe lui apparut, elle amortit les flammes, en mettant son manteau au-devant, et le délivra de cet incendie, lui disant qu'à cause de la dévotion qu'il lui avait portée, Dieu avait prolongé sa vie jusqu'au lendemain matin, pour lui donner le loisir de se confesser, de communier et de recevoir l'extrême-onction. Ce qui fut fait, encore que le corps de cet homme fût tellement brûlé depuis les pieds jusqu'à la tête, qu'on l'eût pris pour un homme grillé et rôti, et non pas vivant.

Si sainte Barbe ne veillait pas sur ses pompiers, il n'y aurait pas un incendie sans qu'il arrivât des accidents de toutes sortes. Les pompiers de Saulx-lès-Chartreux célébraient régulièrement sa fête le 4 décembre de chaque année.

§ VIII. — Société de secours mutuels.

La société de secours mutuels, comme toutes ses pareilles, en France, fut établie sous le règne de Napoléon III. Trop peu nombreuse d'abord pour profiter des libéralités du souverain à l'occasion de la naissance de son fils que les Zoulous devaient assassiner un jour, elle alla quêter dans les pays voisins des hommes de bonne volonté, pour atteindre le chiffre réglementaire sans lequel la prime décrétée ne pouvait être touchée. Cette circonstance nous oblige à reconnaître et à avouer que cette institution de l'Empire est entrée péniblement dans notre village, et par la porte la plus étroite, sans enthousiasme et sans confiance dans les faits et les gestes par lesquels elle devait se signaler après la mort de son fondateur.

En général, les sociétés de secours mutuels ont eu, parmi les hommes les plus compétents, des adversaires sérieux, prévoyants et éclairés; mais elles ne sont pas restées sans trouver des admirateurs, surtout parmi les hommes plus dévoués à l'Empire qu'aux ouvriers eux-mêmes.

En vérité, après réflexion, on ne voit pas, pour le plus grand nombre, autre chose qu'un placement d'argent sans intérêt et à fonds perdu. Voilà son côté faible, sous le rapport matériel, temporel et simplement économique; mais si nous regardons le côté moral, charitable, celui par lequel cette Société se rattache à la religion, à l'Eglise, à l'Evangile, c'est tout autre chose; elle interprète et semble mettre en pratique ces paroles de Jésus-Christ: « Aimez-vous les uns les autres; don-« nez du pain à celui qui a faim, à boire à celui « qui a soif, des habits à celui qui n'en a pas, un « abri à celui qui en manque; visitez et soignez les « malades; assistez les mourants; ensevelissez les « morts; accompagnez leurs dépouilles mortelles « à l'église et au cimetière. » C'est une étape vers la communauté des biens, un retour aux us et coutumes de l'Eglise primitive.

Au point de vue spirituel, religieux et moral le but de la Société est donc excellent et son règlement est sage.

On le voit: l'Empereur a emprunté le but et le règlement des sociétés de secours mutuels à la société charitable et vraiment chrétienne de Saint-Vincent de Paul, à la différence très grande, toutefois, que dans cette dernière on ne demande rien au malade pour le secourir, le visiter, le soigner et lui donner la nourriture et un abri en temps de chômage et de maladie; tandis que dans le secours mutuel, si on n'a pas versé d'avance, on ne reçoit rien; en d'autres termes, il vous rend plus ou moins ce que vous avez avancé ou ce que vous rembourserez, avec le temps, si la santé vous favorise. Il y en a qui ont le bonheur de ne jamais rien recevoir, parce qu'ils ne sont jamais suffisamment malades pour atteindre les termes du règlement. Ils paient pour ceux qui le sont plus souvent qu'à leur tour. C'est là le mérite et le côté vraiment admirable de l'institution.

Dans l'ancien temps, nous avons eu vingt fois l'occasion de le reconnaître dans ce livre, nos ancêtres avaient autant d'esprit et encore plus de conscience et de charité qu'on en a aujourd'hui; et pourtant ils n'ont jamais essayé de toutes ces sortes de sociétés de ceci et de cela.

— Savez-vous pourquoi?

— D'abord, je crois que c'est parce que chacun voulait rester libre et indépendant dans ses bienfaits, comme dans le choix de ses bienfaiteurs; et puis, on n'avait pas besoin de règlement, ni de surveillants pour venir en aide à son voisin arrêté par la maladie. Cela semblait tout naturel; non seulement on le visitait et on lui apportait mille douceurs pour le rétablir; mais on se partageait ses travaux et son ouvrage. Quand il était rétabli, rien n'était en retard chez lui, ni autour de lui. Le règlement dont chacun s'inspirait librement et volontairement était cette belle parole du divin Maître : « Vous aimerez « votre prochain comme vous-mêmes »; aujourd'hui c'est son tour à souffrir, demain viendra le tien.

J'aime beaucoup le principe qui a servi de base

à la société de secours mutuel de Saulx, et, je le dis très haut, c'est particulièrement une excellente institution pour trois catégories de personnes :

1° Pour les individus faibles de complexion, exposés à être souvent malades ; 2° pour les gens qui se sentent incapables de garder la moindre économie ; 3° pour celui qui vit au jour le jour, sans penser à se réserver une poire pour la soif. Pour ces trois classes de personnes, la Société n'offre que des avantages, sans aucun risque possible. Mais je dois avouer que pour l'ouvrier honnête, rangé, économe, de bonne santé, la Société est une assurance beaucoup plus onéreuse que lucrative. Comme toutes les assurances de notre époque, c'est un impôt qui tranquillise. Moyennant cette contribution de 18 fr. par an et autant pour la perte de temps que cela occasionne, le sociétaire est censé faire chaque année une petite maladie, dont il se tire encore à bon marché. Il paie sa contribution par fractions légères, sans presque y penser, sauf le deuxième dimanche de chaque mois.

Comme la plupart des nombreuses institutions de l'Empire, cette Société eut un bon début, qui fut suivi d'une marche florissante jusqu'à la décadence de la politique machiavélique du souverain son fondateur. Mais, après les désastres de Sedan, toutes les institutions de ces vingt années de règne reçurent un grand ébranlement. La France, éperdue et malheureuse, allait donner de nouveaux maîtres à toutes ses institutions, petites et grandes. Les ambitieux qui trépignaient, criaient et languissaient après le pouvoir depuis si longtemps, trouvaient naturellement leurs places dans cette échauffourée. C'est à partir de cette époque, que le bon esprit primitif de la Société se modifia. Sous une direction systématiquement hostile à la religion, les sociétaires furent amenés à refuser, en très grand nombre, de s'associer, pendant la touchante cérémonie de l'offrande, à cette grande et avant-dernière bénédiction que chacun donne amicalement au défunt dans son cercueil, pour qu'il repose en paix dans la terre bénite du cimetière, où on va le déposer. Ce refus est tout à fait en opposition avec l'esprit du règlement; articles 20 des statuts et 10 du règlement. Est-ce donc vraiment assister aux obsèques d'un mort, que de rester en flâneur désœuvré à faire le pied de grue sur la place de l'église pendant le service divin ? Non, mille fois non. Il est donc bien vrai que l'esprit primitif de la Société a été dévié de sa ligne droite. Pourquoi cette protestation audacieuse contre ceux qui demandent la paix de Dieu pour ce défunt et qui le bénissent de tout leur cœur ? Est-ce là de la fraternité, de la bonté, de l'amitié de sociétaire, au moment où on va se quitter, pour ne se revoir que dans l'autre vie ? Oui, cette manifestation d'impiété contre le maître de la santé et de la maladie, contre l'auteur de la vie et l'ordonnateur de la mort, est un *non-sens* dans une œuvre qui secourt les malades et qui *oblige* ses membres à être présents, sous peine d'amende, aux obsèques des défunts de la Société. Le règlement interdit sagement dans les discours toute allusion politique et *religieuse*. Mais est-ce que cet acte d'irréligion que l'on impose indirectement par intimidation à chacun des membres présents n'équivaut pas, et bien au delà, à une discussion religieuse ? Oui, le règlement est mutilé et souffleté par cet acte fâcheux et inconvenant pour le défunt, que l'on refuse de bénir à sa sortie de ce monde. C'est vraiment dommage ; car il y a quelque chose de sage, de beau et de touchant dans cet article qui réunit toute la famille autour de ce cercueil pour l'accompagner et le bénir. Cet article fidèlement observé, quant à la lettre et quant à l'esprit, aurait certainement assuré à cette société un avenir honorable et irréprochable. Mais peu à peu les bonnes gens (c'est le plus grand nombre), que l'excellence du but de cette Société avait attirés dans ses rangs, s'en retireront. Quel est donc le père de famille qui voudra, à chaque décès, aller braver Dieu dans son temple et attirer sa malédiction sur ses enfants ? Quel est donc le propriétaire intelligent et prévoyant qui voudra renouveler, à chaque instant, ces actes démoralisateurs devant le peuple qui l'observe ?

— Savez-vous à quoi seront capables de servir dans nos campagnes les derniers débris des sociétés de secours mutuels ?

— C'est facile à deviner : là seront tout formés les recrutements du socialisme et du communisme d'un prochain avenir.

— Vous en comprenez, sans doute, la raison ?

— Un enfant la comprendrait, tant elle saute aux yeux. Un individu qui ne croit plus en Dieu, ni à l'autre vie, ni à l'immortalité de l'âme, ni à la conscience, ni au paradis, ni à l'enfer, veut et doit vouloir partager la terre. Puisque vous lui dites, en le détournant de l'église, qu'il n'y a que la terre et ses jouissances, il en veut sa part. Voyons, de bonne foi, croyez-vous qu'il traînera paisiblement et bêtement une existence malheureuse à côté de son voisin qui, sous ses yeux, vivra dans l'abondance? Non! il veut jouir de cette vie autant que n'importe qui... Et pourquoi pas? puisque vous lui affirmez que tout finit pour lui à la tombe.....

Et moi je dis qu'il aurait raison... S'il n'y avait pas une autre vie, comme vous avez cherché à l'en convaincre, en l'invitant, par vos exemples, à refuser une dernière bénédiction à un camarade, et à se tenir piteusement à la porte de l'église aux obsèques de ses amis, oui, il aurait mille fois raison !...

Si ce que vous lui avez dit est vrai, toute sa logique, toutes ses tendances, toutes les aspirations de sa vie, toutes ses vues, toute sa force, doivent tendre et être employées à partager avec vous vos terres, vos propriétés et vos écus.

Voilà, sachez-le bien, où conduit directement le profond découragement que vous jetez dans l'âme de ceux *qui réfléchissent* sur vos actes et sur vos paroles contre la religion de votre baptême. Pour moi, je ne puis penser à vous, sans m'imaginer voir des chasseurs myopes, occupés tout le temps à tirer sur *leurs propres pigeons,* en les prenant pour des perdrix de la garenne voisine.

Mais à ces hommes que vous trompez, *à votre propre détriment,* je dis : Courage et confiance ! mes amis, oui, il y a un Dieu juste au ciel ; oui, il y a une autre vie ; oui, il y a un paradis pour récompenser les bons ; oui, il y a un enfer pour punir les coupables. Restez solidement honnêtes et chrétiens, et soyez tranquilles : Rira bien qui rira le dernier.

CHAPITRE VINGT-QUATRIÈME

INVASION DU PAYS PAR LES ARMÉES ENNEMIES

§ I. — Invasion de 1814.

Après la journée de Leipsick, l'empereur Napoléon que l'adversité commençait à poursuivre, en punition de son immense orgueil, revint à Paris; il y arriva le 18 novembre 1813, avec les débris de son armée. Derrière lui, l'Europe en armes franchissait le Rhin sans obstacle; la campagne de 1814 allait s'ouvrir.

La Hollande était envahie; les Anglais, victorieux en Espagne, menaçaient Bayonne; les Cosaques inondaient la Champagne.

Napoléon quitta Paris, dans la nuit du 24 au 25 janvier 1814, pour aller combattre l'invasion étrangère; mais que faire avec une poignée de braves contre des armées innombrables? La nation, qu'il avait épuisée depuis vingt ans, n'était plus avec lui: il ne put empêcher les Russes et les Prussiens d'entrer dans Paris, le

30 mars 1814. Le lendemain, toutes les nations de l'Europe, ayant leur souverain à leur tête, défilaient en grande pompe sur les boulevards de la capitale; et le 1er avril, toutes les maisons de Saulx-lès-Chartreux étaient remplies de Cosaques.

Le pays n'eut à subir de la part de l'ennemi victorieux aucun acte de violence, ni de barbarie, ni de destruction, ni d'immoralité. Des réquisitions d'hommes pour conduire les estafettes de village en village, ainsi que des réquisitions de voitures, de chevaux et de nourriture, voilà les plus grands ennuis que la commune eut à souffrir pendant l'occupation de Saulx-lès-Chartreux par les Cosaques.

§ II. — Invasion de 1870.

Après avoir ensanglanté et ravagé l'Europe de l'Èbre au Volga, Napoléon Ier fut détrôné et envoyé captif à Sainte-Hélène par les nations de l'Europe coalisées; mais son neveu Napoléon III a été vaincu, à la première bataille, par la Prusse toute seule. Cette défaite humiliante nous apprend que, non seulement nous ne sommes pas invincibles comme on nous l'avait fait accroire, mais même que nous ne sommes pas plus les premiers soldats du monde que n'importe quel peuple de l'Europe. A Solferino, en Italie, il ne s'en est pas fallu de l'épaisseur d'un cheveu pour que la victoire ne fût du côté des Autrichiens. Sans l'arrivée de Mac-Mahon à Magenta, Napoléon demeurait le prisonnier de l'empereur d'Autriche. Il le fut, hélas ! quelques années plus tard du roi de Prusse à Sedan. Mac-Mahon était encore là, mais couché sans connaissance sur le champ de bataille, pendant que l'Empereur des Français allait rendre son épée au futur Empereur d'Allemagne.

C'était le premier septembre 1870 : dix-huit jours après, le dimanche, avant la messe, dix mille Bavarois entraient dans Saulx-lès-Chartreux, vide d'habitants. La panique avait été si grande, grâce à une terreur ridicule à force d'être fausse et calomnieuse répandue par les journaux, que les habitants avaient fui en déroute devant l'ennemi. Beaucoup ne se sont arrêtés qu'au fond de la Bretagne, sur les bords de la mer ; d'autres se sont bornés à s'établir sur le Rocher de Saulx, où ils avaient organisé un campement, avec leurs bestiaux : chevaux et vaches, harnais, voitures et vivres de toutes sortes ; le pain était caché dans une grotte construite en grès, que l'on voit encore, dans un ravin caché, peu accessible, et sans apparence extérieure, au pied du grand cavalier, point culminant du Rocher. Cette colonie était peu nombreuse, une centaine au maximum. Mais bientôt, vendus par de faux Français, les Bavarois cernèrent le Rocher, et force leur fut de se rendre à merci. Leur bétail fut confisqué; mais aucun mal n'a été fait aux personnes. Chacun rentra dans sa maison, et ce fut un bien; car l'ennemi avait un respect tout particulier pour les propriétés habitées.

A l'arrivée de l'ennemi, la population du village est représentée par M. l'abbé Péchard, curé de la paroisse, M. Coulbaux, instituteur, M. Magne, adjoint, et le garde champêtre, M. Breton Henri, avec quelques vieillards et autant de femmes âgées. Les soldats défoncent les portes fermées et se logent militairement. Ils allument, pour cuire leurs aliments, des feux capables de réduire le pays en cendres; il en résulte seulement quelques feux de cheminée qui les font rire aux éclats. Ils trépignent de joie, à l'instar des sauvages rangés autour d'une proie.

La déroute avait été aussi générale que peu réfléchie et inconsidérée; les convalescents mêmes, au risque de leur vie, avaient fui. Le maire n'ayant plus personne à protéger, ni à gouverner au pays, avait suivi le mouvement; il ne restait partout pour les Bavarois que figure de bois.

A la mairie, ils demandent les fusils de la garde nationale. M. Coulbaux répond qu'il n'en possède aucun. Ils cherchent, et ne tardent guère à les trouver sous terre, au fond du jardin de l'instituteur. Sur-le-champ il est fait et constitué prisonnier, puis les Allemands brûlent les fusils sur place. Après une journée de vive inquiétude, M. Coulbaux est mis en liberté le soir.

— Les officiers bavarois n'ignorent pas que des distributions de poudre et de cartouches ont été faites par l'Etat à la garde nationale. Donc ils demandent ces provisions de guerre. M. l'Instituteur n'a pas de renseignements à donner à l'ennemi de sa patrie, et répond de nouveau : « Je ne sais pas où cela a été placé. » M. le Curé interrogé à son tour répond : « Je ne m'occupe pas « de ces choses »; mais il se trouve un Français indigne de ce nom pour leur apprendre qu'un baril de 3.000 cartouches est enfoui dans la terre du cimetière, où ils le trouvent effectivement. A l'instant même, M. le Curé est arrêté et constitué prisonnier dans son presbytère, avec menace d'être fusillé; mais ce n'était que pour faire les maîtres et les terribles; car deux heures après, M. le Curé était en liberté.

Cette première journée fut assez difficile à passer; car ayant trouvé du vin dans la plupart des caves, vers le soir ils étaient ivres et méchants.

En s'installant à la mairie, deux officiers disent à M. Coulbaux, l'instituteur : « Ce soir, il y a du « danger pour le pays et pour les femmes. » Bientôt, en effet, ces deux officiers furent obligés d'intervenir pour maintenir le bon ordre et faire respecter les quelques femmes restées au pays. Il était temps ; elles allaient être grossièrement insultées ; mais elles furent complètement respectées. Ces officiers, quoique harassés de fatigues, se sont prestement levés de leurs lits, et en caleçon ont couru au secours des personnes tourmentées par les soldats.

Cette belle et louable conduite pour la défense de la morale et des bonnes mœurs a laissé un grand souvenir dans ce village ; elle est, du reste, tellement noble et élevée, que nos officiers français, avec leur esprit chevaleresque inné, ne sauraient faire plus grand chez un ennemi vaincu.

Le lendemain lundi, ils partirent, dès le matin, pour attaquer les redoutes de Châtillon, qu'ils prirent aisément. Après cette victoire facile, qui eut une influence si grande sur le siège de Paris, ils revinrent prendre leur quartier de repos dans notre village. Chacun rentra dans son logement sans bruit, ni vexation, pour les habitants présents. Sans la bougie et l'éclairage en général, dont ils ne pouvaient, il faut en convenir, se passer, cette nouvelle occupation du village eût été des plus paisibles.

Le 24 novembre suivant, les conseillers municipaux présents, qui sont M. Magne, Adjoint, Fleury François, Crecy Etienne, Delalande Ambroise, s'adjoignent MM. Aury Pierre, Augiboust Nicolas, Perrot Denis, Houssé Elie, Thomas Siméon, Boulet Adolphe, Houssé Denis et Guezard Théophile pour former une commission administrative dans le but de gérer les intérêts de la commune dans les circonstances graves où le pays se trouvait. M. Coulbaux est chargé de percevoir les emprunts qui seront faits, de payer les mandats ordonnancés par M. l'Adjoint, en un mot, de faire les fonctions de percepteur communal.

Alors les impôts sont levés au nom de l'autorité allemande; des acomptes sont donnés aux fonctionnaires du pays qui en ont besoin; les réquisitions se font avec ordre et justice. Quelques personnes paient les contributions des absents. Cette administration militaire et provisoire fonctionne avec douceur, sans désordre et avec une équité parfaite de la part de la commission administrative; toutes les délibérations de ce temps portent l'empreinte de la plus grande délicatesse, tous les comptes sont appuyés de leurs pièces justificatives, en sorte que, après le départ de l'armée ennemie, dès l'arrivée des derniers émigrés, on rend à ceux qui ont prêté; les affaires se règlent d'après des documents authentiques, et personne n'aurait été lésé, ni trompé, si le contrôle des déclarations pour le partage de l'indemnité... Ma vue se trouble devant l'action et les faits;

je ne sais où se trouvent la raison, la justice et l'honneur. Passons !

Saulx-lès-Chartreux a été occupé par l'ennemi du 18 septembre 1870 au 12 mars 1871. La paix ayant été signée le 28 février, les derniers fugitifs rentrèrent au pays assez tôt pour le voir envahi par l'armée du roi de Prusse et être réinstallés dans leurs foyers par les soldats eux-mêmes. La perte était grande, mais on la croyait encore plus complète. Du moment que les arbres fruitiers étaient debout, qu'ils n'avaient pas été coupés et brûlés comme une bruit alarmant et malveillant en avait couru jusque sur le bords de la Manche, où le gros de nos émigrés avait son campement, les dégâts commis dans le village n'étaient considérés que comme une perte facilement réparable.

L'occupation a donné lieu à deux traits qui méritent d'être cités : M. Binaut Isidore, condamné pour rébellion à l'autorité, est conduit, la figure ensanglantée, pour être fusillé, dans la cour de la Mairie. Les soldats vont lui lier les mains, et pourtant un médecin s'approche pour arrêter le sang qui coule de son front : « Non ! s'écria-t-il en Français fier et coura-« geux, non ! je n'accepte pas les soins de ces gens-là ! »

— Signez une promesse de rester bon, tranquille envers nos soldats.

— Non, je ne promets rien, et je ne signe rien !...

M. Coulbaux, l'instituteur, intervient, le supplie pour sa femme qui pleure à genoux à la porte de la mairie.

— Non, je ne promets rien !...

Un excellent officier allemand lui dit alors : « On fait grâce à votre pays et non à vous », et il ordonne qu'il soit mis en liberté.

Alors il signe la promesse de rester tranquille, rédigée par M. Coulbaux.

Le deuxième trait regarde la probité. Des soldats allemands trouvent huit cents francs en or chez M. Boëte ; ils ne pensent pas un instant à s'en emparer, ils les portent tranquillement et simplement à la mairie.

Il faut absolument reconnaître la noblesse et la grandeur de ce fait de probité ; autrement, on ne serait pas digne de dénouer les cordons des souliers de ceux qui l'ont produit.

Saulx-lès-Chartreux a été occupé d'abord par l'armée active, puis par la landwehr aux épaulettes blanches, rouges, jaunes et bleues. C'était un lieu de repos, chaque détachement ne resta ici que quinze jours à la fois. Ces fréquents changements de troupe sont toujours pénibles : nouveaux soldats, nouvelles exigences en arrivant.

La commune a dépensé pour cette occupation

militaire par l'armée victorieuse de celui qui a trahi Pie IX après l'avoir choisi pour être le parrain de son fils :

1° Pour contributions allemandes	18.088 fr. 85
2° Pour réquisitions diverses en nature et en argent, ainsi que pour la perte déclarée par les habitants....................	334.090 »
Indemnité reçue de l'Etat.......	42.000 »
Donc le total de la perte est de..	310.178 fr. 85
En y ajoutant la perte du bénéfice qui aurait été fait par le commerce sur les marchés de Paris pendant six mois........	50.000 »
Total général de la perte	360.178 fr. 85

On dirait que l'ennemi a épuisé les forces et les puissances de son génie destructeur dans le château de Mont-Huchet, où il semble avoir cassé, brisé, saccagé pour le plaisir de détruire; car partout ailleurs, dans ce village, les personnes et les propriétés furent respectées, et les Allemands quittèrent Saulx-lès-Chartreux sans y laisser d'autres traces de leur passage qu'un grand vide dans la caisse municipale.

Quant à l'église, non seulement elle n'eut pas à souffrir la moindre profanation de la part des soldats victorieux, mais on les vit fidèles et scrupuleux dans la pratique la plus pieuse et la plus fervente de tous leurs devoirs religieux : assistance aux saints offices même pendant la semaine, confessions et communions, tels sont les exemples qu'ils nous ont laissés.

CHAPITRE VINGT-CINQUIÈME

FAITS ET GESTES DES HABITANTS PENDANT NOS DEUX DERNIÈRES RÉVOLUTIONS

§ I. — Révolution de 1830.

La révolution de 1830 éclata comme une bombe sur la tête des Français. Personne ne s'y attendait. Elle fut aussitôt finie que commencée : en trois jours, la France avait changé de roi ; à la monarchie héréditaire, séculaire et directe, succédait la monarchie élective, éphémère et oblique. C'était un coup de tête parisienne qui devait remplir la capitale d'émeutes et d'agitation pendant dix-huit ans que dura ce règne, qui, né de la Révolution, finit par la guerre civile dans Paris.

Louis-Philippe a reconnu ses torts en exil….. Mieux vaut tard que jamais. Ce retour vers la justice et le « à chacun le sien » sera une leçon pour ses enfants et ses petits-enfants.

Pour les rois comme pour les peuples, la ligne

droite seule conduit à la prospérité durable; hors de là, vous ne trouvez rien de stable.

La Révolution est de la famille de la Liberté, Mais ce n'en est qu'une fille bâtarde, tombée dans la prostitution et devenue bête fauve. Dans son délire, elle verse et boit le sang de ceux qui la gênent, elle dit à tous ceux qu'elle trouve en place : « Ote-toi de là, que je m'y mette. » En fait de finance et de propriété, elle gaspille le trésor public, tue, égorge, fusille, guillotine les gens qui possèdent, pour s'emparer de leurs biens. Voilà ses œuvres.

— Mais ce sont des œuvres qui conduisent infailliblement, à toute vitesse, au bagne à perpétuité, ou à la peine capitale.

— Assurément : après deux ou trois jours de tapage, d'orgie, d'incendie et de fusillade, l'ordre se rétablit, et un beau soir, celui qui s'est fait stupidement le manœuvre complaisant de la révolution reçoit la visite de deux agents de police; il comprend, mais trop tard, hélas ! Le voilà arrêté ! Il quitte sa famille, qu'il ne reverra plus jamais !..... A partir de ce moment, il est privé de sa liberté pour toujours !...

Après chaque révolution, il y a de ces disparitions d'hommes par milliers.

— C'est ordinairement l'ouvrier, les gens du peuple qui paient les pots cassés.

— Naturellement ! Les gros, qui se servent de

ses bras nerveux et aveugles pour faire le mal, savent toujours se tirer d'affaire à temps, et... s'esquiver en lieu sûr, avant le règlement de compte avec la justice.

— Maintenant, il me semble que le peuple ne mord plus aussi vite à l'hameçon révolutionnaire.

— Non, il n'y a plus que les naïfs, et quelques jeunes cervelles bouillantes sans expérience.

— Les vieux ont été trompés si souvent, pensez donc! Depuis cinquante ans, ils attendent encore les alouettes toutes rôties que leur ont promises les francs-maçons et les carbonari qui ont fait la révolution de 1830.....

A cette époque de piètre mémoire, Saulx-lès-Chartreux a failli fournir aussi son contingent à la justice répressive.

Quelques esprits mal organisés se sont laissé entraîner, sous le souffle dangereux du moment, à des actes coupables, répréhensibles, définis et prévus par la loi : ils brisèrent les portes et les barrières posées à l'entrée de la ruelle qui descend entre la propriété de Mme Hector et celle de M. Lagrange ; de là ils se rendirent chez M. l'Instituteur Darget, lui firent une scène atroce, avec menace de mort. On allait se livrer, sur ce fonctionnaire pacifique, mais pas aimé de la population en général, à de mauvais traitements. Les voies de fait commençaient, quand les moins fous de la bande, s'apercevant à temps qu'ils marchaient grand train sur le chemin des galères, et qu'un pas de plus ils y arrivaient tous, ou comme meneurs, ou comme agents actifs, ou comme complices d'un crime emportant la peine capitale ou le bagne à perpétuité, ils arrêtèrent le mouvement, rétablirent le bon ordre, firent esquiver l'instituteur ; et la révolution rentra sous terre, honteuse d'elle-même, à Saulx-lès-Chartreux.

— Il n'a tenu qu'à un fil pour que la révolution de 1830 n'envoyât au bagne une dizaine d'habitants de notre village.

— C'est bien sûr ; un peu moins de prévoyance d'esprit de la part de celui qui a vu, le premier, la gravité de l'attentat, c'était fait : ces malheureux tombaient sous le coup terrible de la loi.

— En temps de révolution, il faut être une fois plus sage, plus prudent, plus réservé et plus prévoyant qu'en tout autre temps.

— C'est vrai.

§ II. — Révolution de 1848.

En France, depuis environ un siècle, on change aussi facilement de roi et d'empereur que de berger. La loi accorde huit jours à tout domestique, le souverain congédié ne jouit pas d'une heure de répit. C'est un condamné sans appel, que l'on tue avec férocité et barbarie, si on peut le saisir, ou que l'on poursuit comme une bête fauve jusqu'à la frontière. Voilà nos mœurs et nos progrès en politique, en justice et en humanité, au XIX° siècle.

Louis Philippe a été ainsi traité et pourchassé en 1848.

Cependant cette révolution, qui a coûté horriblement cher à la France, n'a pas été trop mauvaise. Dans les campagnes on s'amusait à chanter, sans aucune arrière-pensée contre qui que ce soit, le refrain des *Girondins,* comme on chante la *Marseillaise* aujourd'hui.

— Oui, pendant les premiers mois, l'air était constamment ébranlé par ces paroles : « Mourir « pour la patrie, c'est le sort le plus beau, le plus « digne d'envie. »

— Vers la fin, les malins, imitant le personnel des ateliers nationaux, disaient : « *Nourri par* « *la patrie,* c'est le sort le plus beau, etc. »

La république de 1848, ainsi que la Constituante et la Législative de ce temps, ne cessèrent de montrer le plus grand respect pour la religion, la propriété et la famille. Ce fut un temps de liberté véritable, d'équité et de justice envers tous. Ni la monarchie de Juillet, ni le deuxième empire ne montrèrent un esprit aussi franchement libéral.

Les quelques essais d'établissement de la Commune dans Paris furent vivement combattus et réprimés. Les émeutes du 15 mai et du 24 juin montrèrent combien la France était de cœur avec la chambre et le gouvernement : à cent lieues à la ronde, toutes les gardes nationales des villes et des campagnes depuis Lille jusqu'à Limoges, et de Rouen à Dijon, se rendirent à Paris avec armes et bagages, pour mettre les insurgés à la raison et rétablir le bon ordre dans la capitale menacée.

Cette démonstration militaire de la nation fut un spectacle sans exemple dans notre histoire de France.

Saulx-lès-Chartreux fut un des premiers à courir au secours de sa mère nourrice en danger.

Jusque-là, sa garde nationale avait fait triste figure dans le bataillon de Longjumeau. Ses deux compagnies, aux plus brillantes revues, avaient eu bien de la peine à fournir une quarantaine d'hommes, dont le quart seulement était revêtu de l'uniforme d'ordonnance.

— Nous autres Beaucerons de la région d'Etampes, malgré notre taille avantageuse et nos larges épaules, nous n'avons jamais eu de goût pour les amusements de la garde nationale.

Mais, ce jour-là, le cœur et la reconnaissance parlèrent; personne ne se fit attendre : aux coups lugubres de la générale appelant les bons citoyens sous les armes, chacun saisit son fusil; et en moins d'une heure, deux cent cinquante hommes étaient prêts et marchaient énergiquement, en bon ordre, sur Paris. Arrivés aux portes de Montrouge, chacun examine ses outils; car là pouvait commencer la besogne. O surprise! l'un s'aperçoit que la pierre de son fusil est perdue; l'autre constate que la lumière de son piston est remplie de rouille, et il y en avait dans cet état plus de la moitié.

— Il eût été extraordinaire qu'il en fût autrement.

— Que faire? rester en route? C'était la seule solution raisonnable, pratique, prudente et possible.

Cent vingt-six hommes seulement s'avancent dans Paris. A la place de la Concorde, on leur délivre des cartouches pour se battre. Puis ils vont prendre position à l'hôtel de ville, ayant à leur tête MM. D..., capitaine en premier, et Thomas Siméon, capitaine en second. A peine sont-ils campés, qu'une image de la guerre civile leur passe devant les yeux en leur navrant le cœur : c'est une escouade d'ambulanciers emportant des cadavres, des mutilés et des mourants.

A cette vue, leur chef de bataillon réfléchit et dit au général Négrier : « Général, mes hommes ne sont pas équipés pour se défendre convenablement ici ; » et en disant cela, il montrait les fusils à pierre, à piston, et même de chasse qui armaient la garde nationale de Saulx. Le général lui répondit : « Vous pouvez vous retirer, » et ainsi finit l'expédition militaire de la garde nationale de Saulx, en 1848. Il n'y eut ni mort, ni blessé; mais non plus personne de décoré.

Encore une fois, dans notre province, on ne court pas après la gloire militaire.

CHAPITRE VINGT-SIXIÈME

CALAMITÉS ET MALHEURS

Le choléra est une maladie qui fige le sang dans les vaisseaux; de là cette teinte bleuâtre et noire de la peau chez le cholérique; de là aussi le refroidissement général, l'interruption des sécrétions normales et l'asphyxie du malade.

Cette terrible maladie semble avoir laissé un peu de répit à l'homme pour se jeter sur le végétal. Voyez cette vigne, cette touffe de pommes de terre : ce matin, elles étaient fraîches, vives, bien portantes; personne n'y a touché, et pourtant ce soir elles sont fanées, mortifiées, complètement noires et sans vitalité. Vous pouvez ouvrir leurs vaisseaux et vous trouverez la sève, ce sang du végétal, figée dans leurs utricules.

La vie végétale n'existe plus : les lois de la capillarité et de l'endosmose, la respiration et les sécrétions de la plante ont cessé de la même manière que chez l'homme. L'art pathologique n'est pas moins impuissant à comprendre qu'à guérir d'un côté comme de l'autre.

— Il y a donc des cas où la modestie s'impose ?

— Assurément ! Sans cela, jamais elle ne trouverait sa place dans les festins intellectuels des hommes, si chétifs qu'ils soient.

Mais ici nous sommes à la merci d'un de ces messagers sinistres de la mort dont le nom défie toutes les académies de l'univers et s'appelle : « *fléau de Dieu !...* »

Eh bien, ce fléau, sur les hommes d'abord, a visité la vallée de l'Yvette.

Dès sa première apparition, en 1832, il a jeté un grand deuil sur notre village : cinquante victimes ont succombé en quelques semaines sous ses coups meurtriers.

Il est revenu en 1849 ; mais une vingtaine seulement ont dû lui payer l'impôt du péché que le ciel réclamait.

En 1854, la miséricorde du distributeur de la vie et de la mort, du maître absolu des athées et des impies s'est contentée de quelques têtes prises et choisies dans le nombre.

Il fallait s'attendre à voir ce fléau tomber sur les produits de la terre.

— Bien sûr ; en 1847, le 19 septembre, la sainte Vierge est apparue à deux bergers, dans les montagnes de la Salette, en Dauphiné, pour nous apprendre, à tous, que le *blasphème* du *saint nom de Dieu* et le *travail du dimanche* attireraient sur la France de très grands malheurs ; à moins qu'on ne revienne à Dieu par la sanctification du dimanche.

Depuis, nous avons eu la révolution de 1848 ; le choléra en 1849 et en 1854 ; des épidémies de fièvre typhoïde et de petite vérole noire, le fléau horrible de la guerre et l'invasion allemande en 1870 ; la Commune et les incendies dans Paris en 1871 ; le phylloxera, la gelée des arbres fruitiers en 1880, perte immense et comparable à nulle autre de mémoire d'homme. — En 1881, l'Yvette a débordé de manière à remplir complètement la vallée. A Longjumeau, il y avait un mètre d'eau devant la mairie. Il faut remonter jusqu'en 1845 pour trouver une inondation aussi terrible. En cette année, le vieux pont bâti par les Pères Chartreux sur l'Yvette fut emporté. Il avait deux arches, et l'une d'elles fut complètement rasée. Celui qui le remplace offre à la rivière un cours plus facile. Il a coûté près de 15.000 fr. Il reçoit beaucoup d'eau ; car la roue du moulin est alimentée par un canal de près de quatre mètres de profondeur sur treize à quatorze cents mètres de longueur.

CHAPITRE VINGT-SEPTIÈME

JOIE ET BONHEUR

Le Jubilé accordé en l'année 1881, par Sa Sainteté Léon XIII.

Les calamités et les malheurs que je viens d'énumérer dans le chapitre précédent, et qui ne sont pas des contes de journaux, comme chacun le sait dans ce village, nous disent assez que Dieu nous prévient de toutes les manières possibles de son vif mécontentement. Si nous tenons à savoir d'avance, d'une manière certaine, où nous conduirait l'endurcissement dans notre infidélité à son service, ouvrons l'histoire : Sodome, Babylone, Rome, Athènes, Jérusalem et toutes ces fières républiques ruinées, détruites après avoir été longtemps florissantes, nous apprendront ce qu'il arrive infailliblement, quand l'ingratitude et la révolte des hommes contre Dieu atteignent un certain nec plus ultra.

Aussi, pour nous arrêter dans cette voie de

perdition, l'Eglise publie-t-elle fréquemment des jubilés depuis un demi-siècle.

— Elle veut apaiser et conjurer la colère de Dieu, en nous faisant opérer des œuvres expiatoires.

— Oui, en bonne Mère, elle use de tout son pouvoir pour faire pencher la balance de la justice divine du côté de la miséricorde. Son zèle et ses efforts intrépides sont dignes de l'éternelle reconnaissance des chrétiens.

Selon quelques auteurs, dit Bergier, jubilé vient d'un mot hébreu qui veut dire *rémission*. En effet, chez les juifs comme chez les catholiques, le jubilé est une *rémission*. — Dans l'année jubilaire, chez les juifs, on remettait les esclaves en liberté, on remettait les héritages vendus à leurs anciens maîtres ; chez nous, il en est de même au spirituel : — l'année du jubilé, on remet en liberté ceux qui sont dans l'esclavage du péché ; on les remet dans leur droit à l'héritage du ciel, qu'ils avaient vendu par leur désobéissance à la loi de Dieu. — Comme on le voit, le jubilé, pour nous, est une indulgence plénière accordée par le Souverain-Pontife à tous les chrétiens catholiques de l'univers.

Il faut savoir ensuite que l'indulgence plénière est une grâce qui efface toute la peine temporelle due aux péchés qu'on devrait souffrir au purgatoire avant d'entrer au Ciel. Car bien que les péchés eussent été confessés et qu'on en eût été absous, si l'on venait à mourir de suite, il faudrait néanmoins, avant d'entrer au ciel, expier au purgatoire les peines temporelles dues à ces péchés ; — tandis que si, avant de mourir, on eût gagné l'indulgence du jubilé, on aurait eu droit d'entrer au ciel sans passer par les flammes du purgatoire.

Il est bon de savoir aussi que les peines temporelles dues au péché nous ferment l'entrée du Ciel, tant qu'elles n'ont pas été effacées par des indulgences, ou qu'elles n'ont pas été expiées sur la terre par la pénitence, ou dans le purgatoire.

— C'est pourquoi nous vous encourageons à supporter les peines, les souffrances et toutes les misères de cette vie avec résignation, pour expier les peines temporelles dues à vos péchés ; c'est pourquoi aussi nous faisons prier et nous prions pour les morts ; c'est pour leur venir en aide dans l'expiation des peines qu'ils ont à souffrir dans le purgatoire, avant d'être admis au séjour des bienheureux.

Si vous me demandez maintenant ce qu'il y a à faire pour gagner cette précieuse indulgence du jubilé, je vous répondrai qu'il faut :

1° Se confesser et recevoir l'absolution de ses péchés ;

2° Communier avec un cœur bien disposé ;

3° Faire des prières et tout ce qui est prescrit

par le Souverain-Pontife, et qui vous est ensuite notifié par votre pasteur.

Comprenant ainsi le jubilé, si nous ne profitons pas de cette grâce lorsqu'elle nous est offerte, c'est parce que nous ne croyons guère ni à l'enfer, ni au purgatoire, ni au paradis. Cependant, pour croire sans peine à ces trois choses qui doivent plus exciter notre attention que tout ce qu'il y a sur la terre, il suffit seulement d'avoir un peu de bon sens; car ce n'est pas seulement la foi qui nous l'apprend d'une manière indubitable, mais la raison seule nous dispose à le croire.

En effet, la raison ne nous dit-elle pas que Dieu existe? Or, Dieu ne peut exister sans être juste. — Et il ne peut être juste — sans qu'il y ait après cette vie des peines pour châtier le pécheur qui n'a pas voulu se convertir ; — sans qu'il y ait un purgatoire où doit souffrir, pendant un temps plus ou moins long, celui qui n'est pas assez coupable pour mériter les châtiments des grands pécheurs, ni assez pur pour être traité comme un saint; — sans qu'il y ait un paradis pour récompenser les bons.

Voyez même la justice des hommes qui n'est, pour ainsi parler, qu'une copie bien imparfaite de la justice de Dieu; n'a-t-elle pas aussi, en quelque sorte, son enfer, son purgatoire et son paradis? — Oui, elle a son enfer pour punir à perpétuité les grands crimes ; — oui, elle a son purgatoire, c'est-à-dire ses prisons qui tiennent renfermés pendant un certain temps les moins coupables ; — oui, elle a son paradis, grande et perpétuelle récompense qu'elle accorde à ceux qu'elle en juge dignes, et qui consiste en des titres, des décorations, des retraites et des pensions sur l'Etat à perpétuité.

Maintenant, lecteurs, appelez à votre secours le bon sens, le raison et réfléchissez..... Dieu aidant, la foi illuminera soudain votre intelligence, vous serez de mon avis ; et quand, sur le chemin de la vie, vous rencontrerez un jubilé, vous le comprendrez, vous imiterez avec joie et bonheur vos pieux ancêtres.

FIN

TABLE DES MATIÈRES

	Pages.
A mes chers paroissiens.	1
CHAPITRE PREMIER. — *Vue générale du bourg de Saulx-lès-Chartreux*	1
§ Ier. — Aspect.	1
§ II. — Situation topographique et étymologie.	8
§ III. — Origine de Saulx et fondation du prieuré de Notre-Dame	14
CHAPITRE II. — *Les premiers seigneurs de Saulx*	18
CHAPITRE III. — *La seigneurie de Saulx passe aux religieux Chartreux.*	19
CHAPITRE IV. — *Le prieuré de Notre-Dame est réuni au couvent des Chartreux.*	23
CHAPITRE V. — *La Chartreuse de Saulx*	25
CHAPITRE VI. — *Partage du Rocher de Saulx entre les habitants de ladite commune.*	35
CHAPITRE VII. — *Inféodation faite par les révérends Pères Chartreux du fief du Rocher de Saulx*	52
CHAPITRE VIII. *A quoi servent les couvents ?*	66
§ Ier — La vérité reprend son rang.	66
§ II. — Origine des couvents.	69
§ III. — L'Église a-t-elle besoin des couvents ?	71
§ IV. — Asile aux grandes douleurs	73
§ V. — La civilisation par les couvents.	75

§ VI. — Travail et agriculture	76
§ VII. — Lettres, sciences et arts	79
§ VIII. — Pénitents et contemplatifs	81
Chapitre IX. — *L'église de Saulx-lès-Chartreux*	86
Chapitre X. — *Les Patrons de la paroisse*	110
Chapitre XI. — *Liste des curés de Saulx-lès-Chartreux de 1609 à 1881*	110
§ Ier — Ce que c'est qu'un Curé	110
§ II. — Avant la révolution de 1793	120
§ III. — Etaient vicaires à Saulx avant 1793	122
§ IV. — Curés de Saulx depuis le Concordat	125
§ V. — Présentation à la cure	131
Chapitre XII. — *Le Presbytère*	132
§ Ier — Qu'est-ce qu'un presbytère ?	132
§ II. — L'ancienne maison curiale	134
§ III. — Le nouveau presbytère	144
Chapitre XIII. — *Tableaux des plantes, arbrisseaux, arbustes et arbres cultivés dans le jardin du presbytère de Saulx-lès-Chartreux. — Année 1881*	150
Chapitre XIV. — *Les revenus de l'église*	158
§ Ier — Anciens revenus	158
§ II. — Nouveaux revenus	161
§ III. — Pillage et destruction du mobilier de l'église. Punition exemplaire des coupables	164
Chapitre XV. — *Le Cimetière*	173
Chapitre XVI. — *Quelques droits et mesures d'autrefois*	186
§ Ier — Anciens droits féodaux	186
§ II. — Anciennes mesures	191
Chapitre XVII. — *Ecarts ou hameaux de Saulx-lès-Chartreux*	193
§ Ier — Saulxier et Ville-Dieu	195
§ II. — Le Moulin, la Tuilerie et le Rouillon	205
Chapitre XVIII. — *Le Rocher de Saulx*	211
§ Ier — Topographie et panorama	211

	Pages.
§ II. — Géologie.	214
§ III. — Flore et sources d'eau.	221
§ IV. — Le banc de grès du Rocher exploité activement à partir de 1820 : cinq cents ouvriers y travaillent à la fois pendant plus de 25 ans.	225
§ V. — Vie et mœurs des carriers	231

CHAPITRE XIX. — *Vue générale du territoire et voirie.* 238

§ Ier — Topographie du territoire.	238
§ II. — Géologie.	239
§ III. — Rivière et ruisseaux.	244
§ IV. — Routes et chemins.	250

CHAPITRE XX. — *Les bienfaits et les abus de la civilisation.* 255

§ Ier — Mœurs et vie sociale.	255
§ II. — Instruction et langage.	267
§ III. — Industrie, agriculture et commerce.	273

CHAPITRE XXI. — *Richesses diverses de la commune.* 286

§ Ier — Cadastre et contributions.	286
§ II. — Bureau de bienfaisance et archives communales.	289

CHAPITRE XXII. — *Administrateurs de la commune.* 296

§ Ier — Maires et Adjoints	296
§ II. — Instituteurs et Institutrices.	297

CHAPITRE XXIII. — *Associations religieuses et autres.* 299

§ Ier — Confrérie de la très sainte Vierge.	299
§ II. — Les Chantres du lutrin	305
§ III. — Le Conseil de fabrique.	310
§ IV. — Le Conseil municipal	311
§ V. — La Fanfare.	313
§ VI. — Sainte Cécile.	325
§ VII. — Les Pompiers.	341
§ VIII. — Société de secours mutuels.	351

CHAPITRE XXIV. — *Invasion du pays par les armées étrangères.* 359

§ Ier — Invasion de 1814-1815.	359
§ II. — Invasion de 1870-1871.	360

	Pages.
CHAPITRE XXV. — *Faits et gestes des habitants en temps de révolution*	370
§ Ier — Révolution de 1830	370
§ II. — Révolution de 1848	373
CHAPITRE XXVI. — *Calamités et malheurs*	378
CHAPITRE XXVII. — *Joie et bonheur.* — Le jubilé accordé, en l'année 1881, par Sa Sainteté Léon XIII	381

FIN DE LA TABLE

www.ingramcontent.com/pod-product-compliance
Lightning Source LLC
Chambersburg PA
CBHW071900230426
43671CB00010B/1418